国家出版基金项目
NATIONAL PUBLICATION FOUNDATION

"一带一路"沿线国家教育政策法规研究丛书

印度、巴基斯坦、孟加拉国、马尔代夫
教育政策法规

主编 / 张德祥 李枭鹰

编译 / 王喜娟 薄云 朱艳艳 齐小鹏 陈雪飞 彭晓帆 郑佳 夏莹

大连理工大学出版社
Dalian University of Technology Press

图书在版编目(CIP)数据

印度、巴基斯坦、孟加拉国、马尔代夫教育政策法规 /
王喜娟等编译. — 大连 : 大连理工大学出版社,
2020.12

("一带一路"沿线国家教育政策法规研究丛书 /
张德祥,李枭鹰主编)

ISBN 978-7-5685-2727-9

Ⅰ.①印… Ⅱ.①王… Ⅲ.①教育政策-印度②教育
政策-巴基斯坦③教育政策-孟加拉国④教育政策-马尔
代夫 Ⅳ.①D935.021.6

中国版本图书馆 CIP 数据核字(2020)第 199546 号

YINDU BAJISITAN MENGJIALAGUO MA'ERDAIFU
JIAOYU ZHENGCE FAGUI

大连理工大学出版社出版

地址:大连市软件园路 80 号　　邮政编码:116023
发行:0411-84708842　　邮购:0411-84708943　　传真:0411-84701466
E-mail:dutp@dutp.cn　　URL:http://dutp.dlut.edu.cn
上海利丰雅高印刷有限公司印刷　　　　大连理工大学出版社发行

幅面尺寸:185mm×260mm　　　　印张:17　　　　字数:352 千字
2020 年 12 月第 1 版　　　　　　　2020 年 12 月第 1 次印刷

责任编辑:欧阳碧蕾　刘　芸　　　　　　责任校对:刘俊如
封面设计:奇景创意

ISBN 978-7-5685-2727-9　　　　　　　定　价:126.00 元

本书如有印装质量问题,请与我社发行部联系更换。

总 序

　　共建"一带一路"是中国提出的伟大倡议,也是中国与"一带一路"沿线国家的共同愿望。"一带一路"倡议出自中国,却不只属于中国,而属于"一带一路"沿线所有国家,乃至全世界。中国是"一带一路"的倡导者和推动者,沿线所有国家是"一带一路"的共商者、共建者和共享者。

　　为推进共建"一带一路"伟大倡议,让古丝绸之路焕发新的生机与活力,以新的形式使亚欧非各国联系更加紧密,互利合作迈向新的历史高度,中国政府于 2015 年 3 月 28 日发布了《推动共建丝绸之路经济带和 21 世纪海上丝绸之路的愿景与行动》,强调"一带一路"是促进共同发展、实现共同繁荣的合作共赢之路,是增进理解信任、加强全方位交流的和平友谊之路。中国政府倡议,秉持和平合作、开放包容、相互借鉴、互利共赢的理念,全方位推进务实合作,打造政治互信、经济融合、文化包容的利益共同体、命运共同体和责任共同体。

　　为贯彻落实《推动共建丝绸之路经济带和 21 世纪海上丝绸之路的愿景与行动》,2016 年 7 月 13 日中华人民共和国教育部牵头制定了《推进共建"一带一路"教育行动》。该文件指出,推进共建"丝绸之路经济带"和"21 世纪海上丝绸之路",为推动区域教育大开放、大交流、大融合提供了大契机。"一带一路"沿线国家教育加强合作、共同行动,既是共建"一带一路"的重要组成部分,又为共建"一带一路"提供人才支撑。中国愿与沿线国家一道,扩大人文交流,加强人才培养,共同开创教育的美好明天。

　　自共建"一带一路"倡议提出至 2019 年 8 月底,已有 136 个国家和 30 个国际组织与中国签署了 195 份共建"一带一路"合作文件。"一带一路"是一个多极的和多文化的世界,无论是政治、经济、文化、教育、生态还是种族、民族、宗教、习俗等,不同国家或地区之间存在这样或那样的差异。因此,只有全面了解民间需求与广泛民意、消除误解误判,只有国家的学者、企业家、政府部门、民间组织和民众充分理解各国的国际关系、宗教信仰、历史文化、风俗习惯、法律法规和民心社情,才能更好地推动"一带一路"建设。也就是说,"一带一路"沿线国家建立政治互信、经济融合、文化包容的利益共同体、命运共同体和责任共同体,必须根基于沿线国家间的"文化理解或认同",而这又与教育尤其是高等教育的交流合作密切相关。

　　教育政策法规是了解一个国家教育发展状况和治理水平的重要窗口,是各国之间教育合作交流的基本依据。为此,教育部牵头制定的《推进共建"一带一路"教育行动》呼吁沿线国家"加强教育政策沟通",即通过开展"一带一路"教育法律、政策协同研究,构建沿线各国教育政策信息交流通报机制,为沿线各国政府推进教育政策互通提供依据与建议,为沿线各国学校和社会力量开展教育合作交流提供政策咨询;积极签署双边、多边和次区域教育合作框架协议,制定沿线各国教育合作交流国际公约,逐步疏通教育合作交流政策性瓶颈,实现学分互认、学位互授联授,协力推进教育共同体建设。

　　大连理工大学切实贯彻《推进共建"一带一路"教育行动》的精神,精心谋划和大力支持"一带一路"教育研究。该校原党委书记张德祥教授带领课题组成员克服文本搜集、组建团队、筹措经费等多重困难,充分发挥学校高等教育研究院、"一带一路"高等教育研究中心、中俄暨独联体合作研究中心以及教育部国别和区域研究中心"独联体国家研究中心"的优势和特色,积极参与和服务于"一带一路"的推进和共建,编译"一带一路"沿线国家教育政策法规,并在国内率先开展"一带一路"沿线国家教育政策法规研究,具有很好的教育发展战略意识和强烈的服务国家发展战略的责任感和使命感。中国高等教育学会大力支持这项工作,将"'一带一路'国家高等教育政策法规研究"立项为 2016 年高等教育科学研究"十三五"规划重大攻关课题,并建议课题组首先聚焦于编译"一带一路"沿线国家的教育法、高等教育法以及教育中长期发展规划等,及时为国家推进共建"一带一路"教育行动搭建教育政策沟通桥梁。该课题组根据中国高等教育学会专家组的意见,组织力量,编译了这套《"一带一路"沿线国家教育政策法规研究丛书》。作为中国高等教育学界的一名老兵,看到自己的学生们带领国内一批青年学者甘于奉献、不辞辛劳、不畏艰难,率先耕耘在"一带一路"沿线国家教育研究这片土地上,我由衷地感到欣慰。同时,大连理工大学出版社全力支持这套丛书的出版,不遗余力地为丛书的出版工作提供支持,使这套丛书能及时出版发行。最后,我真诚地希望参与这项工作的师生们努力工作,高质量、高水平地把编译成果呈现给"一带一路"的教育工作者。

　　是为序。

潘懋元于厦门大学高等教育研究中心
2019 年 9 月 10 日

前　言

2015年3月28日《推动共建丝绸之路经济带和21世纪海上丝绸之路的愿景与行动》和2016年7月13日《推进共建"一带一路"教育行动》的相继颁布,将"政策沟通"置于"五通"之首,让我们意识到编译《"一带一路"沿线国家教育政策法规研究丛书》的重要性和紧迫性。对我们来说,承担这一艰巨任务是一种考验,更是一种使命。

2016年中国高等教育学会组织申报高等教育科学研究"十三五"规划课题,将"'一带一路'背景下我国高等教育国际化研究"列入重大攻关课题指南。我们在这个框架之下组织申报的"'一带一路'国家高等教育政策法规研究",获得了中国高等教育学会专家组的认可和支持,这对我们是极大的鞭策和鼓励。2016年11月,我们认真筹备和精心谋划,参加了中国高等教育学会组织的开题论证工作,汇报了课题的研究设想。听取了专家组的宝贵意见后,我们及时调整了课题研究重心。我们考虑首先要聚焦于编译"一带一路"沿线国家教育政策法规,因为,我们对许多国家的高等教育政策法规还不了解,国内也缺乏这方面的资料。编译这些资料既可以为我们日后的研究打下基础,也可以为其他研究者和部门进行相关研究、制定政策提供基础性的资料和参考。于是,我们调整了工作思路,即先编译,然后再进行研究。同时,考虑到许多国家的高等教育政策法规常常包括在教育政策法规中,我们的编译从"高等教育政策法规"拓展到"教育政策法规",这种转变正好呼应了《推进共建"一带一路"教育行动》中的"政策沟通"。

主编《"一带一路"沿线国家教育政策法规研究丛书》,是一项相当繁重和极其艰辛的工作,其中的酸甜苦辣只有经历了才能体会到。第一,参与共建"一带一路"的国家相当多,截至2019年8月底,已有136个国家和30个国际组织与中国签署了共建"一带一路"合作文件。这套教育政策法规研究丛书虽然只涉及其中的69个国家,但即使是选择性地编译这些国家的教育法、高等教育法以及中长期教育发展规划等,也需要大量的人力、财力等的支持。第二,不少"一带一路"沿线国家的教育本身不够发达,与之密切关联的教育政策法规通常还在制定和健全之中,我们只能找到和编译那些现已出台的政策法规文本,抑或某些不属于政策法规却比较重要的文献。编译这类教育政策法规时,我们根据实际需要对某些文本进行了适当删减。由于编译这套丛书的工作量很大、历时较长,我们经常刚编译完某些国家旧有的教育政策法规,新的教育政策法规又出台了，我们不得不再次翻译最新的文本而舍弃旧有的文本。如此反反复复，做了不少"无用功"。即便如此，我们依然不敢担保所编译的教育政策法规是最新的。第三，"一带一路"沿线国家或地区的官方语言有 80 多种，涉及非通用语种 70 种（这套教育政策法规研究丛书涉及的 69 个国家，官方语言有 50 多种），我们竭尽全力邀请谙熟非通用语种的人士加盟，但依然还很不够。由于缺乏足够的谙熟非通用语种的人士加盟，很多教育政策法规被迫采用英文文本。在编译过程中，我们发现那些非英语国家的英文文本的表达方式与标准英文经常存在很大的出入，而且经常夹杂着这样或那样的"官方语言"或"民族语言"。这对编译工作是一个极大的挑战和考验，我们做到了尽最大努力去克服和处理。譬如，新西兰是一个特别注重原住民及其文化的国家，其教育政策法规设有专门的毛利语教育板块，因而文本中存有大量的毛利语。为了翻译这些毛利语，编译者查阅了大量有关毛利文化的书籍和文献，有时译准一个毛利语词语要花上数十天甚至更长的时间。类似的情况经常碰到，编译者们付出了难以计量的劳动，真诚地希望这套丛书的出版能给他们带来足够的精神上的慰藉。

为了顺利推进研究工作，我们围绕研究目标和研究重点，竭尽全力组建结构合理的研究团队，制订详尽的研究计划，规划时间表和线路图，及时启动研究工作，进入研究状态。大连理工大学积极参与"一带一路"建设，高度重视"一带一路"沿线国家教育研究工作，成立了"'一带一路'高等教育研究中心"、"中俄暨独联体合作研究中心"和教育部国别和区域研究中心"独联体国家研究中心"。大连理工大学、大连外国语大学、大连民族大学、杭州师范大学、广西民族大学、广西财经学院、广西职业技术学院、广西桂林市委党校、南开大学、海南大学、重庆大学、赤峰学院、天津市教育科学研究院等单位的有关专家、学者、教师、学生积极参与此项工作，没有他们的艰辛付出和辛勤劳动，编译工作将举步维艰。这项工作得到了大连理工大学出版社的大力支持，出版社的同志们不畏艰辛、不厌其烦、不计回报，为这套丛书的出版付出了难以想象的汗水和精力。对此，课题组由衷地表示感谢。

张德祥　李枭鹰
2019 年 9 月 8 日

目 录

CONTENTS

印 度 / 1

印度教育权利法案（2005 年） / 3

巴基斯坦 / 23

巴基斯坦全国教育政策（2017—2025 年） / 25

巴基斯坦高等教育中期发展框架 Ⅱ（2011—2015 年） / 115

孟加拉国 / 153

孟加拉国国家教育政策（2010 年） / 155

马尔代夫 / 197

马尔代夫全民教育行动计划（2001 年） / 199

马尔代夫全民教育中期评价报告（2007 年） / 206

附 录 / 245

附录一 推动共建丝绸之路经济带和 21 世纪海上丝绸之路的愿景与行动 / 247

附录二 教育部关于印发《推进共建"一带一路"教育行动》的通知 / 255

后 记 / 261

印　度

印度教育权利法案(2005年)

第一章　序　言

第一条　简称、适用范围和生效日期

1.本法简称为《教育权利法案(2005)》。

2.本法适用于查谟和克什米尔以外的印度地区。

3.本法规定应遵守《宪法》第二十九条和第三十条的规定。

4.本法自印度官方公报公布之日起生效。

第二条　定义

1.本法中专业名词的定义除非另有规定,否则按以下释义执行:

(1)学年。学年是指为期1年的时间(包括假期),由有关政府或经有关政府授权的地方部门或学校管理委员会,以学年为单位,规定初等教育阶段各个年级的学习课程。

(2)适龄年级。适龄年级是指目前儿童应当就读的年级,前提是儿童应当在大约6岁时进入1年级,并在此后继续接受初等教育。

说明:对于患有精神发育迟滞或精神疾病的儿童,应根据其精神发育情况确定相应的适龄年级,而不是仅根据其生理年龄来确定。

(3)资助学校。资助学校是指接受政府或地方部门或同时接受两者的资助,以支付全部或部分经常性开支的学校。

(4)相关政府。相关政府是指:

①在一国领土内的国家政府。

②联邦领土的政府,如果联邦领土有自己的立法机关。

③中央政府,就其他联邦领土而言。

但中央政府创办或资助的学校及事业单位,不论其所在地,均以中央政府为相关政府。

(5)人头费。人头费是指资助学校或非资助学校在入学时公开通知所有入学儿童需要缴纳学费以外的任何其他费用、捐赠或捐款。

(6)儿童。儿童指6岁以上14岁以下的人。

(7)委员会。委员会指根据本法第33条成立的国家初等教育委员会。

(8)主管部门。主管部门指相关政府为实施本法而指定的主管部门。

(9)主管学术机构。主管学术机构指相关政府为实施本法而指定的主管学术机构。

（10）需要照顾和保护的儿童。需要照顾和保护的儿童的含义与 2000 年《儿童保育与保护法》第 2 条 d 款赋予的含义相同。

（11）义务教育。即国家有义务根据本法采取所有必要步骤，以确保：

①每个 6 岁的儿童都能入学，参加并完成初等教育。

②年满 6 岁但未满 14 岁的儿童，凡在该法生效时未入学的，均应被学校录取，参加并完成初等教育。

（12）残疾。应与 1995 年《残疾人法》第 2 条 i 款规定的含义相同；并应包括主管部门为实施本法规定的其他残疾的条件。

（13）弱势群体。弱势群体指表列种姓、表列部落、其他在社会和教育方面落后的群体，以及因经济、社会、文化、语言、性别、地区、身体状况等因素被界定为在某一方面处于弱势的群体。

（14）初等教育。初等教育指基础阶段的学校教育。

（15）初等阶段。初等阶段指按照主管学术机构规定的 1～8 年级课程学习的学校教育阶段。

（16）与初等教育相关的"公平性"。即根据本法的规定，为所有儿童提供接受、参与和完成初等教育的机会。

（17）免费教育。即儿童及其父母/监护人免于承担以下责任：

①向儿童所在学校，或通过学校提供任何服务的审查机构或任何其他外部机构支付任何费用。

②可能导致儿童无法参加和完成初等教育的其他规定的费用。

如果根据本条款向非残疾儿童免费提供教科书和其他教学材料，则应将教科书和其他教学材料以符合其学习需要的形式免费提供给残疾儿童。

（18）第一代学习者。第一代学习者指父母均未完成初等教育的儿童。

（19）全额资助学校。即学校接受政府或地方部门的拨款，以支付其全部或不少于90％的经常性费用。

（20）年级。与初等教育阶段相关的各年级，即 8 个年级中的任一年级。

（21）监护人（与儿童相关）。监护人指儿童的自然监护人或对该儿童具有实际控制权，并在主管部门的诉讼程序中被确认为监护人的人或机构。

（22）触犯法律的少年。触犯法律的少年指未满十八岁并触犯法律的人。

（23）与地方部门有关的地方区域。即在地方部门的领土管辖范围内的地区。

（24）地方部门：

①农村地区的潘查亚特。

②城市地区的自治市。

③相关政府为上述地区指定的其他主管部门。

注释：按照《1996 潘查亚特法案》关于指定区域拓展的规定，村委会作为指定区域内的农村地区的主管部门。

（25）迁徙家庭。迁徙家庭指在 1 年内,在同一地点定居的天数少于规定的最少天数的家庭。

（26）轻微处罚（与教师相关）。即除解雇、免职或降级外的任何惩罚。

（27）周边地区。周边地区指整个或部分初等教育阶段儿童住所附近的地区。

（28）周边学校。即儿童住所周边的任何学校。

（29）非教育目的。非教育目的指任何与初等教育或与儿童获得或参与初等教育无关的目的。

（30）失学儿童。失学儿童指目前未在学校入学或虽已入学但不能参与学习的儿童。

（31）父母。父母指儿童的父亲或母亲,包括养父或养母。

（32）就儿童而言,参与初等教育是指:

①坚持上学。

②整个初等教育阶段有效参与学校的课程和课外活动。

（33）学前教育。学前教育是指无论该机构是否提供其他服务,或属于学校的组成部分,或作为与学校合作的独立实体。满足初等教育阶段前儿童的教育需求的机构。

（34）规定。即根据本法案制定的规则。

（35）学前学校。学前学校指提供设施,以满足 3 到 6 岁儿童的教育需求的学校。

（36）认证（与学校相关）。即根据有关学校认可的法律、规则或行政指示,由法定授权机构或有关政府或由该政府授权的机构对学校的质量标准进行验证。

（37）附表。即本法第十八条提及的附表。

（38）学校。即提供初等教育阶段的任何部分教育的机构或机构的一部分,并由主管部门认定为学校。

（39）入学选拔程序。即除随机方式外,用来选拔儿童进入小学或学前班级的任何程序。

（40）与公立学校相关的特殊类别。即在本法生效时被称为面向政府雇员子女的中心学校（Kendriya Vidyalayas）、面向天才儿童的示范学校（Navodaya Vidyalayas）等的公立学校,以及根据本法,由相关政府具体规定的其他类别的、具有不同性质的公立学校。

（41）公立学校。公立学校指由有关政府或地方部门开办的学校。

（42）教师。教师指在一所学校全职任教的人,包括该学校的校长。

（43）非资助学校。非资助学校指既不是公立学校也不是受资助的学校。

（44）受法院或监护人保护的儿童。受法院或监护人保护的儿童指由父母以外的人监护的儿童。

（45）弱势儿童。即需要照顾和保护的儿童,或其父母或监护人的年收入低于有关政府规定的最低限额的儿童。

（46）工作儿童。主要指下列儿童:

①为收入工作,无论是现金还是实物。

②为自己的家庭工作,而不参与初等教育。

2.在与儿童或年轻人有关的代词中,均包括女性和男性。

3.在《宪法》中使用但在本法中未界定的词语和表达方式,应与宪法中规定的含义一致。

第二章 儿童接受免费义务教育的权利

第三条 儿童平等接受免费义务教育的权利

1.每一名年龄为 6 岁的儿童都有权接受并完成全日制初等教育,为保障达到上述目的,其具有以下权利:

(1)根据本法第十四条的规定进入周边学校学习。

(2)根据本法规定的方式在该学校接受免费的义务教育。

但因其严重残疾或其父母的职业性质而无法在周边学校接受初等教育的儿童,有权按照规定在适当的替代环境中接受教育。

说明:对于本条规定而言,应按照规定提供居住证明以确定周边学校,包括但不限于:父母/监护人的配给卡或选民身份证。

2.在本法生效时 7~9 岁的未入学儿童,除本条第 1 款规定的权利外,还应有权在本法生效之日起 1 年内获准进入周边学校适龄年级接受教育。

3.在本法生效时 9~14 岁的未入学儿童,除本条第 1 款规定的权利外,还应有权在本法生效后 3 年内进入周边学校适龄年级接受特别课程教育。

4.已入学但不能参与初等教育的儿童,除本条第 1 款规定的权利外,还应有权获得有关政府规定的适当条件,保障其接受初等教育。

5.除学校管理委员会的命令外,在完成初等教育之前,学校不得拒绝或开除任何年级的儿童。

对于违反纪律的儿童,如用尽所有的教导措施仍不能纠正其错误,则在儿童及其父母/监护人有机会以规定的方式充分发表意见的情况下,学校管理委员会方可做出开除决定。

如根据本条第 5 款,学校管理委员会做出开除决定,应当将该决定通知给相关政府或地方部门(视情况而定),然后对被开除的学生去往其他周边学校接受教育的问题做出指示。

第四条 初等教育完成前的过渡权

1.对于 8 年级以下的在学儿童,地方部门应当根据第十四条的规定指定一所学校,使相关儿童能够接受免费义务教育,直至其完成初等教育。

2.对于转学的学生,包括转到其他邦的学生,为申请入学,有权领取其转出学校校长签发的转学证明。

但如没有上述转学证明，也不构成延迟或拒绝他进入新学校适龄年级的理由；该名儿童亦不得接受任何测验，以决定他是否能进入该学校。

第三章 政府的职责

第五条 邦的一般职责

邦的一般职责为：

1.确保在本法生效之日起3年内为每一名儿童提供一所周边学校；如若没有周边学校，邦应当提供前往最近学校的免费交通安排，或提供免费寄宿学校设施。

2.确保本条第1款所述学校为每一名儿童提供免费教育；父母或监护人在学校中选择允许其子女接受非免费教育的，不得因此向国家提出免费请求。

3.建立并定期实施对儿童入学、参与和完成情况的监测机制，在必要时采取纠正措施以确保每一名儿童完成初等教育，并在公共领域提供在线教育等相关信息。

4.确保儿童在学校接受平等的、符合宪法价值观规定的教育。

5.确保不因经济、社会、文化、语言、性别、行政、残疾或其他障碍妨碍儿童接受并完成初等教育。

第六条 邦对未入学儿童的责任

相关政府应当采取措施，确保：

1.在本法生效时7～9岁的未入学儿童在本法生效后1年内入学。

2.在本法生效时9～14岁的未入学儿童应当在本法生效后3年内在周边学校接受特别课程的教育；如果无法保证，则可使其进入另外一所学校就读，尽快接受适龄年级的教育。

第七条 提供学前教育设施

如果尚未通过综合儿童发展服务或其他政府方案，有关政府应努力为公立和全额资助学校的3～6岁的儿童提供学前教育设施。

第八条 向青少年提供完成初等教育的设施

如果青少年由于某种原因无法在14岁以前完成初等教育且仍在学校接受教育，学校应当继续提供免费教育，直至其完成初等教育或年满18周岁为止，二者以较早时间为准。

第九条 中央政府的责任

提供免费义务教育的费用应由中央政府和有关政府承担，中央政府的责任包括：

1.根据中央政府与邦政府签订的关于执行分摊本法费用的办法，向邦政府提供财政援助。

2.通过相关机构采取行动，以参与性和协商的方式规定国家课程框架，并规定和执行初等教育教师培训和资格标准。

3.通过相关机构向各邦政府提供技术、资源支持,以促进初等教育领域的革新和传播优秀经验,并进行有关的研究、规划和能力建设。

4.监测为实现本法目标而实施的各种干预措施、计划和方案的进展情况,并对违规行为采取适当措施。

5.实施总统命令规定的其他事项。

第十条　有关政府的责任

1.提供免费义务教育的责任,除第九条规定的中央政府的责任外,由有关政府承担。

2.在不违背本条第1款规定的前提下,有关政府应当:

(1)根据关于执行分摊本法费用的办法向地方部门提供财政援助。

(2)每年进行一次测评,以确定实施本法所需的学校、设施及地点。

(3)根据需要建立更多的学校并使其发挥作用。

(4)根据本法的规定对学校的教师进行配置。

(5)主管学术机构对初等教育各年级的学习课程进行规划和定期修订。

(6)向每一所公立学校和全额资助学校提供建筑物、教学用具等物品。

(7)及时向符合资格的儿童提供本法第二条1款(17)项规定的免费教育。

(8)建立和维持一个全面的数据库,以促进本法的实施。

(9)提供足够的设施、培训教师和其他人员,以满足实施本法所需的人力资源。

第十一条　有关政府有责任在必要时加强教师培训能力

有关政府应当在本法施行的6个月内,根据本法的规定评估各邦对教师专业培训的需求和现有培训机构的能力。在能力不足的情况下,有关政府应按照中央政府的规定,采取相应措施提高师资能力,自本法实施之日起5年内满足实际需求。

第十二条　地方部门的职责

1.在不违反本法第十条规定的有关政府的责任的情况下,地方部门应根据《宪法》第243G条或第243W条履行下列职能:

(1)按照规定的方式,保存本地区所有0~14岁儿童入学、参与和完成初等教育情况的记录,特别是处境不佳的儿童和弱势儿童。

(2)确保其管辖范围内的每名6~14岁儿童都能接受并完成初等教育。

(3)针对学校评估中发现的差距进行规划、预算,并提供更多的学校、教师和其他设施,以确保免费义务初等教育的实施。

(4)监测辖区内所有提供规定的免费义务教育学校的基础设施、教师和辅助设施的情况。

(5)通过特殊措施,包括过渡课程、补习教学和可能需要的其他干预措施,确保迁徙家庭的子女接受教育。

2.在上述职能尚未依法下放给地方部门的情况下,有关政府将根据规定指定各级部门履行上述职能,直至这些职能由法律规定。

第十三条　计划实施免费义务教育

1.根据本法第二十二条成立学校管理委员会,拟订学校发展计划,以满足居住在其附近地区的儿童接受平等、优质教育的需要。

2.本条第 1 款所指的学校发展计划,应作为每个社区、街区、城区和大都市地区提供免费义务教育的基础。

3.有关政府和中央政府应当结合本条第 2 款规定的计划,制订国家免费义务教育提供计划。

4.本条第 3 款中提到的国家免费义务教育提供计划在有关政府或中央政府准备向各自的立法机关或议会提出初等教育补助金年度要求时,应予以考虑。

5.本条第 3 款中提到的国家免费义务教育提供计划也应成为根据本法第三十三条设立的国家初等教育委员会监督本法执行情况的基础。

第四章　学校和教师

第十四条　提供免费义务教育学校的职责

1.学校应按照以下规定的范围和方式,向根据本法第三条享有权利的儿童提供免费义务教育:

(1)公立学校(特定类别的学校除外)以及全额资助的学校。

(2)资助学校(不包括全额资助的学校),对受资助儿童的援助金额占年度总支出的比例不低于 25%。

(3)特定类别的资助学校和非资助学校,在本法生效后,通过学校事先声明的方式随机从弱势儿童群体中选取至少 25%的儿童进入 1 年级学习,直至儿童完成初等教育或转学,二者以较早时间为准。

若本款第(2)和(3)项所述类别的学校设有学前教育阶段,则相应的规定应当改为适用于学前教育阶段。

此外,如果任何一所学校可以提供免费名额,则该学校应首先为其周边的符合条件的儿童提供免费名额,并只在免费名额尚有空缺的情况下才向其他符合条件的儿童提供。

2.根据本条第 1 款(3)项规定接受教育的儿童,有关政府需要按照相关规定,按照与公立学校、全额资助学校以及公立资助学前教育学校的人均支出,或者该类学校实际向儿童收取的费用对学校提供补助,以上以较少者为准。

但若学校在本法施行前,因接纳一定数量的儿童接受免费义务教育而从中央政府或有关政府或部门、机构获得了土地、建筑、设备、其他免费设施和补贴,则不再予以补偿。

3.每所学校均有责任向有关政府或该政府指定的主管部门提供有关政府为实现本法第五条 3 款的目的所需的资料。

第十五条　禁止任何筛选流程或收取费用

学校不应对初等教育阶段入学的儿童及其家庭进行任何形式的筛选，或以任何名目收取费用。

第十六条　入学手续应当在学年开始时办理，但若在其他时间办理也不得拒绝

儿童应当尽可能在学年开始时，即在规定的时间内入学。

但根据本法第三条 1 款规定有权进入周边学校学习的儿童，依照本法第十四条的规定，学校不得拒绝符合上述规定的学生在其他时间提出的入学申请。

根据上述规定，学年开始 4 个月内入学的儿童，应当进入该学年开始时入学学生的班级。

第十七条　学校的认证

1. 在本法生效时已经予以认证的非公立学校，以及本法生效前及之后成立的公立学校，均应视为本法所认证的学校。

2. 在本法生效后，除公立学校外，任何机构不得以"学校"的名义设立或运营，除非取得主管部门的书面确认：不反对该机构的设立和运营，或者取得主管部门的认证。

3. 有关政府应在本法生效后 3 个月内发布关于认证非公立学校的规则。如果已有这方面的规则，则应视为是根据本法制定的，但应在本法生效后 6 个月内对其进行必要的审查和修订，以使其符合本法的规定。

4. 每项认证申请均应以规定的方式向主管部门提出，主管部门应在自接到申请之日起 3 个月内以命令的方式做出是否通过认证的决定；如拒绝认证，则须注明拒绝的理由。

非公立学校的认证，如违反本条第 4 款所述条件，可以通过规定的方式给予学校管理层发表意见的机会后撤销。撤销日期从撤销认证令中规定的日期起算，不得晚于该命令通过之日起 30 日。

主管部门在发出撤销认证的命令时，亦须对其他周边学校发出指示，需要周边学校接纳就读于被撤销学校的儿童。

5. 任何人不得在命令所指明的日期后，经营根据本条第 4 款通过的命令而撤销认证的学校。

第十八条　学校的规范与标准

1. 在本法生效后，不得设立任何公立学校，任何主管部门也不得认证任何非公立学校。

2. 在本法生效时根据本法第十七条 1 款被视为已得到认证，但尚未根据附表规范达到标准的学校，应进行整改并在自本法生效日期起的 3 年内达到规定要求。

3. 本条第 2 款规定的责任划分如下：

（1）公立学校和全额资助学校，由有关政府或地方部门（遵循本法第九、十、十二条的规定）负责。

(2)其他学校,由其他机构管理负责。

相关政府可按规定的方式,向本条第2款所述学校的管理人员提供财政援助,使他们能够履行本款所规定的责任。

4. 如公立学校或全额资助学校以外的学校不能满足本条第2款规定的要求,则在按规定给予管理部门发表意见的机会后,主管部门将发出命令,宣布自命令所指明的日期起30日内,撤销对该学校资格的认证。

但主管部门在发出撤销认证的命令时,亦须对其他周边学校发出指示,需要周边学校接纳就读于被撤销学校的儿童。

5. 任何人不得在根据本条第4款通过的命令所指明的日期后开办学校。

第十九条　修改附表的权力

国家初等教育委员会可以与中央和有关政府协商,随时对本法的附表进行整体或部分修改。

第二十条　禁止为非教育目的借调教师

除每十年一次的全国人口普查,地方部门、国家立法机关和议会的选举,以及救灾职责外,不得为任何非教育目的借调任何公立或全额资助学校的教师。

第二十一条　禁止在职教师私办补习班

任何教师不得以获取经济利益为目的,私自从事任何雇主或主管安排之外的教学活动。

第二十二条　学校管理委员会

1. 在每所公立学校和全额资助学校组建学校管理委员会,并由儿童的父母或监护人、教师、社区和地方部门代表组成。

2. 学校管理委员会应按照以下规定组成:

(1)至少有四分之三的成员是儿童的父母或监护人(在父母去世的前提下),其中包括适当比例的特定种族和特定部落(印度《宪法》规定的两类社会弱势群体的总称)以及其他教育落后社会阶层的代表。

(2)其余成员来自其他利益相关部门,包括地方部门、教师和教育机构的代表。

3. 每一所公立学校的有形资产,包括其建筑、附属土地和固定装置,以及所有设备和家具等,应由有关政府和地方部门在本法生效后3个月内移交给学校管理委员会,但须遵守规定的条款,并以规定的方式进行。

4. 学校管理委员会的职能如下:

(1)监测和监督学校的运作、规划,促进学校的发展。

(2)管理学校的资产。

(3)确保教师履行本法第二十六条规定的职责。

(4)以有关政府和地方部门提供的补助金向教师支付薪金,并以学校管理委员会决定的方式扣除未经授权的缺勤期间的薪金。

(5)依照赠款的条款和相关规则,使用从有关政府、地方部门或任何其他来源收到的赠款,维持和发展学校。

(6)履行本法规定或根据本法规定的其他职能。

5.学校管理委员会为履行本法规定的职能而收到的所有款项均应存入单独账户,并应按规定的方式使用。

6.学校管理委员会收到和支出的款项应按照规定的方式进行管理和审计。

第二十三条　公立学校教师的聘用

1.在本法生效后,由有关政府指定的地方部门或学校管理委员会对公立学校的教师进行认定,特定类别的公立学校的教师按照特定学校进行认定,认定后不得随意调转。

2.教师的招聘应按照透明、择优的标准进行,并应在公开渠道提供有关信息。

3.在本法生效时已在公立学校任职的所有教师,除特定类别的公立学校外,应按照规定的程序,在本法生效之日起2年内,永久分配到某一公立学校,分配后不得从指定的学校调出。

但如本条第3款所述,在获得派任后,教师的工资须由学校管理委员会按照本法第二十二条4款(4)项的规定支付。

第二十四条　公立学校及全额资助学校的教师空缺不得超过总人数的10%

1.公立学校及全额资助学校的指定机构均有责任确保在其管理下的学校教师空缺在任何情况下均不得超过总人数的10%。

2.有关政府和地方部门应确保在其管辖范围内的学校、教师及其管理的职位按照附表中规定的规范进行安排,并且不得以牺牲农村地区为代价在城市地区过度安排。

3.教师被委派某一公立学校后,禁止向其他学校派出或者对其进行临时安排。

但在全额资助学校,教师与学校管理层之间应为聘用关系,而非与有关政府和地方部门之间存在聘用关系。

第二十五条　教师资格及服务条件

1.本法生效后,只有具备国家教师教育委员会规定资格的人才能被任命为教师。

2.在本法生效时已任职的教师,如不具备国家教师教育委员会规定资格,应由其雇主授权,在本法生效之日起5年内取得相关资格。

但教师取得该资格所要交付的费用以及其他开支,须由雇主承担,相关费用由有关政府通知。

3.在学校任职的教师的工资、福利由有关政府按照其专业资格和经验确定。

第二十六条　教师的职责

1.以下是每位教师的职责:

(1)定期在学校授课。

（2）根据本法第二十九条规定的原则教授课程。

（3）根据学校规定的时间安排教授课程，但需要遵守主管学术机构的指导原则。

（4）向学生父母或监护人汇报学生缺勤情况，如该情况持续发生，则应根据本法第二十二条规定上报学校管理委员会。

（5）定期评估每个学生的学习水平，并提供学生需要的补充指导。

（6）定期向每位家长或监护人汇报学生在校学习情况，并按照规定的方式定期向学校管理委员会汇报工作的进展情况。

（7）根据本法第二十条规定，履行有关政府机构指定的其他职责。

2. 教师如不履行本条第 1 款规定的职责，即构成职业失当行为，应根据本法第二十七条的规定予以惩处。

第二十七条　公立学校和全额资助学校教师的追责

1. 尽管现行任何其他法律、规则、条例或合同中有特定规定，但下列规定适用于在公立学校和全额资助学校就业的每一位教师：

（1）批准教师请假的权力应归属校长或学校管理委员会，由校长或学校管理委员会根据休假的性质和期限，按照规定的方式进行审批。

（2）学校管理委员会、潘查亚特（印度独特的基层自治制度）或市政机构（视情况而定）本身不是其管辖范围内在学校任职的教师的任命机构，应按规定的方式向有关任命机构提交定期评估报告，说明这些教师履行本法第二十六条规定职责的情况。

（3）除非国家立法机构另有规定，由潘查亚特、乡镇或学校管理委员会负责农村教师的处罚事宜，由市政府或学校管理委员会负责城市公立学校教师的处罚事宜，由相关部门机构或学校管理委员会负责大都市公立学校教师的处罚事宜。此外，相应的主管部门对学校所在的农村、城市、大都市地区具有管辖权。

2. 学校管理委员会考量本条第 1 款（3）项所赋予的权力事项时，除身为学校管理委员会成员的校长外，其他人不得参与其议事程序；当所涉事涉及校长时，校长亦不得参与。

第二十八条　教师申诉的处理

学校管理委员会或当地主管部门负责处理其职权范围内的教师申诉，并对超出其职权范围的申诉上报给相关部门。

第五章　教育的内容和过程

第二十九条　初等教育的价值、内容与事务

主管学术机构在制定课程、评估程序时，以及学校在实施过程中，应当遵循下列原则：

1.应符合《宪法》规定的价值观念。

2.所有学校均应以关爱儿童和以儿童为中心的方式运作,尤其是:

(1)允许有能力形成自己观点的儿童在对其自身有影响的事项上自由表达意见,并根据儿童的年龄和成熟程度,给予儿童的意见相应的考量。

(2)以儿童的知识水平、所处环境,特别是语言为基础,充分发挥儿童的个性和才能。

(3)尽可能使用儿童的母语作为教学语言,至少在初等教育阶段的前 5 年。

(4)将活动、发现、探索、理解和解决问题作为重点。

(5)让儿童远离恐惧、创伤和焦虑。

(6)对儿童进行连续和全面的评估,以便测试儿童对知识的理解与应用。

第三十条　初等教育毕业证明

1.初等教育阶段儿童仅在该阶段毕业时参加公开考试(如果有的话)。

2.完成初等教育的儿童,应由本条第 1 款规定的公开考试机构颁发证书,如未举行公开考试,则由其就读的学校颁发证书。

尽管有上述要求,学校仍应对儿童的学业水平进行标准化、人性化的评估,以便按照相关政府规定的周期采取纠正措施。

第三十一条　禁止体罚

1.学校不得对儿童进行任何形式的体罚。

2.违反本条第 1 款行为的教师构成职业不当行为,应根据本法第二十七条对违规教师进行处罚。

第三十二条　教师培训与创新

1.国家教师培训委员会在本法第二十九条规定的原则的指导下,制定小学教师职前培训方案的规范、标准和准则。

2.公立学校和全额资助学校的教师的主管部门以及非资助学校的管理机构应采取一些必要措施,包括应用信息通信技术,保证教师的在职培训和定期学术支持,确保教师可以实施本法第二十九条规定的工作。尤其是促进教师之间的交流,鼓励教师创新。

第六章　法案实施情况监督

第三十三条　国家初等教育委员会

1.中央政府应成立国家初等教育委员会,对本法的执行情况进行持续监督,必要时提出纠正建议或措施,并行使本法赋予的权力及其他职能。

2.国家初等教育委员会的组成如下:

(1)一名主席,应是在教育领域经权威认证且具有丰富从业经验的人士。

（2）初等教育、弱势群体发展、儿童发展/权利、财政和法律领域应各有一名专业人士。

（3）一名具有教育管理经验及专业知识的委员会秘书。

3.国家初等教育委员会主席由总理、下议院议长、人力资源发展部部长和议会两院组成的委员会提名，最终由总统任命。

4.国家初等教育委员会的职能包括：

（1）对初等教育的各个方面包括质量进行监督。

（2）作为本法监察员，指导有关部门处理学生的父母及其他公民对初等教育不满的各项申诉。

（3）向议会提交年度报告，说明本法的实施情况以及初等教育中可能存在的其他问题。

（4）向中央政府、有关政府、地方部门就如何有效执行本法提供政策或建议。

（5）进行其认为履行职能所必需的调查和研究，特别是针对弱势群体提供免费和义务教育方面的调查和研究，并就其调查结果进行广泛传播。

（6）法律规定的其他职能。

第三十四条 主席及委员的任期

1.主席及委员的任期为 3 年或 5 年，自就任之日起计算，但在以下情况下不得任职：

（1）主席的年龄为 70 岁及以上。

（2）任何其他成员的年龄为 65 岁及以上。

2.主席及委员可随时以书面形式向总统提出辞职。

第三十五条 主席及委员的免职

1.在符合本条第 2 款规定的情况下，主席应以经证实的不当行为或能力不足为由，由总统下令免职。

2.若主席及委员发生以下几种情况，则总统可下令对其免职：

（1）被判定为破产。

（2）因身体原因不宜继续任职。

（3）具有精神问题，并经主管法院判定。

（4）在总统看来是或已被判处犯有涉及道德败坏的罪行。

第三十六条 主席及委员职位空缺

1.在以下几种情况下，主席及委员的职位随即空缺：

（1）因本法第三十五条的规定造成的不符合资格。

（2）未经委员会许可，连续 3 次缺席委员会会议。

（3）根据本法第三十四条 2 款递交辞呈。

2.若主席或委员的职位因任职人员去世、辞职或其他原因出现临时空缺，则按本法

第三十三条的规定进行补位,以该方式任职的主席或委员,其任期只限于其任职职位的剩余任职时间。

第三十七条 职位空缺等不影响委员会所做决定的效力

委员会的任何行为或程序均不因以下情况导致无效:

(1)委员会章程中的某项空缺或缺陷。

(2)主席或委员的委任存在某种缺陷。

(3)委员会程序中的某些不影响事件主体的不规范之处。

第三十八条 业务处理程序

1.委员会每季度至少召开一次会议,会议时间由主席确定。

2.会议的所有决定均需多数票数通过,票数相等时,应由主席(主席缺席时应由会议的主持人)发起第二次投票。

3.主席因故不能出席会议时,由出席会议的委员选出一名成员担任会议主持。

4.委员会在处理会议事务时,包括会议的法定人数,须遵守相关议事规则。

5.委员会的所有命令和决定均须由委员会秘书认证。

第三十九条 主席及委员的薪金、津贴及其他福利待遇

主席及委员的薪金、津贴及其他福利待遇,按照下列规定执行:

主席及委员的薪金、津贴及其他福利待遇(视情况而定),在任命后不得使其待遇不公。

第四十条 委员会的秘书、其他官员和成员

1.中央政府应通过通知,任命一名等级不低于印度政府联合秘书级别且具有教育管理经验及专业知识的人担任委员会秘书,并向委员会提供有效履行职能可能需要的其他官员和成员。

2.委员会秘书负责妥善管理委员会及其日常事务,以及规定的其他权利和职责。

3.委员会聘任的委员会秘书与其他官员及成员的薪金、津贴和其他福利待遇,均按照本法执行。

第四十一条 主席、委员和其他官员均被视为公务员

委员会主席、委员以及委员会任命或授权根据本法行使职能的每名官员,均应被视为《印度刑法》第二十一条所指的公务员。

第四十二条 委员会的权力

1.委员会在履行本法第三十三条4款(1)和(2)项规定的职能时,应具有民事法院审理诉讼的一切权力,特别是以下事项:

(1)传召及强制任何人出庭,并经宣誓调查。

(2)要求调查和制作任何文件。

(3)接收宣誓书的证据。

（4）向中央政府办公室或有关政府、地方部门或任何办学组织索取任何公开记录或副本。

（5）委托审查证据或文件。

2.委员会有权将任何案件转交于有管辖权的裁判官进行审理，接收该案件的裁判官须根据1973年《刑事诉讼法》第346条的规定，对被控人的指控进行聆讯。

3.如果委员会的调查显示存在严重违反本法规定的行为，委员会可以：

（1）建议有关政府或地方部门对相关人员进行纪律处分或委员会认为适当的其他处罚措施。

（2）向最高法院或有关高等法院寻求法院认为必要的指示、命令。

（3）建议有关政府或地方部门按照委员会认为适当的方式，向因本法执行不力而受到不良影响的儿童提供适当补偿。

第四十三条　委员会的经费来源

中央政府应在议会依法划出适当经费后，以拨款方式向委员会支付中央政府认为合适的款项，以使委员会能够履行其职能。

第四十四条　委员会的账目及审计

1.委员会应保留适当的账目和其他有关记录，并在与主计审计长协商后，以规定的格式编制年度账目报表。

2.委员会的账目应由主计审计长按其规定的时间间隔进行审计，与审计有关的任何费用应由委员会支付给主计审计长。

3.主计审计长或其根据本法就委员会的账目审计而委任的任何人，与主计审计长一样，在政府账目审计方面享有同样的特权，特别是有权要求出示账簿、账户、关联凭单和其他书籍或文件，并检查委员会的任何办事处。

4.每年经主计审计长或其指定人员审计后，委员会应将账目及审计报告一并送交中央政府，中央政府在收到后尽快提交给国会。

第四十五条　委员会的年度及特别报告

1.委员会应在每个财政年度编制年度报告，充分说明该年度的活动以及本法的实施情况，并将其副本送交中央政府。

2.中央政府向国会提交本条第1款所述的报告，并附上一份说明，阐明针对所提建议已经或建议采取的措施，或者未采纳建议的原因。

3.如果任何报告或报告的任何部分涉及与邦政府有关的任何事项，委员会应将该报告或部分副本转发给该邦政府，并将其提交立法机关，且附带一份说明以阐明针对所提建议已经或建议采取的措施，或者未采纳建议的原因。

4.委员会可将其认为因紧迫性或重要性不能等到提交年度报告的事件，随时向中央政府或邦政府提交特别报告。中央政府或邦政府根据情况将特别报告提交给议会两院或者邦立法机关,并根据实际需要附上一份说明,阐明针对所提建议已经或建议采取的措施,或者未采纳建议的原因。

第七章 其 他

第四十六条 关于不执行本法有关规定的申诉处理

1. 凡对未遵守本法第十二条、第十四条至第十八条、第二十条、第二十一条、第二十六条、第二十九条、第三十一条、第四十八条以及本法附表中有关学校的设立、供应、管理及其活动的规定有异议的,可就此向有关地方部门或学校管理委员会提交书面陈述,有关地方部门或学校管理委员会应在规定时间(收到申诉书之日起 90 日)内采取适当行动并通知申诉人。

2. 根据本条第 1 款提出申诉的人如不满地方部门或学校管理委员会就该申诉所采取的行动,可向规定的其他部门提交申诉,其他部门应在规定时间(收到申诉书之日起 90 日)内采取适当行动并通知申诉人。

第四十七条 国家级监管机构

1. 有关政府可通过官方公告,指定一个国家级监管机构,负责调查在依照本法第四十六条所规定的措施整改后仍未得到解决的申诉。有关政府应在其官方公告中公布监管机构的组成。

2. 在收到根据本条第 1 款规定做出的申诉后,监管机构可自行调查有关事宜,或可将该事宜转交给规定的有关政府或有关地方部门的官员进行调查。

3. 监管机构可根据实际情况,将调查事项转介于其他官员,被转介官员有权记录口头证据、视察场所以及审查文件,以确定本法的规定或其衍生的规则是否得到遵守。

4. 每所提供初等教育的学校及其他机构以及每名雇主,均须向本条第 3 款所述的监管机构及官员提供便利,以便其进入视察与调查相关的场所、审查相关文件及向相关人员取证。

5. 根据本条第 2 款接受转交调查事件的监管机构或有关政府、地方部门的每名官员,均须被视为《印度刑法》第二十一条所指的公职人员。

6. 经过上述调查,如果监管机构确信本法的规定未得到遵守,则可酌情指示有关政府、地方部门或私人管理部门采取整改措施,或在其认为适当的时间内:

(1)主管部门根据本法第十七条或第十八条撤销认证。

(2)根据本法第五十一条对违规者提起诉讼。

第四十八条 确保儿童参与初等教育

任何人不得阻止儿童接受初等教育。

1986 年的《童工法》规定,在任何情况下任何人不得雇用或以其他方式利用儿童为其工作。

第四十九条　初等教育入学年龄和儿童年龄计算程序

1. 儿童在学年开始前年满五岁零十个月,即可入读 1 年级。

2. 出生证明及父母或监护人的声明(没有出生证明的情况下),可被视为儿童年龄的证明,除非受理部门有理由认为该证明不可信。此种情况下,受理部门须按照规定的方式进行调查以确定该儿童的年龄。

第五十条　家长/监护人的责任

1. 每位家长/监护人均有责任为年满六岁或以上的儿童报读学校,并协助其完成初等教育。

2. 如果家长/监护人持续不履行本条第 1 款规定的责任,学校管理委员会可按规定的方式,指示该家长/监护人以在学校照顾儿童的方式,执行强制性的社区服务。

第五十一条　违反本法第十五条、第十七条、第十八条及第四十八条的惩处

1. 如学校违反本法第十五条的规定收取费用,其管理人员将被处以罚款,罚款金额可达所收取费用的 10 倍。

2. 如学校违反本法第十五条的规定,为录取儿童进行任何选拔程序,其管理人员将被处以罚款,首次违例罚款金额最高可达 2.5 万印度卢比(以下简称卢比),其后违例罚款金额最高可达 5 万卢比。

3. 任何人如违反本法第十七条第 2 款或第 5 款或第十八条第 5 款的规定,将被处以最高可达 10 万卢比的罚款,如持续违反,则可在该违例持续期间,另处每日 1 万卢比的罚款。

4. 任何人如违反本法第四十八条的规定,将被处以最高可达 1 万卢比的罚款,如持续违反,则可在该违例持续期间,另处每日不超过 500 卢比的额外罚款。

5. 除由有关政府授权人提出的申诉外,任何法院均不得对本法规定的犯罪行为进行审理。

第五十二条　中央政府、有关政府和地方部门发布一般指示的权力

1. 中央政府可就本法的实施向有关政府发布指导方针和一般指示。

2. 有关政府可就本法的实施向地方部门和学校管理委员会发布指导方针和一般指示。

3. 地方部门可就本法的实施向学校管理委员会发布指导方针和一般指示。

第五十三条　消除障碍的权力

1. 如果在执行本法的规定方面出现任何困难,中央政府可以在官方公报上发布命

令,做出其认为消除困难所必需的但不违反本法规定的指示;但自本法生效之日起两年内,不得根据此条款做出任何命令。

2.根据本条第1款发布的每一项命令,均须尽快提交议会各院。

第五十四条　善意行动保护

不得对中央政府、有关政府、国家初等教育委员会、地方部门、学校管理委员会或其代表为执行本法衍生的规则或命令而采取的或即将采取的善意行为,提出任何诉讼或其他法律程序。

第五十五条　对其他法律的补充

本法关于残疾儿童和需要照顾与保护的儿童的规定,应被视为对1995年《残疾人法》和2000年《儿童保育与保护法》的补充而非删减。

第五十六条　中央政府制定规则的权力

1.中央政府在本法生效后3个月内制定规则并公告,以执行本法第六章的规定。

2.具体而言,在不损害上述权力的一般性的情况下,该规则可就以下全部或任何事项做出规定,即:

(1)国家初等教育委员会在本法第三十三条4款(6)项下的职能。

(2)根据本法第三十九条,委员会主席和委员的薪金、津贴以及其他服务条款和条件。

(3)根据本法第三十八条第4款,国家初等教育委员会在会议上处理事务时须遵循的议事规则。

(4)根据本法第四十条第2款,委员会秘书的权力和职责。

(5)根据本法第四十条第3款,委员会秘书与其他官员及成员的薪金、津贴以及其他服务条款。

(6)根据本法第四十四条第1款,制定委员会准备的账目报表和其他记录的形式。

3.中央政府根据本条制定的每项规则,均须在通知后尽快提交议会各院。

第五十七条　有关政府制定规则的权力

1.有关政府可在本法生效后6个月内制定规则并通告,以执行本法第一章至第五章和第七章的规定。

2.具体而言,在不损害上述权力的一般性的情况下,该规则可就以下全部或任何事项做出规定,即:

(1)根据本法第二条1款(13)项,弱势群体的通知。

(2)根据本法第二条1款(15)项,初等教育阶段的学习课程。

(3)根据本法第二条1款(17)项②目的开支。

(4)根据本法第二条1款(25)项,关于迁徙家庭每年迁徙时间的通知。

(5)根据本法第二条1款(27)项,与儿童有关的周边地区的通知。

(6)根据本法第三条5款,如学校管理委员会考虑将儿童开除,听取该儿童或其父母/监护人意见的方式。

(7)根据本法第十条2款(5)项指定及修订课程。

(8)根据本法第十条2款(6)项,建筑物、教学用具等物品的规范。

(9)根据本法第十条2款(7)项,免费教育的鉴定和通知。

(10)根据本法第十二条1款(1)项,地方部门保存儿童记录的形式和方式。

(11)根据本法第十四条2款,非资助学校及指定类别的学校补助。

(12)根据第十七条4款,如拟撤回对学校的认证,则须采取对学校管理层进行听训的方式。

(13)根据本法第十八条3款,由有关政府向公立学校和全额资助学校以外的学校提供财政援助的方式。

(14)根据本法第二十二条4款,学校管理委员会的职能。

(15)根据本法第二十二条,确定各阶层代表。

(16)根据本法第二十三条2款,将教师分配给特定学校的程序规则。

(17)根据本法第二十六条1款(6)项,向每位家长或监护人及学校管理委员会汇报学生在校学习情况的形式和方式。

(18)根据本法第二十七条1款(1)项,教师休假的性质和期限以及给予教师假期的方式。

(19)根据本法第二十二条4款(4)项,向教师支付薪金,并在教师未经许可而缺勤期间(如有的话)扣留薪金。

(20)根据本法第二十七条1款(2)项,向主管部门提交教师定期评估报告的形式和方式。

(21)根据本法第二十七条1款(3)项,主管部门有权对大都市公立学校的教师处以轻罪惩罚的通知。

(22)根据本法第三十三条4款(3)项,国家初等教育委员会向议会提交有关本法实施情况和其他有关初等教育问题的报告的形式和方式。

(23)根据本法第四十七条2款,国家级监管机构可将申诉转交进行调查的有关政府或地方部门的官员。

(24)根据本法第四十九条2款,儿童年龄的计算方式。

(25)根据本法附表第1、4、5、8、9及10款下的课程、建筑物、教室规格、教学设备、图书馆、游戏材料及运动器材的指示。

3.有关政府根据本条公告的每项规则,均须在公告后尽快提交相关立法机关。

附表 学校规范及标准

序号	项目		规范
1	课程		依照主管学术机构的规定
2	教师人数	(1)小学低年级(1～5年级)	生师(不包括校长)比不超过40∶1
		(2)小学高年级(6～8年级)	1.每班至少有1名如下学科的教师: (1)科学与数学 (2)社会研究 (3)语言 2.每35名学生至少安排1名教师 3.一旦入学人数超过100人,应安排: (1)全职班主任 (2)至少以下课程的兼职指导教师: ＊艺术教育 ＊健康和体育 ＊就业指导
3	教师资格		依照本法第二十五条
4	建筑物		全天候大楼包括: 1.每位教师至少有1间教室 2.每所学校至少有1间办公室、1间储物间、1间校长办公室 3.洗手间(男生、女生分开) 4.饮用水设施 5.厨房(在学校做午餐的地方) 6.无障碍通道
5	教室规格		依照规定
6	每学年最少工作日数/教学时数		1.小学低年级200个工作日 2.小学高年级220个工作日 3.小学低年级、小学高年级每学年的教学时数分别为800、1 000小时
7	教师每周最少工作时数		45小时(教学加备课时数)
8	教学设备		依照规定
9	图书馆		依照规定
10	游戏材料及运动器材		依照规定
11*	界墙或围栏		—
12*	操场/空间(有滑梯、秋千、跷跷板、体操杆、沙坑等)		—

理想需求:1.本法第七条规定的学前教育设施
　　　　　2.安装电话,保证每位教师拥有一台计算机,实现教学信息化

注:＊表示在适当的情况下可免除。

巴基斯坦

巴基斯坦全国教育政策(2017—2025年)

第一章 引言

1.国内外教育的发展为《2009年全国教育政策》的修订创造了条件。全球竞争需要富于创造性、建设性并有助于实现个人和集体福利的人力资本。我国也有了一些新的发展和变化,例如,根据《宪法》第18次修正案的规定,联邦教育与职业培训部等部委开始下放权力;《宪法》增加第25条A款,即规定所有5~16岁的适龄儿童接受免费义务教育是一项基本权利,也是国家的责任;采用联合国可持续发展目标取代全民教育和千年发展目标,并作为巴基斯坦的发展纲领。此外,巴基斯坦教育规划与管理学院的研究显示,一方面,自《宪法》第18次修正案颁布以后,《2009年全国教育政策》的实施基本停滞;另一方面,各省或联邦直辖区均没有能力制定自己的综合政策规划。这导致教育政策的重要领域出现了断层。

2.为了弥补这一断层,2015年在穆扎法拉巴德召开的省际教育部部长会议(根据《2009年全国教育政策》创建的论坛)上,与会成员一致同意修订全国教育政策。联邦教育与职业培训部负责协调并促进《2009年全国教育政策》的修订。

3.联邦教育与职业培训部组建由4个省和联邦直辖区提名的代表组成的政策专家小组。经过一系列会议研讨后,政策专家小组提出了政策框架。该政策框架包括18个政策章节及各章的标准格式:概念框架、宪法与法律规定、重要性与意义、现状分析、问题与挑战、目的和目标、政策规定、实施策略。2016年2月,在伊斯兰堡举行的第7次省际教育部部长会议上,与会人员一致通过了新教育政策的章节列表和标准格式。同时,联邦教育与职业培训部也通过报刊等大众媒体征询各省和联邦直辖区教育部门、民间团体、非政府组织、个人等关于新教育政策的建议。

4.联邦教育与职业培训部下属的咨询委员会,由全国极具资格和经验的教育专家组成,主要负责政策制定工作。根据咨询委员会成员的兴趣和专长,联邦教育与职业培训部将不同的政策章节分配给各个成员。各章节的初稿于2016年8月中旬完成,由1~2位相关领域的专家对各章节初稿进行审核,接着再由相关章节作者进行修改,完成新教育政策的第一稿,然后新教育政策的第一稿交由政策专家小组共同研究和讨论。完整的新教育政策的第一稿将呈送各省和联邦直辖区教育部门和民间团体代表。根据省、联邦直辖区教育部门和民间团体的意见、评论和审查结果,完成新教育政策的第二稿。

5.第二章全面梳理了教育政策的目的、目标和关键领域,进一步明确了目的,突出了从早期教育到高等教育各级教育的目标和关键领域，以及关键领域涵盖的数量、质量及其管理。

6. 第三章关注伊斯兰教教育。

7. 第四章关注早期教育。政策目标：为早期教育提供充足的设备、服务和基础设施；提高入学率；通过聘任经过专门培训的早期教育教师改善教育质量；开展关于早期教育的重要性与意义的宣传活动；使用信息通信技术推进早期教育；划拨早期教育专项经费。儿童的全面发展是早期教育政策的重点。

8. 第五章主要关注扫盲和非正规基础教育。政策重点：促进入学机会的均等；提高成人扫盲和非正规基础教育项目的质量；强化地方教育的组织和管理结构；分配和调动充足的资源开展扫盲。成人扫盲的预期目标和时限是到 2020 年非文盲人数达到 75％，到 2025 年非文盲人数达到 86％。扫盲项目的重点是基础性扫盲、功能性扫盲和技能性扫盲，主要年龄群体是 16～25 岁。政策建议是建立统一的评价、考试、认证以及各级扫盲水平同等资格的体系。政策规定包括利用公立和私立教育机构（包括马达里斯①）可用的基础设施、资源和服务，开展全国性的扫盲和非正规基础教育项目。政策也建议将非正规基础教育项目延伸至中等教育阶段，且应尤为关注 5～16 岁的失学儿童。

9. 第六章关注初等教育。实现 2020 年普及男童初等教育、2025 年普及女童初等教育这一政策目标，与《宪法》第 25 条 A 款的规定相一致。政策提出了一系列关于提高儿童入学率及通过降低辍学率以提高学业完成率的重要规定和措施。另一个政策重点是通过改善教育质量来提高学生的学习成绩。政策的目标应着力放在提高满足学生在学习工具（读、写、算、问题解决和口语表达）和学习内容（知识、技能、价值观和态度）等方面的需求的能力。政策也建议可采取创新项目和替代路径，例如通过非正规教育模式来普及初等教育。教师的能力与责任也是初等教育政策的关键领域。划拨 45％～50％的教育预算用于整个初等教育，其中 30％的教育预算用于提高初等教育质量，是本章另一个重要的政策规定。

10. 第七章中等教育的发展目标中提出，50％的公立小学升级为中间学校，40％的中间学校升级为中等学校，20％的初中升级为高中。此外，中间学校的毛入学率提高至 85％，中等教育的毛入学率提高至 70％。

11. 政策条款规定在部分高中引入职业技术教育；实现行政和学术分离；使用信息通信技术；实施《宪法》第 25 条 A 款的规定；提供缺少的设施；增加提高教学质量相关的预算；将非正规教育项目延至中等教育阶段；确保配备充足、合格的科学和数学教师；促进问责和奖励体系的制度化。

12. 第八章关注教师教育。主要的政策指南：以需求驱动教师教育；实现任命、资格、薪资结构和职业发展的统一；开发专业认证标准，并将课程与专业认证标准相结合；

---

① 马达里斯，是"Deeni Madaris"的音译，是巴基斯坦伊斯兰教教育机构的名称。

教学人员的水平保证;教师持续的职业发展。

13.考试与测验服务章节建议:审核考试/评价标准;成立初等教育考试委员会;考试委员会、课程开发人员、教材编写者之间有效协调;加强对考试和评估的监督;教师对学生进行内部的持续性评估;培训试卷编制人员;激活中等教育委员会的研究能力。

14.发展职业技术教育与培训的主要政策规定包括:建立以能力为基础的培训与评估体系;允许并鼓励私立教育机构参与职业技术教育和培训的规划、管理,创建新的配备齐全的职业技术教育机构;探索新的渠道和技术来增加女性获得职业技术教育的机会;在普通教育中引入职业技术教育课程;推行职业技术教育与培训的国家资格框架;加强职业技术教育与培训教师的职前培训;加强职业技术教育与培训机构的能力建设;在成人扫盲中心和选定的非正规学校引入职业和创收技能培训。

15.高等教育的战略重点包括:扩大平等入学机会;提高高等教育机构的领导力以及管理能力;增加具备最高学位资格员工的数量;通过美国知识走廊培养10 000名具有博士学位的师资;提高课程设置质量;加强知识研究、创新与商业化;加大高等教育经费投入,通过提高高等教育质量推动知识型经济的发展。高等教育委员会的一项主要举措是通过硬件升级提高高等教育设施的技术含量,为开展数字化服务提供更快的链接、更大的带宽。

16.发展高等教育的主要项目与目标包括:17～23岁适龄学生群体的入学率从当前的8%提高至15%;在高等教育匮乏的地区建立社区学院,用于培养合格的技术人员;新建15所公立科学与技术大学;协助建立50所新的私立大学;建立70所小型分校;增加虚拟大学和开放大学的分校数量,为在职人员提供在家接受教育的机会;推进所有学位授予机构使用高速网络。

17.信息通信技术政策的主要支柱包括:在学校内提供信息通信技术;使用信息通信技术提高教学质量,改善学生学习环境;开发教育中信息通信技术的补充途径;以现有信息通信技术项目的最佳实践为基础;发展教育部门的能力。需要设计低成本且耐用的笔记本电脑,以帮助低年级学生为正在进行的数字革命做好准备。

18.图书馆和文献服务方面的政策规定包括:改善图书馆的服务质量;推广阅读;为图书馆配备包括互联网在内的现代化设施;将图书馆网络拓展至联盟委员会级别;引入移动图书馆服务;培养图书馆专业人员的能力。

19.体育、健康与运动教育方面主要的政策规定:开发1～5年级的课程;加强体育教师的职前和在职培训;推广年度运动周活动;建立省级体育与运动学院、大学;建议组建专门的健康、体育和运动委员会。

20.第十四章私立教育机构关注私立教育面临的问题与挑战,并制订了从早期教育到高等教育包括职业技术教育在内的各级教育的目标。政策规定建议正视问题与挑战,实现目的和目标,主要包括:创建私立教育数据库并定期更新;资助和激励农村地区开办低成本学校;实施教育部门改革项目(2001—2002)启动的公、私立教育机构合作方案;改善公立教育机构和私立教育机构间的协调与合作;加强监管机构的赋权与能力建设;加强和扩大教育基金会的作用与职能。

21.第十五章特殊教育和全纳教育分析了现状,明确了问题与挑战,制订了目标,并分别为特殊教育和全纳教育提供了政策规定。到2025年,特殊儿童入学率达到50%。此外,在50%的现行各级正规教育机构内营造全纳学习环境。主要的政策规定包括:扩大特殊儿童的入学机会;划拨5%的教育预算用于特殊教育;提供现代技术和教学辅助;提供所有特殊教育机构的交通设施、特殊教育机构员工和管理层的在职培训和员工发展费用;提供全纳教育的基础设施和服务;加强普通教育教师的全纳教育意识。

22.在教育政策史上首次整章介绍马达里斯。

23.设立单独章节介绍:通过男童子军和女童子军训练对学生进行指导、咨询、品格培养。致力于品格培养的政策规定包括在课程中纳入充足的关于品格培养和价值观方面的内容;教师培训关注儿童的品格培养和个性发展;启动关于儿童社会、技能、道德、伦理培训与灵魂净化的专项项目;开发并加强教师职业道德规范;强调通过辅助课程和课外活动培养品格,以培养富于道德和伦理的公民和学者。

24.课外活动有利于儿童身体、精神、智力、社会和情感的发展。关于童子军的政策规定主要聚焦:途径、质量、培训、治理与管理、研究与创建数据库。主要的政策规定包括:要求各学校必须开展童子军活动;给予表现好的童子军额外的分数;将关于童子军的内容融入课程;将开展童子军活动纳入教师培训内容;划拨充足的预算用于童子军活动。

25.最后一章关注教育经费。政策规定的建议包括:公平、按需分配教育预算;促进经费发放、使用程序和流程的精简与透明;划拨充足的预算用于改善教学质量;对所有涉及经费管理的人员进行能力建设和培训;下放经费管理与控制的权力;增加教育和扫盲的预算拨款;创建和共享经费数据库。

26.自1947年以来,巴基斯坦一直在精心设计和制定详细的教育政策,但在政策执行方面做得还不够。我们不断地制定有关免费普及基础教育、提供优质高等教育的政策,以期获得创新的知识、技能和能力,以及培养致力于以上事业的学者。我们正处于通过省和联邦政府权责清晰的问责监督和评价体系实施良好规划的历史节点。如果没有这个体系,我们仍将继续推迟,不知何时才能实现目标。如果我们期望在国际竞争中取得成功并赢得一席之地,那么,我们必须马上打破自身的惯性。

第二章　教育政策的目的、目标和关键领域

一、目的

(一)满足学习需求(知识、技能和价值观)

1.满足人的学习需求,主要包括学习工具(读、写、算、问题解决和口语表达)和学习内容(知识、技能、价值观和态度)两方面。

2.富于文化、知识且以知识为基础的社会,关注人的全面发展,满足人的教育、社会、经济、文化和精神需求。

3.提供持续的终身学习的条件。

(二)巴基斯坦国家意识与民族融合

1.弘扬和培育巴基斯坦的意识形态,树立以巴基斯坦立国原则——"团结、信仰和纪律"为基础的巴基斯坦国家意识。

2.培育穆斯林共同体的理想,促进宗教间的和谐且乐纳各种信仰。

3.弘扬和平、宽容、尊重人权、博爱、理解和共存等价值观。

(三)教育权利:扩大入学机会

1.尊重本国和国际的相关教育和扫盲承诺。

2.根据《宪法》第 25 条 A 款的规定,到 2020 年或提前实现教育普及迫在眉睫。

(四)教育质量与机构建设

1.学术项目的质量保障。

2.弘扬研究与创新文化。

3.建立、扩大、加强相关教育与扫盲的机构和组织,并重视机构的能力建设。

4.实现统一、有效且可信的考试体系的制度化。

(五)提高教育预算

教育投入增加至 GDP 的 4%。

(六)科学技术

1.以科技促进经济发展。

2.知识型经济依赖于能够满足产业需要的(地方、本国乃至全球)优质科学家、技术人员和专家的产出。

(七)课程与标准的相互协调

1.协调现行各级教育体系。

2.课程应以 2016 年省际教育部部长会议采用的国家课程框架和国家标准为基础。

3.通过消除各类差异和不均衡,包括性别差异和区域不均等,提供标准化设施和服务。

二、目标

(一)发展早期教育

拓展、加强和推广普及且全面的早期教育,以促进儿童的全面发展,为他们接受正规学校教育做好准备。

(二)普及初等教育

实现优质初等教育的普及包括三个方面或维度,即实现初等教育入学的普及、在学的普及、毕业的普及。

(三)提供免费义务教育

1. 根据《宪法》第 25 条 A 款的规定,提供免费义务教育。

2. 扩大和加强中小学教育的设施和服务,使更多的小学升格为中间学校和中学。

3. 将现行非正规基础教育项目扩大和扩展至中间教育阶段(6~8 年级)。

4. 扩大优质远程教育项目,以满足更多适龄中等教育儿童的学习需求。

(四)非正规教育、在线和远程学习

1. 启动革新项目和新举措,包括向失学儿童,尤其是处境不利的应接受教育的儿童提供替代性的学习途径,以在尽可能短的时间内实现所有失学儿童的入学和在学。

2. 通过教师培训、信息通信技术的使用、高效的协调、精良的课程、改进的考试和评价体系、严格的检查与监督,强化非正规基础教育。

(五)实现有文化的巴基斯坦

1. 通过启动全国性的扫盲运动,实现巴基斯坦全民有文化这一目标。

2. 在成人扫盲中,提供以研究为基础的,关注学习者基本读写算能力(读、写、算)、生活技能、创收技能和终身学习等需求的创新型项目。

(六)通过高等教育实现知识型经济

1. 在未来 5 年,创办更多的大学和学位授予机构,将高等教育的入学人数从现在的140 万扩大至 500 万。

2. 根据国内外的需求,培养受教育程度高且技术熟练的人才,来发展知识型经济。

3. 引入新的学科、新兴科学技术,向学生提供最新的知识、技能。

4. 在偏远农村和边远地区增设开放大学分校、虚拟大学点等扩大接受远程教育的人数。

(七)促进科学技术、职业技术教育的发展

1. 提高科学技术、职业技术教育的入学率。

2. 将职业技术教育课程引入选定的正规和非正规中间学校。

3. 根据国家职业技术教育与培训标准,在选定的中学内再次引入优质的职业技术教育。

4. 在地区和街道建立中等职业学校。

(八)提升教育体系的质量和效率

采取有效措施,提高小学、中间学校和中学的毕业率与在学率,提高从小学到中间学校以及中间学校到中学的升学率。

(九)促进私立教育的发展

鼓励并促进优质私立教育的发展。

(十)促进信息通信技术的应用

1.推进、扩大和加强信息通信技术教育。

2.为扩大入学、提供优质教育和促进扫盲,加大信息通信技术的应用。

3.通过支持设计、批量生产以及向所有学校推广教学用具和视听设备等,促进信息通信技术的普及。

(十一)实现教育中的性别平等

在尽可能短的时间内实现教育中的性别平等,赋予女性相应的权利。

(十二)质量改革

通过对课程设置、教材开发、教师培训、考试与评价、检查与监督等方面进行改革和引入新举措,提高教育质量。

(十三)教师的选拔、招募和能力建设

1.为各级教育招募有能力和有奉献精神的学者型教师。

2.根据国家教师专业标准,实现教师培训安排、认证程序和流程的标准化和制度化。

3.加强现行教师培训机构的人员建设,更新现行教师培训机构的设施设备,来开展高等教育委员会批准的新的学位教育项目,培养15万名接受各省教育学院和大学教育学院提供的2年制学位教育项目和4年制教育学学位教育项目的新教师。

4.引入面向各级正规和非正规教育教师的专业发展项目。

5.调整教师培训课程,以适应学习者对于课程设置及主题方面的需求。

(十四)课程与标准

1.开发和实施1~12年级各门科目的国家课程框架和标准。

2.根据《宪法》第18次修正案,与全国课程委员会协商促进新课程设置、教材开发和审核过程的制度化。

3.使用课程开发最前沿的原则和最新的学习理论,修订《2006年全国K-12学习方案》,使其更具针对性和全面性。

4.根据研究结果和利益相关者的定期反馈,推动全国课程委员会持续开展课程的编制、修订与完善工作。

5.在课程开发和完善过程中纳入新的教育理念。

6.实施有效的教育措施和项目,以应对自然灾害。

(十五)图书馆和教学技术

建立和壮大从初等教育到高等教育的图书馆,包括从学区到村庄一级的图书馆。

壮大图书馆也包括为实行在线图书馆服务提供所需的互联网和其他现代化的设施。所有教室均应配备连接互联网的计算机,以便挖掘新的、适合的阅读材料。培训教师应有效使用教学技术以提高英语、数学和科学课程的教学质量。

(十六)教学语言和媒介

与各省和联邦直辖区协商解决教学媒介和外语教学的问题。

(十七)宗教教育和马达里斯改革

1.将当代学科、研究纳入马达里斯课程体系,促进毕业生的主流化、获得认可和资格对等。

2.扶持马达里斯改革并利用其服务促进成人扫盲和非正规基础教育的发展。

(十八)全民动员和社区参与

1.提高公众参与政治的积极性,并强化大众传媒对于教育发展的作用。

2.改善和加强学校与社区的关系。

(十九)体育、运动和游戏

从早期教育到高等教育,均应提供体育、运动和游戏必需的设施、服务和机会。

(二十)健康和卫生

改善学校的健康和卫生条件。

(二十一)公、私立教育机构的合作

1.鼓励、促进和规范私立教育机构的发展。

2.进一步规范和监督公、私立教育机构的合作,促进教育发展。

3.加强公、私立教育机构、非政府组织、捐助者、马达里斯等的协调,以便提供统一标准的课程和设施。

(二十二)加强协调以实现可持续发展目标

加强地方、国家和国际在教育和扫盲工作上的协调,以实现在教育方面的本国和国际相关承诺,例如可持续发展目标。

(二十三)评价和考试体系的改革

1.审核和改革评价和考试体系,使其符合本国和国际需求与标准。

2.加强考试委员会和相关机构的能力,以设置科学、有效、可靠的评价和考试体系。

(二十四)扩大特殊和全纳教育的入学机会

1.确保提供全纳且平等的优质教育。

2.引入关爱儿童的学校和全纳教育的概念。

3.根据本国和国际在教育方面的相关承诺、协定和宣言,推进、扩大并加强特殊教育。

4.在各级教育的公、私立教育机构内提供全纳教育必需的设备、服务和基础设施。

5.通过建立更多的特殊教育机构以及配备必需的设施和服务,实现特殊教育儿童包括女童和男童的教育普及。

(二十五)男童子军、女童子军、指导和咨询

1.组织、扩大和鼓励全国的男童子军和女童子军运动,尤其是涉及安全教育、应急教育、扫盲和灾难管理等内容的运动。

2.所有中学重新组建国家学生军训队。

3.向接受中等教育及以上的学生提供指导和咨询服务。

(二十六)增加教育预算

1.通过增加份额、简化放款和支出流程、提高教育体系的接收能力等增加教育投资。聘用专业财务人员,负责根据扩大入学、更新设备和根据能力聘任教师等方面监督资金的使用是否有效且及时。

2.提高发展性教育开支的比例,尤其是对提高教育质量的投入。

(二十七)有效规划教育所需的研究和数据库

积极开展研究,创建关于教育的数量(如入学)、质量和经费等的数据库并定期更新。

(二十八)实施与监测教育政策的机制

建立实施与监测教育政策规定的有效机制。联邦和省级教育管理人员应对未能及时实施政策和规划承担责任。

三、教育政策的关键领域

新的教育政策主要关注以下关键领域:

(1)基于意识形态,旨在实现团结、信仰和纪律的愿景与使命。

(2)儿童的全面发展(身体、社会、智力、道德、精神和认知等)。

(3)早期教育:面向 3～5 岁儿童,以 4～5 岁儿童为优先群体的、全面的早期教育。

(4)初等教育:实现初等教育普及,即达到三个维度的普及:入学的普及、在学的普及和毕业的普及。

(5)基础教育:通过正规和非正规教育扩大 6～8 年级基础教育的入学机会。

(6)非正规教育:应开发有效的短期非正规教育项目,并用于帮助学生快速融入正规教育体系。

(7)中等教育:通过非正规教育、开放和远程教育扩大中等教育的入学机会。

(8)职业技术教育与培训:在非正规中间学校内引入职业技术教育课程。

(9)技术教育:在选定的高中和中级学位学院内引入职业技术教育,培养掌握职业技术技能的人力资本。

(10)中等职业学校：在各乡建立面向所有男性和女性学员的中等职业学校。

(一)教育人员的能力培养

1.以能力为基础招募教师，聘任符合国家教师专业标准的、有能力的、有奉献精神的教师。

2.理顺并实现优质教师的供需平衡。

3.将教师培训项目扩展至非正规教育，培训对象包括马达里斯教师、高等教育教师、教育管理人员和规划人员、教育政策制定者和监督人员、试卷编制人员、课程开发人员、教材编写人员和出版人员等。

(二)课程改革与标准制定

1.修订课程和职前、在职教师培训体系，确保其以学习者为中心、以信息通信技术为基础。

2.制定、批准和实施国家课程框架，以促进课程标准的统一。

3.制定各学科、各年级尤其是核心科目的最低国家标准。

4.根据国家课程框架和课程标准，推行统一课程。

5.所有公、私立教育体系实行统一课程。

6.自然、物理科学以及信息通信技术的课程标准每5年修订一次，其他学科的课程标准每10年修订一次。

7.低年级课程主要关注学习工具(读、写、算、问题解决和口语表达等)和学习内容(知识、技能、价值观和态度等)。高年级课程则主要关注知识的理解、分析、综合和应用。

8.无论性别、地域、信仰等不同，全国所有学校和教育机构均应配备标准化的设施和服务。

9.修订《2006年全国K-12学习方案》，使之更为全面、更以需求为导向。

10.消除差异，促进性别平等，消除教育及培训方面的区域不平衡性。

11.促进不同观念间的宽容、尊重以及不同信仰间的和睦。

12.在大学内，应培育研究与创新的文化。

13.在地方、全国乃至全球教育与培训中借鉴成功的教育实践案例。

(三)扫盲和终身学习

1.营造知识型社会以及终身学习氛围。

2.在全国开展"扫盲为了一切和一切为了扫盲"运动。

3.将基础性扫盲(读、写、算)、功能性扫盲(生活技能)和技能性扫盲相结合。

4.建立国家级和省级的面向扫盲和非正规教育教师的教育培训机构，以加强扫盲人员的能力培养。

5.扩大在线和远程学习项目。

(四)教育经费

1.基于教育机构数量和入学人数编制预算。

2.教育预算不得削减、变更和转移。

3.教育培训部门的财政改革应松绑规章制度,简化烦琐流程,确保按时发放和有效使用教育培训预算。

4.提高教育体系的接收能力,以便有效使用划拨的经费。

5.2018 年教育经费将达到 GDP 的 4%。

6.划拨至少 25%的省级教育预算用于教育质量提升工程和项目。

7.调整私立教育机构的收费结构。

(五)教育管理和社区参与

1.建立、拓展和加强家长与教师、学校与社区的关系。

2.为国家教育发展注入强大的政治意愿和承诺。

3.社会发展特别是教育发展方面通过政治自由、达成共识、合作与支持促进社会各领域尤其是教育领域的发展。

4.扩大和加强标准化的职前和在职教师培训。

(六)质量工程

1.所有公立大学均应建立质量保障机构。

2.逐步淘汰 1~2 年制学士学位,推行以学期为基础且达到 2016 年巴基斯坦国家资格框架规定的成绩和标准的 4 年制学士学位。

3.在各级教育中引入 2016 年巴基斯坦国家资格框架,以达成各级学习效果。

(七)高等教育课程

1.随着知识、技术的快速发展,高等教育委员会下属的全国课程审查委员会和全国认证委员会应不断修订和更新高等教育课程。

2.建立、扩大和加强所有大学的研究中心,以培育与国家经济发展相关的创新项目和应用研究。

3.发展低成本的独立学位研究生课程。

4.实施教师调休制度,便于教师开展教学和合作研究。

(八)高等教育领域的研究与开发

1.加强与国内新兴产业间的合作研究。

2.提升和加强大学的企业孵化中心。

3.重视科学研究和自然资源商业探索中的应用研究。

4.建立新的科学技术大学及研究与技术园区。

5.增加用于发现新的实用知识的研究的拨款额度,用于解决能源、气候变化、食品安全以及水资源等关键性问题。

6.与国内外大学、商业机构、工业组织合作,建立更多的研究与技术园区。

7.通过各种项目和活动等调动资源,创造额外收益。

8.促进国家向知识型经济转型,从而确保按照《巴基斯坦 2025 年愿景》实现国家的经济腾飞。

9.加强产业与大学之间的联系,确保教育领域与工作领域有效契合。

10.扩大公平地接受高等教育的机会,尤其是弱势群体的高等教育入学机会。

11.各级教育应使用信息通信技术。

12.未来 10 年将高等教育入学率从现在的 8% 提高至 15%。

13.开展持续的关注大学教师教学方法和技能发展的项目。

14.引入完整的 4 年制学士学位项目。

15.大学应制定附属学院的标准和规范。

16.加强全国认证委员会的能力建设。

17.建立联邦和省级研究卓越委员会。

18.加强大学的图书馆和实验室建设,以达到国际标准。

19.开发从早期教育到高等教育各级教育的研究合作网络。

20.所有学校均应提供水、卫生和清洁设施。

第三章　伊斯兰教教育

内容略。

第四章　早期教育

一、早期教育的概念框架

生命的早期阶段是儿童身体发育和心理发展的关键时期。专家强调应给予这一阶段的儿童专门的照顾与关注,并为其营造有利的环境,诸如提供健康护理、营养、教育和关爱。许多术语被用于表述照顾和支持幼儿的生活,如:儿童早期护理与教育、儿童早期发展、儿童早期护理与发展。这些术语或概念绝大多数都强调和提倡学前儿童的整体发展。早期教育具有重要的地位,其实施需要各部门间的协同、共同的策略和联合行动规划。绝大多数发达国家推行了儿童协调发展的方法,而发展中国家由于经济限制和意识淡薄,未能全面实施或只是部分实施了儿童早期发展或儿童早期教育项目。

二、早期教育的重要性

儿童个性发展和潜能开发始于生命的早期阶段。专家研究发现,8 岁以前儿童的身体和心理能力发育较快,其中 2~5 岁是关键期。早期阶段对于儿童获取概念、发展奠定终身学习基础的技能和态度十分重要。这个阶段的主要特征是快速的身体、智力、情感、社会和道德发展。提供优质的早期教育对于儿童未来的学习、就业和发展具有积极作用。投资于早期教育将对个人、教育体系和社会带来以下益处：

（一）对于儿童的益处

1. 提高认知（思考、推理）技能，即学会认知。

2. 发展交流、提问、创造和解决新问题的能力。

3. 强化社会能力（如何与成人、同伴建立和保持良好的关系）或"学会共生"。

4. 为下一阶段学习奠定基础，以帮助他们取得成功。

（二）对于教育体系和社会的益处

1. 接受过早期教育的儿童，其初等教育的入学率和在学率均有所提高。

2. 降低辍学率，将资源浪费最小化。

3. 受教育者更有潜力成为社会的守法公民、优秀成员，能降低犯罪率，并助力经济增长。

4. 早期教育的接受者更易于接受健康的生活方式和实践，这有利于节约卫生保健的成本。

三、巴基斯坦早期教育的现状分析

巴基斯坦的公立学校尚无规划得当的早期教育。回溯历史，承担类似职能的教育机构被称为"学前班"等。儿童可以进入"学前班"，但"学前班"却没有这一年龄段儿童必需的标准化设施。既没有单独的教室，也无专职教师进行全日制授课。许多省的教育部门甚至尚未意识到需要开发和发放这一年龄段专用的教学材料。职前教师培训和常规的在职教师培训均没有涉及3～5岁适龄儿童学习需求的内容。小学教师也未接受过互动教学方法方面的相关培训，难以促进学前儿童快乐地学习。

《1998—2010年全国教育政策》是第一个提出促进"学前班"整合和制度化的官方文件。早期教育是巴基斯坦15年教育行动规划的三个重点领域之一，希望以此实现全民教育的目标。随后，联邦政府启动的《教育改革项目》为早期教育划拨了经费，用于各省和联邦直辖区的早期教育。2002年巴基斯坦首次制定了《全国早期教育课程》，随后2006年又对这一课程进行了调整并纳入学前教育到12年级的学习方案。《2009年全国教育政策》包含早期教育的完整章节并提出了五大政策行动。但令人遗憾的是，各省并未实施《全国早期教育课程》（2006年）和《2009年全国教育政策》。

近年来，一些省和地区开始试点。旁遮普省、开伯尔·普什图赫瓦省、信德省已经建立了早期教育中心。早期教育也成为各省教育部门教育规划的内容之一。

《2009年全国教育政策》规定早期教育的年龄群体是3～5岁的儿童。根据巴基斯坦《2015—2016年教育统计报告》，学前教育总入学人数约为874万人，毛入学率为74%。绝大多数儿童的年龄都是5岁以上。其中，48.17%的儿童在私立学校，51.83%

的儿童在公立学校。"学前教育"是初等教育的一部分。公立学校尚无供早期教育使用的专门教育机构或教室,也无专职早期教育教师。在私立教育机构内,共有448所机构、2 785名教师专职负责早期教育。

巴基斯坦学前教育的净入学率约为36%,但没有任何关于早期教育净入学率的准确数据。这表明只有1/3的早期教育适龄儿童入学,而余下的2/3的儿童仍未能入学。

研究和调查显示,全国早期教育的设施和服务严重不足。超过2/3的公立小学没有用于"学前班"或早期教育的专用教室。相较于城市学校,农村学校的情况更为严重。数据显示,70%以上的农村小学没有功能性的卫生间或厕所。这表明绝大多数小学的学习条件是不利于适龄儿童接受早期教育的。早期教育学生需要专门的教室以及专供这一年龄群体使用的教具,最为关键的是需要配备具有早期教育方法论的专职教师。

四、早期教育面临的问题与挑战

巴基斯坦早期教育面临着以下问题与挑战:

1. 政府对早期教育重视不足。

2. 教育规划者、决策者以及家长未能意识到早期教育对于儿童、教育体系和社会的必要性和意义。

3. 公立学校缺少早期教育的基础设施和服务。

4. 经过培训且合格的早期教育教师严重不足。

5. 推广早期儿童护理与教育的组织机构和部门间缺乏协调机制。

6. 早期教育的教学材料严重不足。

7. 早期教育或"学前班"学生没有专用教室。

8. 绝大多数提供学前教育或早期教育的公私立学校主要集中在城市地区,富裕家庭的孩子更有机会获得教育。而由于农村地区的公立学校缺少基础设施,贫困家庭的农村儿童更难以获得优质的早期教育。

9. 早期教育阶段儿童的营养问题严峻。

10. 儿童的健康和护理问题阻碍了早期教育的发展。

五、巴基斯坦在早期教育方面的国际和国内承诺

巴基斯坦已经签署了相关国际条约、公约和发展框架,这些文件要求政府采取行动保护儿童的权利,包括儿童的健康、教育、护理、免受身体或心理上的伤害。

(一)国际承诺

1.《儿童权利公约》。巴基斯坦于1990年签署了《儿童权利公约》。其中一些条款涉及儿童发展问题,包括教育和健康。

2.《可持续发展目标》。巴基斯坦于2015年9月签署了联合国发布的《可持续发展目标》。"可持续发展目标4"主要关涉教育,包含7个子目标。其中"可持续发展目标4.2"聚焦早期教育,并提出:"到2030年,确保所有儿童均可接受优质的早期发展、保育

和学前教育,以帮助他们为接受初等教育做好准备。"联邦和省政府已经制订了行动规划,用于实现"可持续发展目标4"的教育目标。

(二)国内承诺

以下政策表明了巴基斯坦对于实施早期教育的决心。

1.实施《宪法》第25条A款的规定:信德省、旁遮普省、伊斯兰堡已经通过了实施《宪法》第25条A款规定的法律,包括提供学前教育和早期教育的规定。例如,参议院和国民议会通过的《2012年免费义务教育权利法》第9条,信德省议会通过的《2013年信德省儿童免费义务教育权利法》第9条,旁遮普省议会通过的《2014年旁遮普省免费义务教育法》第10条,规定政府应为所有3岁以上儿童提供免费的学前教育和早期教育。

2.省级教育部门的规划:4个省均与国际捐助者合作制订了教育部门的长期发展规划。所有这些教育规划都包含促进各省早期教育发展的规定以及预期的量化目标。

由上可见,联邦和省政府已经承诺着力于引入早期教育并促进其发展和制度化。

六、目的、目标与政策规定

(一)目的

1.《可持续发展目标》:到2030年,确保所有儿童均可接受优质的早期发展、保育和学前教育,以帮助他们为接受初等教育做好准备。

2.《仁川宣言》(2030年):提供至少1年免费且义务的优质学前教育,并确保所有儿童均可接受优质的早期发展、保育和学前教育。

3.《2017年全国教育政策》:到2030年,为4~5岁适龄儿童提供免费且义务的优质学前教育,使其拥有均等地接受早期教育的机会,促进3~4岁适龄儿童的全面发展。

(二)目标

1.满足所有早期教育适龄儿童的学习需求。

2.基于早期学习发展标准,确保早期教育适龄儿童的全面发展。

3.提供关爱儿童、富于吸引力和趣味性的学习环境。

4.加强对家长的教育,使其意识到早期教育的重要性。

5.推动教育政策制定者、教育规划者、教育管理者、教师和其他相关人员意识到早期教育以及采取相关实施策略的必要性和重要性。

(三)政策规定

1.早期教育班级是小学的组成部分。所有早期教育适龄儿童包括男童和女童,均应获得接受优质学前教育的机会。

2.面向4~5岁适龄儿童的1年制学前教育将是免费且义务的。

3.对现有学前教育/"学前班"提供必要的基础设施、设备和服务,例如专门的教室、专职教师等。

4.大学和教师教育与培训机构提供早期教育学位项目和资格认证课程。

5.实施、推广和采用有关早期教育的各项研究成果，促进全国早期教育的发展。

6.启动创新性早期教育项目。

7.应用信息通信技术，加强教师培训，促进早期教育的发展。

8.根据早期教育课程和早期学习发展标准，保障儿童身体、社会道德、心理、语言和认知等的全面发展。

9.为所有早期教育儿童（城市和农村儿童）提供全纳、有吸引力、友善和趣味性的学校环境。

10.早期教育将以活动为基础，采取游戏教学法，不得使用教材。

11.早期教育教室配有教学指导材料、教具以及音频、视频等信息交流技术手段。

12.早期教育班级将配备经过培训的专职早期教育教师。此外，如有必要，还可配备保育员。

13.早期教育阶段的生师比为 25∶1。

14.加强儿童早期保育与教育服务提供者和各利益相关者之间的协调与联系。

15.公立教育机构应说服、组织和推动地方社区开设和运营早期教育中心。

16.应鼓励和推动私立教育机构推广并启动面向弱势儿童的免费的优质早期教育项目。

17.应定期审查、更新和实施早期教育课程。

18.应根据包括教育质量指标在内的早期教育核心指标，定期搜集、分析、发布并利用全面的早期教育统计数据，包括公立、私立、马达里斯以及其他所有的早期教育机构数据信息，以提高早期教育质量。

19.早期教育是重中之重，但儿童健康护理与营养则更为重要，这是履行国内和国际承诺的首要任务。

20.联邦、省和地区政府将确保划拨充足的早期教育专项预算，用于经常性开支和发展性开支。

21.起草、实施并评估由所有相关部委、部门和其他机构共同协商的联合早期教育计划。

第五章　扫盲和非正规基础教育

一、扫盲的概念框架

简言之，扫盲指的是使个体具备读、写和简单计算的能力。20 世纪以前，扫盲在社会、政治和经济生活中不可或缺的功能性作用并未得到国家和政府的重视。但随着工业化进程的加快、现代技术在工作和生活中的广泛应用以及政治和经济的变革需求，社会各领域迫切需要具备读、写、算能力的人力资源。目前，读、写、算能力已经成为交流、谋生和独立生活所必需的技能。读、写、算能力是人类获取众多知识及其他信息资源的前提和基础,可以帮助个体获取、接受和理解来自不同渠道的信息,并能够表达、探讨和探究。扫盲的概念框架如下:

"扫盲关注个体获取和使用读、写、算的技能,提高公民的健康和生活水平,促进性别平等。扫盲的目标也应体现这一内涵。"

二、不断完善的扫盲的定义和标准

个体和社会对于扫盲的需求和应用体现在多个范畴。虽然扫盲始于能读、会写、会算,但其终极目标是将这些技能应用于沟通、终身学习以及积极参与社会、经济和政治生活。鉴于扫盲的功能性特征,各国基于整体教育和社会发展水平的差异,对扫盲的定义和标准也不尽相同。以下定义由联合国专家会议提出,主要用于评估扫盲的功能性意义:

"扫盲是使个体获得在各种语境中识别、理解、解释、创造、交流、计算、使用印刷和书写材料的能力。扫盲是一个连续的学习过程,着力帮助个体实现目标,拓宽知识面,开发潜能,充分参与所在群体甚至更广阔的社会活动。"

在中国,一个城市脱盲人员,应掌握至少 2 000 个汉字。在美国,脱盲人员应可以阅读新闻、诗歌、小说,学习和使用地图、表格和图形,可以写申请,填写日常使用的表格,完成 4 位数的计算等。在伯利兹,只有接受过至少 7 年初等教育方可算脱盲。在孟加拉国,脱盲人员应能够读、写、算并具备社会意识。在印度,能够读、写即被视为脱盲。虽然印度对脱盲的定义较为简单,但为了评估文化素养,印度开发了一套明确且可评估的读写标准。根据印度的读写标准,一个脱盲人员应能够每分钟阅读约 40 个单词,书写或抄录 10 个单词,听写 7 个单词。

在巴基斯坦,扫盲的定义也在不断的完善中。1951 年人口普查采用的扫盲定义仅关注阅读能力,理解力和书写技能未予提及。1961 年对该定义进行略微修改,即可以阅读任意语言的简单字母即被视为脱盲。然而,此时书写技能仍未被纳入其中。直到1972 年,方采用了一个涵盖读写技能的更为明确的定义,这个定义指出:"具备一定读写能力即被视为脱盲。"1981 年全国人口普查,扫盲的定义又从基本的读写能力发展到了一套更为明确的标准,即脱盲人员应能够"阅读报纸和书写简单信件"。1998 年全国人口普查沿用了这个定义。可见,直到 1998 年全国人口普查,巴基斯坦所采用的扫盲定义仍未纳入计算能力,而这却是全球公认的扫盲的重要内容。

联邦教育与职业培训部课程署 2007 年正式批准和公布的《全国扫盲课程》采用的扫盲定义为:"使个体具备以正常速度读、写、算简单的符号、数字、单词、句子、文本,能够处理有关性别、健康和伦理等日常生活问题,以及改善生活乃至社会的能力。"

鉴于上述定义所需的识字和计算能力水平,《全国扫盲课程》引入了 3 级读写水平。第 1 级和第 2 级分别等同于正规学校教育的 1 年级和 2 年级水平,第 3 级则等同于正规学校教育的 4 年级以上水平。2008 年,政府计划实施人口普查期间,联邦教育与职业培训部正式将"能够运用任意语言阅读和书写简单的句子,并能够进行简单的计算"这个扫盲定义传达给人口普查组、统计署和联邦政府,并纳入调查问卷。可见,直到2008年,计算能力才被纳入巴基斯坦的扫盲定义。随后,联邦教育与职业培训部政策与规划署根据课程署的建议,批准了以下扫盲定义:"能够运用任意语言阅读和书写段落,并可以进行简单计算。"这个定义更具综合性且涵盖了读、写、算能力。

三、文盲群体

从全球来看,文盲和贫困存在高度的重合。在巴基斯坦,文盲大多出身贫寒,生活在欠发达、偏远的农村地区和城市贫民窟。大多数文盲为女性。但在一些地区,并非贫穷作祟,而是由于家长没有文化且思想保守以致许多女童难以上学。因此,文盲家长也是新一代接受教育的障碍。

四、扫盲的重要性

扫盲并非只是满足个体的经济或职业需求。在现代社会,扫盲既是社会发展的需要,也是一项政治战略。当社会成员可以超越地理屏障交流和理解彼此的观点时,将促进社会的和谐、正义和自由。而这只有当人们具备一定文化素养且能够交流和理解彼此的观点时才有可能。

缺乏教育将文盲群体及个人与文明社会隔离。有文化素养的环境不仅可以提高社会的经济指数,也能够对治理体系和政体产生积极影响。具备文化素养的公民可以积极参与区域、省和国家的决策制定过程。如果选民具备文化素养、可以阅读报纸、具备知情选择的能力,民主制度和规范将大幅改善。因此,扫盲可以带来政治稳定,促进和加速经济发展。

扫盲是社会人力资源发展的重要指标。1990年联合国将"成人扫盲率"纳入人类发展指数,用于衡量各国经济和社会发展水平及其全球排名。随后,扫盲被纳入各个国际发展框架和宣言,扫盲率亦被作为测量国家是否进步的一个指标。这包括《2000—2015年达喀尔全民教育行动框架》《联合国千年发展目标》《可持续发展目标》。扫盲也影响人们的健康、营养、疾病预防和计划生育的知情决策。文盲比例较高的国家,新生儿死亡率、孕产妇死亡率和人口出生率均较高。

五、非正规教育的方法:概念和理论基础

正规教育体系难以向所有人提供教育,因此必须向那些由于各种原因被排除、遗漏和辍学的儿童及青少年提供替代学习模式。在非正规教育中,学习设施主要依赖于本地的可用资源:学习活动的空间主要由社区提供,由临近地区受过教育的人员担任兼职教师。教学时间表和其他具体规定则根据学习者的经济和社会情况进行调整。这些特征使得非正规教育灵活多变且易于满足学习者的需要。政府和非政府组织应做好规划,向缺乏经济来源的弱势群体提供更多接受非正规教育的机会。全球大量的学习辅导或培训项目可能拥有不同的名称,但从性质上均可划为非正规教育。例如,辅助学校

教育、社区教育、成人教育、社区学习中心、函授教育、继续教育、终身教育、开放学习等都可划为非正规教育。

下述定义阐明了非正规教育的适应性和学习者特征:"非正规教育是一种以其应对变化的高度灵活性和开放性以及组织教学方法、教学模式的创新性,满足儿童、青少年和成人的不同学习需求的教育形式。它为人人接受教育提供了保障。"

发展中国家可通过非正规教育形式向难以接受正规教育的弱势群体提供基础教育。

六、非正规教育对于巴基斯坦的意义

目前,巴基斯坦5~16岁的失学者约有2 264万名。正规教育体系难以向这些失学者提供教育,但非正规教育可以凭借其优势快速、方便且经济地向他们提供接受基础教育的机会。因此,对于巴基斯坦来说,非正规教育是较为可行的向大量失学者提供基础教育的重要途径。但非正规教育绝不可能替代或取代正规教育。正规教育仍将是向下一代提供教育培训、建构知识、研究和科技进步最为主要且稳妥的体系。非正规教育可作为正规教育的补充,为未能接受正规教育的儿童、青少年和成人提供接受基础教育的机会。

七、关于扫盲和非正规基础教育的国内和国际承诺

巴基斯坦关于扫盲和非正规基础教育的国内和国际承诺主要有:

(一)国内承诺

1.《宪法》第37条B款:根据《宪法》第37条B款的规定,巴基斯坦政府承诺在尽可能短的时间内消除文盲。

2.《1985年扫盲法》:本法案由议会通过,规定了脱盲人员可在就业、驾驶、护照等方面享有一定特权。可以预见,如果该法案得以实施,将激励广大文盲获取读写技能。但自1985年到2016年,30年的时间已经过去,巴基斯坦政府仍未发布该法案的具体执行日期。

3.《教育的权利》第25条A款:所有5~16岁适龄儿童接受免费义务教育是一项基本的权利,巴基斯坦政府有责任确保所有儿童接受免费义务教育。本条款要求政府必须向2 264万名失学儿童提供接受正规或非正规基础教育的机会。

4.《巴基斯坦2025年愿景》:鉴于教育和扫盲的催化作用,由联邦政府批准、各省政府支持的《巴基斯坦2025年愿景》宣布将人力资源发展作为首要的任务。该愿景确定的目标是到2025年小学入学率和毕业率达到100%,扫盲率达到90%。

(二)国际承诺

巴基斯坦签署了各类国际宣言和公约,这些国际宣言和公约阐述了各个国家的教育目标。例如:

1.《2000—2015年达喀尔全民教育行动框架》:2000年4月,巴基斯坦承诺在未来15年实现初等教育的普及并将扫盲率提高50%,即到2015年巴基斯坦扫盲率

达 86%。

2.《联合国千年发展目标》：巴基斯坦签署了《联合国千年发展目标》并承诺到 2015 年实现 8 个目标。"千年发展目标 2"和"千年发展目标 3"涉及教育，目标是初等教育入学率和完成率达到 100%。15～24 岁人口的扫盲率也是千年发展目标 2 的一个重要指标。

3.《可持续发展目标》：2015 年，巴基斯坦与其他国家一同签署了《可持续发展目标》。"可持续发展目标 4"涉及教育，其目标之一是提高扫盲率，到 2030 年青少年扫盲率达到 100%。

鉴于巴基斯坦以往扫盲工作的执行情况和结果，如果国家的决策制定者和规划者未予以高度重视，巴基斯坦可能仍将难以实现上述目标。

八、巴基斯坦的扫盲现状

当今社会，获取文化的主要渠道是正规教育体系。在所有儿童均入学且完成初等教育的国家，扫盲率已经达到 100%。当正规教育体系难以满足所有儿童学习需求时，文盲人口规模就会增长。换句话说，扫盲率也是反映一个国家正规教育体系包容性和有效性的指标。从 20 世纪初开始，发展中国家已经启动了面向失学青少年和文盲成人的专项扫盲项目，以提高人口的文化素养，且优先重视被排斥群体和弱势群体。

巴基斯坦扫盲率增速缓慢。根据 1998 年全国人口普查结果，10 岁以上人口扫盲率为 43.9%。2014—2015 年巴基斯坦社会和生活标准测量调查显示，全国 10 岁以上人口扫盲率为 60%。这意味着在过去的 17 年，除总扫盲率外，巴基斯坦平均每年扫盲率的增幅不到 1 个百分点。

文盲在农村地区尤其是女性群体中更为严重。根据 2014—2015 年巴基斯坦社会和生活标准测量的调查，相较于 70% 的男性扫盲率，巴基斯坦只有 49% 的女性可以阅读和书写；虽然 76% 的城市人口可以阅读和书写，但能够阅读和书写的农村人口却只有 51%。在信德省，只有 24% 的农村女性实现扫盲，而城市女性扫盲率达到了 70%。在开伯尔·普什图赫瓦省，69% 的农村女性是文盲。俾路支省的情况最严峻，83% 的农村女性无法阅读和书写。

一方面，扫盲率增速缓慢；另一方面，10 岁以上文盲人口数量不断增长，从 1951 年的 1 900 万人增长到 1998 年的 5 000 万人。这是自巴基斯坦成立以来令人震惊但却很真实的情况。文盲人口数量增长主要有两个原因：一是较高的人口增长比例；二是正规教育体系没有能力招收所有新增的适龄儿童。失学和辍学儿童最终发展为文盲，成为社会文盲群体的一部分。

自 1948 年以来，巴基斯坦政府便已承诺向文盲成人和青少年提供读写技能的教育。各项计划和政策均设定了宏大的目标，但这些承诺却未能付诸实践。相关计划或项目承诺的一个重要指标便是提供财政支持和行政支持。但可惜的是，绝大多数成人扫盲和非正规基础教育的计划和承诺并未获得经费支持。目前，只有少数政府组织和非政府组织支持扫盲和非正规基础教育项目。这些组织的努力是值得称赞的,但远远不够,难以从根本上解决问题。

《2009 年全国教育政策》构想政府划拨至少 4% 的教育预算用于扫盲和非正规基础教育项目。而过去 5 年的财务数据表明,除旁遮普省外,其他省份均未划拨大量资金用于这个被忽视但非常重要的教育领域。即使在旁遮普省,虽然该省文盲人口众多,但用于扫盲和非正规基础教育的实际开支尚不到教育预算的 1%。联邦政府是国家扫盲和非正规基础教育项目的主要经费来源,但近年来,联邦政府用于扫盲和非正规基础教育项目的预算和实际开支也在减少。

从上述事实和数据可以看到一个令人沮丧的趋势,政府和利益相关者对扫盲和大众教育事业的承诺十分无力。

九、巴基斯坦非正规基础教育的现状

1986 年,巴基斯坦首次启动了一项大规模非正规基础教育项目,在全国创建了 15 000 所学校,用于向各地的失学和辍学儿童提供免费初等教育。但由于政治变革,该项目于 1989 年仓促落幕。随后,1995 年联邦政府启动了名为"非正规基础教育中心"(后更名为"基础教育社区学校")的项目。1998—2010 年,全国教育政策试图扩大非正规基础教育的规模并将非正规基础教育学校数量增加至 75 000 所。但由于突然的政府变革,这项政策并未实行。因此,非正规基础教育学校的数量并未增长。

目前,联邦政府实施了名为"基础教育社区学校"的非正规基础教育项目。巴基斯坦人力资源发展部负责管理全国各地的寄宿学校。旁遮普省的扫盲和非正规基础教育部负责支持 10 632 所非正规基础教育中心。在俾路支省,初等教育基金会负责资助 1 430 所非正规基础教育中心。其他省份并没有使用自己的财政资助任何非正规基础教育学校。全国正在实施的非正规基础教育项目难以向 2 264 万名 5～16 岁失学者提供教育,正在实施的小规模非正规基础教育项目能否持续也是未知的。过去几年,非正规基础教育项目的经费呈下滑趋势。可喜的是,近年来,信德省和俾路支省在日本国际协力机构和其他捐助者的支持下已经制定了非正规基础教育政策。

十、巴基斯坦扫盲和非正规基础教育的问题与挑战

巴基斯坦扫盲和非正规基础教育面临以下问题与挑战:

1. 承诺上的缺口:绝大多数政府政策制定者和规划者对于扫盲和非正规基础教育对于国家发展与社会进步的重要性认识不足。公众代表和教育管理者等未能主动承担领导责任并调动大众参与这些项目的积极性,而这些却是相关举措成功的关键。

2. 组织上的缺口:除旁遮普省外,其他省份和地区并未组建高效的、安排合理的组织结构以负责规划和实施扫盲和非正规基础教育项目。即使已经建立了扫盲和非正规基础教育理事会,但这些新建立的组织尚无发展资金和训练有素的人力资源,难以规划和实施大规模扫盲和非正规基础教育项目。

3. 协调上的缺口:各省由于缺少适当的组织结构,直接导致在协调上也存在一定差

距。在这方面,各省的政府组织和非政府组织之间缺乏明确的协调机制和定期论坛。各省和联邦政府机构在扫盲和非正规基础教育方面尚未建立法定的省际协调平台。在《宪法》第 18 次修订之前,人力资源发展部曾宣称是扫盲运动的主导机构,但尚未获得政治支持。绝大多数全国扫盲和非正规基础教育的会议均是由捐助人或非政府组织予以资助和召集的。

4. 财政上的缺口:有限的预算拨款和后续经费的不确定性是导致巴基斯坦扫盲和非正规基础教育效果不佳的另一个原因。在绝大多数情况下,扫盲和非正规基础教育项目的实际开支不到教育预算的 1%,远远低于《2009 年全国教育政策》承诺的至少占教育预算的 4%。

5. 技术能力上的缺口:吸引文盲成人和失学青少年回归教育并不是一项简单的工作。成功实施扫盲和非正规基础教育项目需要专门知识、特殊技能以及社区动员的实际经验。一方面,巴基斯坦并没有促进扫盲人员专业发展的体系,现有的 200 多所机构和学院只是负责培训正规教育体系的教师。另一方面,也没有任何机构负责开发扫盲材料、培训扫盲人员或研究这个艰巨且复杂的教育领域。

6. 政策一致性上的缺口:巴基斯坦难以持续推进扫盲和非正规基础教育政策。在大多数情况下,前一届政府实施的大规模扫盲和非正规基础教育项目往往会被新一届政府搁置。政治变革导致项目难以持续,这令扫盲和非正规基础教育项目发展缓慢且难以制度化,继而影响了它的质量。

十一、巴基斯坦扫盲和非正规基础教育的目的、目标和政策措施

(一)目的

通过加强文化建设和提高公众参与各级决策的能力实现巴基斯坦的强盛。

(二)目标

1. 根据《巴基斯坦 2025 年愿景》,到 2025 年达到 90% 的扫盲率,确保到 2030 年巴基斯坦可以达到"可持续发展目标 4"提出的青少年扫盲率达到 100% 的目标。

2. 向 2 264 万名 5~16 岁失学和辍学儿童提供接受非正规基础教育的机会。

(三)政策措施

1. 入学

(1)扩大扫盲教育的入学机会。

①联邦、省和地区政府在各自辖区内制订和批准行动规划,力争到 2020 年实现 75% 的扫盲率,到 2025 年实现 90% 的扫盲率。

②联邦、省和地区政府划拨和发放实施行动规划必需的财政支援,以实现到 2025 年扫盲率达到 90% 的目标。

③应优先解决女童、妇女、农村人口、欠发达地区和少数民族的扫盲问题。

④扫盲项目的主要目标群体是 16~25 岁的青少年人口。

⑤大型企业应支持面向其文盲劳动力和扫盲区的社区扫盲项目。

⑥可利用公立中小学、大专院校、培训机构和农牧机构办公室等在晚上开办扫盲班。

（2）扩大非正规基础教育项目的入学机会。

①向2 264万名5～16岁失学和辍学儿童提供接受非正规基础教育、替代学习路径、开放和远程学习的机会。

②将正在实施的非正规基础教育项目逐渐由初等教育阶段拓展到中等教育阶段。

③应充分利用公立、私立和非政府组织可用的物质、人力和组织资源组建非正规教育培训班。

④清真寺、伊斯兰学校、教堂和寺庙等宗教教育机构应为组建非正规基础教育中心提供支持。正规学校的校舍下午也可作为提供非正规基础教育的场所。

2. 质量

（1）各省积极参与开发的2007年的《全国扫盲课程》将在全国推广实施，确保扫盲项目质量的标准化。各省可根据自身需要自行完善、修订或调整。

（2）扫盲和成人教育项目将赋予学习者生活技能，促进学习者的知识、技能和实践经验产生积极的社会变革。有关健康、公民教育、宗教、伦理、社会和谐、和平、宽容、人权等内容，将被纳入基础启蒙教材和补充读物。

（3）所有扫盲项目将包含技能性、基础性和功能性扫盲三部分。扫盲项目将与技能培训、创收培训和储蓄技能培训、职业技术培训相结合，继而提高新近脱盲人员的谋生和就业能力。

（4）开发创收和生活技能方面的补充阅读材料，包括公民教育、性别平等、人权、公平教育和和谐社会等方面内容。

（5）巴基斯坦将建立国家级和省级卓越机构或中心，用于扫盲和非正规基础教育的能力建构、材料开发、研究与开展。在初期阶段，现有正规教育体系的培训机构将负责承担这些专业性的工作并给予配套的财政支持和人力资源。

（6）巴基斯坦将实施面向扫盲中心、非正规基础教育学校、公立教育机构和非政府组织的项目管理人员与现场工作人员的定期培训。

（7）巴基斯坦将邀请并选拔大学、教材委员会、语言部门和私立出版机构，共同负责开发、现场测试和生产示范性的教学材料，包括基础启蒙教材、扫盲后读物、创收技能手册等。

（8）开发基于加速学习方法的非正规基础教育学习包，并采用分级词汇准备关于功能性扫盲和技能性扫盲的相关材料。

（9）在扫盲和非正规基础教育项目中强化使用信息通信技术，包括使用手机进行继续扫盲教育。

（10）制定并实施扫盲和非正规基础教育的最低标准。启动适用于公、私立教育机构评价和认证扫盲项目的统一体系。

（11）制定、发布和实施扫盲和非正规基础教育中心教师选拔的最低资格标准。优先聘任具有教育学背景的教师。

（12）扫盲和非正规基础教育中心教师的薪资将按其资格予以相应提高。

（13）进一步加强正规教育体系和非正规教育体系在评价与考试方面的联系，以确保学习者可以在两个体系间进行转换且能够被接受。

（14）在与课程委员会和考试委员会磋商后，建立等同于各级扫盲和非正规教育的综合性教育体系。

3. 组织、管理和治理

（1）由共同利益委员会创建全国扫盲委员会。全国扫盲委员会的主席由总理担任，成员包括副总理、各省和地区的教育部部长，并邀请杰出的教育家以及致力于儿童、女性和少数民族福祉的民间团体代表加入。该委员会将每年至少召开一次会议，主要分析国家扫盲工作现状并在必要时批准通过一些整改措施。

（2）创立关于非正规基础教育和扫盲的省际教育部部长论坛，加强协调并定期监督有关扫盲和非正规教育政策目标的进展情况。该论坛每个季度召开一次会议。

（3）全国议会、参议会和省议会可建立专门负责扫盲和非正规基础教育的常务委员会。

（4）国会议员和地方议员将领导扫盲运动，并调动各自选区内的公众包括文盲和非文盲人员积极参与扫盲运动。

（5）向现有的国家与省级扫盲和非正规基础教育组织提供额外的财政和人力资源支持；建立省级扫盲和非正规基础教育组织机构，并在地方设立独立的理事会。

（6）在无扫盲和非正规基础教育组织机构的省和地区，建立新的专门负责规划与实施扫盲和非正规基础教育项目的常设机构。

（7）全国人力资源发展部是扫盲运动的主要领导机构，致力于省际协调以及扫盲理事会的能力发展，并为省级和地方扫盲部门按比例提供补助。

（8）负责管理全国 12 000 所非正规基础教育社区学校的基础教育社区学校理事会，负责加强省和地区非正规基础教育机构之间的协调。

（9）地方政府将参与基层扫盲工作和非正规基础教育中心的规划与管理。

（10）扫盲和非正规基础教育组织应根据不同的工作要求，明确各类员工必须具备的资格和经验。扫盲和非正规基础教育组织、项目的专家和高级管理人员，将由公共服务委员会择优选出。

（11）为了留住人才并确保工作的持续性，应向扫盲和非正规基础教育组织的员工提供就业保障。

4. 调动资源

（1）联邦、省和地区政府应划拨至少 5% 的教育预算用于扫盲和非正规基础教育项目。

（2）联邦政府将向扫盲率较低的省和地区发放专项拨款，用于向女童、妇女和其他弱势群体提供扫盲项目。

（3）省级扫盲和非正规基础教育理事会将获得自主权，并提高年度预算比例，以提高其规划和执行效率。

（4）建立基础教育捐赠基金，专门用于资助扫盲和非正规基础教育项目。联邦政府可划拨一定数额的资金建立基金，也可正式邀请国际捐赠者和企业捐助者向该基金进行捐助。该基金将由共同利益委员会批准的基金委员会负责管理，基金委员会可由公众代表、教育家、媒体和巴基斯坦工商联合会代表组成。

5. 监督与评价（包括数据库）

（1）国家将建立关于扫盲和非正规基础教育项目的实时监测系统。有关扫盲和非正规基础教育项目的数据将由省和全国教育管理信息系统进行搜集和汇总，并作为定期年度统计报告的一部分发送给所有利益相关者。

（2）扫盲和非正规基础教育中心的工作内容、地址和时间等将上传网络，方便社区、民间团体、普通大众的监督，以提高教师和管理人员的责任心。

（3）建立并定期更新专门的非正规基础教育项目数据库，例如非正规基础教育中心的数量、地址、招生人数、教师名录等。

第六章　初等教育

一、重要性和意义

初等教育是教育体系中最为重要且基本的领域，是整个教育的根基。针对巴基斯坦等发展中国家教育的研究显示，相较于其他教育阶段（中等教育、高等教育等），初等教育的社会与个人回报率最高。通常情况下，初等教育早期阶段的回报率最高，高年级的回报率则相对要低。而且有关世界发达国家与发展中国家的教育和社会经济指标表明，普通教育尤其是初等教育和扫盲教育对于国家整体发展具有深远的、直接的且决定性的影响。韩国、新加坡、马来西亚、中国等初等教育取得显著进步的国家已经创造和延续了较高的人均国民生产总值。

二、宪法和法律相关规定

根据《宪法》第 25 条 A 款关于"国家应依法向所有 5～16 岁适龄儿童提供免费义务教育"的规定，所有儿童，无论性别、宗教、信仰的不同，接受免费义务初等教育是一项基本权利。为了实施或履行上述宪法规定，包括伊斯兰堡首都地区在内的几乎所有省份均颁布了义务教育法。此外，也制定了与上述法律相关的、详细的法规和附则。在此之前，几乎所有省份都颁布了义务（但不免费）初等教育法案或条例，但均未予以严格执行。

巴基斯坦《宪法》第 37 条规定："国家应在尽可能短的时间内扫除文盲，提供免费义务中等教育。"

《世界人权宣言》第 26 条 1 款规定："人人享有接受教育的权利,且至少初等教育和基础教育应是免费的。初等教育应是义务性的。"《儿童权利公约》(1989 年)也高度重视儿童的教育权,强调国家应确保初等教育是免费的和义务的。

三、现状分析

根据先前的教育政策,巴基斯坦初等教育的年龄群体为 5～9＋岁,即 5 岁到 10 岁儿童。但是,在开伯尔·普什图赫瓦省和联邦直辖部落地区,初等教育的时限为 6 年。《2009 年全国教育政策》规定,初等教育的年龄群体是 6～10＋岁。但截至目前,尚无任何省和联邦地区实施这一政策规定。需要指出的是,世界上 80％以上国家的初等教育年龄群体为 6～10＋岁,早期教育的年龄群体为 3～5＋岁。

预计巴基斯坦 5～9＋岁的儿童人口约有 2 377 万(男童约占 52％,女童约占 48％)。根据巴基斯坦《2015—2016 年教育统计报告》,5～9＋岁年龄群体的净入学率为 77％。2015—2016 年,国家初等教育学校总数达到 145 829 所,其中 125 573 所(约 86％)是公立学校;小学学生总数为 1 875.1 万人,其中公立学校学生 1 146.1 万人(约 61％);在 1 875.1 万的总入学人数中,男童约有 1 047.1 万人(约 56％),女童约有 828 万人(约 44％);教师总数为 422 497 人,其中公立学校教师人数为 324 261 人(约 77％),私立学校教师人数为 98 236 人(约 23％)。

此外,还有约 3 万所非正规基础教育学校,45 680 所公立和私立中间学校,以及 32 272 所马达里斯。绝大多数马达里斯除开展伊斯兰教教学外,还教授国家初等教育课程。

性别平等指数(Gender Parity Index,GPI)为 0.86。5 年级在学率约为 66％。生师比为 32∶1,生均教室比为 44∶1。小学女教师的总体比例为 51％。

54％的学校拥有电力,67％的学校提供饮用水,68％的学校有厕所,72％的学校有围墙。初等教育的预算平均占教育总预算的 35％～40％。

研究和调查显示,初等教育质量难以令人满意,40％的儿童在语言、数学和科学方面不达标。对初等教育年龄群体儿童的健康和营养研究表明,儿童的健康和营养状况也不尽如人意。巴基斯坦儿童发育迟缓率超过 40％。

四、问题与挑战

巴基斯坦初等教育主要面临以下问题与挑战:

1. 人口增长迅速,设施和服务难以满足不断增长的初等教育年龄群体的需要。

2. 由于贫困、机会成本过高、童工、学校过远难以入学、安全问题、文盲父母和社会禁忌等因素,入学率较低,大量儿童失学。

3. 由于教师责任意识淡薄、学校环境不佳、儿童待遇恶劣、学校基本设施和服务不足、自然灾害和灾难等因素,辍学率高,毕业率低。

4. 由于教师能力不足、缺乏责任意识、课程负担过重、使用外语作为教学媒介、采用的教学方法陈旧、无可用的教材或教材质量低下、以死记硬背代替主动性学习来发展儿童的能力、缺乏监控和监督、无效的评估和评价等因素,教育质量较低。

5.治理和管理方面的问题主要有:公立学校、私立学校、正规学校、非正规学校、马达里斯之间缺乏协调;社区参与不足;学校领导力差;学校功能不够健全;等等。

6.财政问题包括:相较于初等教育普及的需求,财政拨款较少;用于教育质量提升的拨款或支出较少;教育体系的接收能力较差;等等。

7.现有学校设施缺失是另一个亟待解决的严峻问题。

五、目的和目标

(一)目的

普及初等教育。

(二)目标

1.快速普及初等教育。应制订一个期限明确的详细计划,以成功实施本政策中有关初等教育的目标,具体目标如下:

(1)实现初等教育所有适龄儿童均予入学。

(2)确保100%的初等教育在学率和毕业率。

(3)实现学生成绩达到最低学习成绩标准。

2.向优秀儿童和弱势儿童及其家庭提供物质奖励或援助。

3.实行免费义务初等教育。

4.从学习工具和学习内容两方面满足儿童认知发展的基本学习需求。

5.营造有吸引力的、友好的、包容的学校环境。

6.改善初等教育的治理和管理结构,包括促进不同利益相关者、教育模式和体系间的协调等。

7.按照《全国教师专业标准》改革教师培训体系,并组织实施巴基斯坦高等教育委员会批准的《教师教育之路》中规定的项目,以提高职前教师和在职教师教学的有效性和高效性。

8.通过对课程、教材与教学材料、监控与监督、评估与评价等的投入和改革,提高教育质量。

9.在初等教育中推行研究型规划管理方法。

10.增加初等教育的投资或拨款,继而提高发展性开支的比例。

六、政策规定

1.初等教育年龄群体为5～9＋,即5岁至10岁儿童。

2.男童到2020年、女童到2025年实现初等教育入学、在学和毕业的普及。

3.不论其信仰、性别、宗教或其他派别,所有儿童均享有接受初等教育的基本权利。

4.初等教育应是免费且义务的。

5.课程和教学过程应关注满足儿童的学习需求,即学习工具(读、写、算、问题解决和口头表达)和学习内容(知识、技能、价值观和态度)的需求。应优先重视儿童的品格培养和个性发展。

6.应根据国家课程框架和国家标准制定与修订课程。

7.应确保公、私立学校均提供基于共识的统一课程。

8.应改革现任教师的在职培训体系以使之更具效率和意义,5年内应向所有小学教师提供在职培训的机会。随后,在职教师的培训应制度化,3年为一个周期。

9.教师培训政策的重点应是对教师进行实地培训。

10.对学校和教师进行严格监督,实行问责和绩效奖励制度。

11.鉴于已经制定了《关爱儿童学校的标准》,应营造富于吸引力的、友好的、包容的学校环境。

12.不论性别、地区,向所有学校提供标准化的基础设施、设备和服务。

13.加强学校与社区的联系。

14.鼓励、促进、协调和规范私立学校的发展。

15.启动并监测公、私立学校合作的方案、计划和项目等。

16.完善小学的治理和管理,确保学校领导具有相应资格并具备一定的管理能力。

17.加强各级教育以及不同利益相关者、教育机构、民间团体、国际非政府组织和捐助者等之间的协调和联系。

18.小学所有科目的教学语言媒介应为当地语言或国语(乌尔都语)。

19.从1年级开始将英语作为必修课。

20.向童工、辍学儿童、游牧民、家庭雇工、农民、受灾儿童、流浪儿童等弱势群体儿童提供替代性的学习方式。

21.根据所有弱势和优秀儿童的出勤率及成绩,向他们发放现金和食物奖励。

22.在初等教育的不同领域和方面开展定期且持续的研究,包括数量扩张、质量提升、治理和经费等方面,并将研究成果用于初等教育的规划、实施、监督和评价。

23.地方和区域一级的小学管理人员应定期收集、更新和发布涉及初等教育所有核心指标的数据信息。

地方和地区一级小学管理人员应定期收集、更新和传播涵盖公、私立基础教育所有核心指标的基础教育综合数据或统计数据。

24.应确保基于学校数量制订初等教育规划和编制预算。

25.划拨教育总预算的40%～45%用于初等教育。

26.初等教育经常性预算和发展性预算的比例为7:3。

27.促进现行初等教育学校、设施和服务的合理配置,并通过改善生师比提高教育质量。

28.采用全球定位系统(GPS)进行学校测绘后,创建新的正规和非正规的初等教育学校。

29.应根据教师的教学经验安排其到学校任教,并通过从本地招聘教师的方法降低调职率。

30.应认可 2009 年制定的《全国教师专业标准》并给予充分的政策支持。

31.全国公、私立学校均应配备标准化的卫生设备、服务和基础设施。

32.复式教学应作为职前和在职教师培训内容的重中之重。

七、实施策略

1.修订和执行考勤及请假条例,严格考查教师出勤情况。

2.应强化以学习者为中心的教学。

3.应研究低年级儿童教学的复杂性,并将相关内容纳入适当的培训项目。

4.开发并使用交互性强、以学习者为中心的教材和培训资料。

5.应采用小组讨论、课堂观察、远程教育、实地考察、复式教学等多种教学形式。

6.除教师外,还应重视校长、督导和其他关键的利益相关者的意见。

7.培训项目应充分考量教师的实际情况,如动机、关注点、知识、可用时间和资源等。

8.应综合考量各省意见后,在利益相关者参与的情况下制定新的、更符合逻辑、更高要求、更具挑战性的课程。

9.应逐步将计算机水平、人口与环境教育、健康教育、艾滋病教育、价值观教育等新兴的关键性问题纳入课程。

10.应根据人口统计标准,在急需建立学校的地区,建立新的学校和教室,尤其是女子学校。

11.改善现有学校的办学水平,并确保学校得到充分利用。只有在确有需要、公开透明且有专人监督的情况下,方可建立新学校。学校应尽可能靠近儿童家庭聚居区。

12.应制订地方教育目标,以促进基础教育和扫盲的发展,由当地教育机关负责监督。

13.应根据社区、村等在初等教育方面取得的成绩给予相应的奖励。

14.学校建设工作应优先考虑以下情况:

(1)校舍少的学校;

(2)破旧的学校;

(3)学生过多,急需新建教室的学校;

(4)修缮设施不全的学校;

(5)急需提供设施(供水、围墙、厕所等)的学校。

15.应准备关于"行政整合"可能面临的操作性问题和潜在阻力的报告,并制订和实施实现"行政整合"的 5 年规划。

16.应改善和加强联邦教育与职业培训部及省教育部门的规划、管理、监督和评估能力。

17.与社区联合,开展大规模的建立、改造、维修以及监督学校等活动。

18.将初等教育的部分管理职能下放给地方、社区和学校,以使地方组织、社区以及学校更为有效地开展工作。

19.应酌情对初等教育重要部门及发展活动开展绩效审查研究。

20.应准备各省和联邦地区的"10年初等教育政策实施规划",以落实各项政策规定。上述规划将分为三个阶段:2017—2020年为第一阶段;2021—2025年为第二阶段;2026—2030年为第三阶段。在各阶段结束时,将实施审查并采取改正措施。

第七章 中等教育

一、概念框架

中等教育(6~12年级)是教育体系中最为重要的一个阶段,它主要由三个阶段构成:中间学校(6~8年级)、初中(9~10年级)、高中(11~12年级)。中等教育之所以如此重要,主要是因为:中等教育是初等教育到高等教育的过渡阶段;将为就业做准备,尤为重要的是理清基本生活技能的概念,有助于明确职业选择。因此,中等教育恰如十字路口,一方面为即将进入高等教育的学生做好准备,另一方面为就业市场提供技能型人才。

二、背景

政府主要关注初等教育普及,而中等教育遭到忽视,因为需要花费很多精力将辍学儿童拉回校园。职业技术教育的需求也削弱了中等教育的重要性。目前,巴基斯坦初等教育已经发展到了趋于合理的水平,扫盲成效明显,这时需要采取切实有效的举措改善中等教育的供需问题。

而且,在过去10年中,公、私立大学数量大幅增加,这极大地增加了高中毕业生接受高等教育的机会。因此,应根据国家战略发展重点、公众需求、多样的高等教育机会、优先发展的职业技术教育和全球趋势等,适度拓展中等教育的学科。

三、重要性及意义

中等教育是连接初等教育和高等教育的桥梁,意义重大。初等教育入学率的增加推动着中等教育(中间学校、初中、高中)入学率的提高。初等教育预期毕业率的提高以及中等教育毛入学率和净入学率的同比提升,需要相应地扩大中等教育的规模。因此,应综合考虑学校适龄人口的数量、区域内学校是否充足、性别敏感度、地理位置和是否纳入边缘化社区等因素,合理地建立新学校和升级现有小学。

教育政策强调中等教育在扩大教育入学机会、促进教育公平和提升教育质量方面的重要性。此外,通过立法凸显其重要性,《宪法》第25条A款规定,政府应确保向所有 5～16 岁适龄儿童提供优质的免费义务教育;要求政府着力提高中等教育的入学率,扩大教育范围和提升教育质量。该条款颁布实施后,政府便致力于提供免费优质教育直至高中。现今,政府基本上已经保证公立学校提供免费的中等教育,但仍需采取措施解决私立学校中等教育的可负担性问题。

四、现状分析

根据巴基斯坦《2015—2016 年教育统计报告》,中间学校、初中和高中的最新情况如下:

(一)中间学校(Middle Schools)(6～8 年级)

中间学校包括 6～8 年级。该教育阶段的正式入学年龄为 10～12 岁。巴基斯坦有 45 680 所中间学校,其中 16 862 所(约 37%)公立学校,28 818 所(约 63%)私立学校;中间学校共有 644.5 万名学生,其中约 64% 的学生在公立学校,约 36% 的学生在私立学校;男生 364.7 万人,女生 279.8 万人。中间学校教师总数为 394 231 人,其中 139 191 人在公立学校任职,其余 255 040 人在私立学校任职。中间学校的毛入学率和净入学率分别为 62% 和 27%。

(二)初中(High Schools)(9～10 年级)

初中包括 9～10 年级。巴基斯坦共有 31 740 所初中,占所有公、私立学校总数的 11.7%。其中 12 732 所公立学校,19 008 所私立学校。总入学人数为 343.7 万人,其中私立学校 222.7 万人,公立学校 121.0 万人;男生 195.91 万人(约 57%),女生 147.79 万人(约 43%)。教师总数为 529 520 人,其中公立学校教师人数为 232 883 人(约 44%),私立学校教师人数为 296 637 人(约 56%),男教师 211 528 人(约 40%),女教师 317 992 人(约 60%)。初中毛入学率 58%,净入学率 27%。

(三)高中(Higher Secondary Schools)(11～12 年级)

巴基斯坦的高中和中级学位学院通常包括 11～12 年级。巴基斯坦教育体系共有 5 470 所高中和同级学院。其中公立学校 1 865 所(约 34%),私立学校 3 605 所(约 66%)。总入学人数为 169.7 万人,其中公立学校约有 132.5 万人(约 78%),私立学校约有 37.2 万人(约 22%);男生 101.82 万人(约 60%),女生 67.88 万人(约 40%)。教师总数为 123 061 人,其中公立学校 55 342 人(约 45%),私立学校 67 719 人(约 55%);男教师 56 608 人(约 46%),女教师 66 453 人(约 54%)。

近 6 年的学校普查数据显示,中间学校、初中、高中男女生入学率分别提高了 15% 和 20%。高中阶段实际入学率甚至高于报告中的数字。

76% 的中间学校、92% 的初中和 97% 的高中配有供电;81% 的中间学校、90% 的初中和 95% 的高中有饮用水;10% 的中间学校、5% 的初中和 3% 的高中没有厕所;13% 的中间学校、9% 的初中和 5% 的高中没有围墙。

（四）中等教育的总体指标和发展趋势

综合比较巴基斯坦与区域内其他国家的中等教育指标，将有助于掌握本国的教育现状。巴基斯坦中等教育的有关入学、性别和地域差异、质量、公共开支等关键指标的重要数据如下：

1. 入学：中等教育适龄群体（10～16 岁）的总人数超过 2 990 万人。其中，只有 1 133 万人（约 37.9%）就读于各级中学（中间学校、初中以及高中）。这意味着，在巴基斯坦有 1 857 万，即约 62.1% 的 10～16 岁青少年失学［《巴基斯坦教育数据（2014—2015 年）》］。联合国教科文组织《2016 年全球教育监测报告》指出，2014 年巴基斯坦中等教育的毛入学率为 42%。相比之下，这一数据是南亚和西亚地区最低的，远低于阿富汗（56%）、孟加拉国（58%）和印度（84%）。

2. 性别和地域差异：农村和欠发达地区青少年接受中等教育的情况明显落后于城市地区。巴基斯坦农村地区 14～15 岁女生 9～10 年级的净入学率仅为 17%，而城市地区则超过了 2 倍，即 38% 的女生可以入学。在旁遮普省，14～15 岁女生 9～10 年级的女生入学率为 27%，而俾路支省女生的入学率更低，只有 15%。在信德省，城市地区 14～15 岁女生 9～10 年级的入学率为 36%，而农村地区女生入学率仅为 14%［巴基斯坦国家统计局（2014—2015 年）］。巴基斯坦中等教育阶段总体性别平等指数为 0.8。开伯尔·普什图赫瓦省的性别平等指数低至 0.52，俾路支省为 0.59，联邦直辖部落地区为 0.2［《巴基斯坦教育数据（2014—2015 年）》］。巴基斯坦中等教育性别平等指数为区域内最低，低于印度（1.01）、尼泊尔（1.07）和孟加拉国（1.08）。这说明这些国家中等教育阶段女生入学人数高于男生（联合国教科文组织《2016 年全球教育监测报告》）。

3. 质量：毕业率是衡量教育质量的重要指标之一。《2016 年全球教育监测报告》显示，巴基斯坦初中教育的毕业率为 46%，低于孟加拉国（56%）、尼泊尔（61%）和印度（76%）。巴基斯坦高中教育毕业率的情况亦是如此，高中教育的毕业率为 20%，低于尼泊尔（42%）、马尔代夫（90%）和印度（35%）。较低的中等教育毕业率表明学校内部因素和校外因素致使学生中途辍学。

4. 公共开支：最新数据显示，巴基斯坦中等教育在公共部门预算开支中所占比例已逐渐增加。然而尽管如此，巴基斯坦的中等教育开支仍低于区域内社会经济水平类似的国家。例如，近年来，巴基斯坦政府对中等教育阶段的投入为每名学生 602 美元，而印度为 740 美元，伊朗为 2 534 美元。从政府的中等教育开支，即人均 GDP 的百分比来看，巴基斯坦为 13.2%，尼泊尔为 14.6%，印度和伊朗为 15.5%，不丹为 36.1%。

五、问题与挑战

巴基斯坦中等教育面临着诸多问题与挑战，包括基础设施不足、性别不平等、学术基础薄弱、教育质量不高、评估体系的权威性和教育成本等问题。这些都需要引起重视。因此，需要合理建设新的中等教育机构，升级改造已有的基础教育机构。

初等教育到中等教育的升学率（81%）表明，中等教育阶段辍学问题阻碍了中等教育的普及。尽管采取了促进性别平等的措施,但 0.8 的性别平等指数说明在这方面仍需努力。

中间教育阶段学校数量严重不足。公立中间学校只有 16 862 所,而初等教育学校有 145 829 所。现有初等学校和中间学校的比例高达 8.6∶1。《宪法》第 25 条 A 款规定,接受 10 年级的教育是公民的一项基本权利,因此需要将现有小学升级为中间学校。此外,应在全国尤其是偏远农村地区建立非正规中间学校。

学校现有薄弱的学科限制了学生接受高等教育的机会。大学已经扩大了本科课程的范围,高中毕业生难以有效地将已学课程与大学学科相结合。

人们日益关注中等教育评估体系的权威性,但由于评价体系难以评估高年级的学生而广受批评。由于等级、分数与学生在高等教育阶段展现的技能不匹配,公众已经丧失了对于等级、分数权威性的信任。教育体系结构调整以后,学生在完成高中学习以后可以开始 4 年本科学习。如果想更早进入大学学习,则要求学生在品德、社会和情感方面相对成熟,以便可以更好地进行大学阶段的专业学习。

六、政策干预的合理性、正当性及必要性

1.国内承诺:根据《宪法》(1973 年)第 37 条 B 款的规定,巴基斯坦承诺在尽可能短的时间内提供免费义务中等教育。《巴基斯坦 2025 年愿景》预期到 2025 年将性别平等指数提高到 1。

2.国际承诺:巴基斯坦签署了《可持续发展目标》,承诺到 2030 年实现 17 项可持续发展目标。根据"可持续发展目标 4",预计到 2030 年巴基斯坦将实现 100% 的中等教育入学率。

在《宪法》第 18 次修订和其第 25 条 A 款规定的背景下,目前是通过政策干预规范私立教育机构参与中等教育以及与省政府携手合作确保中等教育入学率和质量的适当时机。

入学率低和辍学问题仍是中等教育面临的持续的挑战,但目前联邦和省政府有责任采取立法和行政措施确保中等教育的入学率和在学率。关于拓展中等教育基础的政策规定,应着力于突破当前的工程预科和高等教育医科教育的范围,以此来加强中等教育与就业市场和高等教育的衔接。

近年来,社会迫切要求我们营造一个有助于传播道德价值观、公民意识、品格培养、民主意识和社会责任的学校环境。中等教育政策改革势在必行,帮助学生具备上述特质,将他们培养成为思想开放、全面发展、富于理性和生产力的国家公民。

七、目的、目标与政策规定

(一)目的

中等教育的目的是把学生培养成为有责任感的公民,在就业市场有一定的竞争力,且在他们感兴趣的领域有继续深造的能力。

(二)目标

上述目的可通过实现以下目标达成：

1.营造有利于学生社会、情感和智力发展的学校环境,帮助学生成为乐于奉献的、有责任感的公民。

2.培养学业能力强、技术熟练、心胸宽广、道德品质良好的学生,为就业或在各领域继续接受高等教育做好准备。

3.培养全面发展的学生,帮助他们明确作为国家公民的责任以及作为世界公民的义务。

4.通过提供充足的学校、达到世界标准的课程和教学材料、合格的师资以及可以评估高阶学习的评价体系,确保所有儿童公平地获得接受中等教育的机会。

(三)具体目标

1.到 2025 年,将 50% 现有公立小学升级为中间学校。

2.到 2025 年,将 40% 现有公立中间学校升级为初中/高中。

3.到 2025 年,将 20% 现有初中升级为高中。

4.到 2025 年,将中间学校阶段毛入学率从现在的 62% 提高到 85%,净入学率从现在的 27% 提高到 50%。

5.到 2025 年,将初中阶段毛入学率从现在的 58% 提高到 70%,净入学率从现在的 27% 提高到 40%。

6.高中教育的毛入学率和净入学率分别提高 50%。

(四)实现目的与目标的政策规定

1.将现有的公立小学升级为中间学校或初中,以提供实施《宪法》第 25 条 A 款规定所必需的基础设施、设备和服务。

2.创办非正规中间学校,用于解决中间学校阶段尤其是农村女童的入学问题。

3.扩展和加强阿拉玛·伊克巴尔开放大学教育计划,通过从小学到中学既独立又互补的非正规教育,提高入学率,改善教育质量。

4.确保初中和高中阶段由合格的、经过培训的学科专业人士担任科学和数学教师。

5.促进教师和校长激励和问责体系的制度化。

6.启动针对课程开发人员、教材编写者、教材审查人员和出版商的能力建设和培训计划,确保产出优质的教材。教材可有配套的参考书或补充阅读材料。

7.优先提供缺失的设施。

8.应大批量生产并向学校提供教学所需的图表、教具、视听设备、教学光盘等材料,并确保材料的有效使用。

9.数字图书馆和配置完好的科学实验室将是学校建设的重点领域。

10.信息通信技术将成为重要的教学手段。

11.加强关于中等教育学校数量扩张和质量改进方面的研究。

12. 创建、更新、推广涵盖中等教育所有重要指标的综合数据库。

13. 实现中等教育的行政管理骨干与学术骨干分流。

14. 确保中等教育与初等教育课程的横向和纵向衔接,并根据儿童的认知发展及成绩水平对课程进行修订。在中等教育阶段引入更多学科。引入基于活动的教学法,辅以混合式技术支持的学习。

15. 形成性评价可作为学校内部评价的必要组成部分,确保学校的总结性评价体系可以切实衡量学生的真实学习水平。

16. 中等教育委员会应开发试题库,制定评分细则,提高阅卷系统的透明度,招聘常任的学科专家研发试卷并使成绩汇编系统自动化。

17. 扩大联邦和省级基于成绩激励和实际需要的经济资助,以提高中等教育的入学率和在学率。

18. 为边缘地区在校女童设立物质奖励。

19. 在中等教育机构建立配有专业技术人员的学生指导与咨询中心。

20. 将体育和课外活动作为必修课。

21. 在选定的中间学校开设职业技术教育,并引入与劳动力市场相适应的教育体系。

22. 各省和联邦地区应制订和实施与《宪法》第 25 条 A 款规定相适应的具体计划。

(五)政策规定的执行策略

1. 省级和联邦地区的学校进行合理化改革。

2. 增加对学生的资助,避免学生由于经济等原因辍学。

3. 学校的教学活动应与学生高阶学习能力的发展相适应。

4. 教育设备中心应配备专业的工作人员并积极创新,以便生产出有助于教授复杂概念、技术且性价比高的视听教具,以便更好地服务于教学。

5. 学生人数较多的学校应提供指导与咨询服务。同时,也可惠及周边的小规模学校。

6. 向所有学校提供体育相关的设施设备和经过培训的体育教师。

7. 将校际竞赛作为学校日常活动的必要组成部分。

8. 促进学生参与学校议事,加强学校与社区发展的联系。

9. 按学业成绩、社会贡献、社区联系及联邦和省级教育部门认为合适的其他指标对学校进行排名。

10. 调整所有学校的基础设施,减轻部分学校的负担,避免基础设施得不到充分利用的现象。

引入基于成绩和需要的特殊学校制度。初等教育阶段的标准主要是成绩。成绩排名在后 20%的学生可根据其意愿向其提供进入职业技术教育体系的机会。成绩排名在前 20%的学生则可到配有世界一流设施的小型示范学校学习,例如旁遮普省的丹麦学校。在其余接受普通教育的 60%的学生中,有 10%的学生可能选择伊斯兰教学校教育体系,其采用已在土耳其运行的哈扎尔伊玛目学校体系模式。

第八章　教师教育

国家的社会经济发展依赖于人力资源的数量和质量。为社会可持续发展提供这一基本要素的机制取决于教育体系的效能,其中教师是公认的关键因素。巴基斯坦的所有教育政策都明确认可了这一观点。

巴基斯坦暂时未能实现在学生入学和教育质量方面的目标。人们普遍认为,我们的青少年缺乏在 21 世纪的激烈竞争中生存所必需的高水平认知技能。

《宪法》第 25 条 A 款的规定以及"可持续发展目标 4"和《巴基斯坦 2025 年愿景》的承诺,均体现了国家致力于向所有人提供优质教育的决心。《巴基斯坦 2025 年愿景》着眼于在 2025 年以前奠定实现社会繁荣、公正与和谐的基础。而人力资源的发展恰是实现这一目标的"第一支柱"。向所有人提供优质教育是一项艰巨的工作,需分阶段实施。类似于经济和社会其他领域,教育领域也迫切需要人力资源来实现既定目标。因此,必须精心规划,建立有效且高效的教育体系,确保该体系配备数量充足、专业过硬、拥有自主权、积极主动并能支持教育儿童和青少年达到预期学习成效的全职教师和教育工作者。

一、现状分析:问题与难题

1.《2009 年全国教育政策》规定,小学教师应具备教育学学士学位,中学教师应具备教育学硕士学位。但各省聘任政策和实践与此规定偏差严重,且省际差异较大,只有旁遮普省于 2002 年制定并基本上贯彻实施了相关政策。

2.各省教师职称、准入资格和各级薪资结构差异巨大。

3.虽然教师专业培训委员会等的项目已经基本终止,但除旁遮普省外,各省聘任规定仍保留其聘用标准。

4.教育政策中的聘任规定不适用于私立和公私立合作学校,这些学校通常会用极低的薪资(工资不足人均 GDP 水平的一半)聘用不合格的教师。

5.巴基斯坦教师教育主要采取两种模式,即传统模式/连续模式和同步模式。同步模式是一种新兴的模式,主要强调同时培养教师的教学内容和教学技能。现行模式以前者为主。

6.大多数教师教育机构难以提供同步模式的教育学学士课程,尤其是中等教育学位课程,它需要涵盖 16 年学校教育。即便是普通大学的教师教育系,由于学科分化的问题也不具备这样的能力——各院系的学生不能跨系选读课程。

7.教师教育主要采用面授、远程、虚拟等多种方式开展。除知识传递外,教师教育还需要通过面授方式培养,在这方面非正规和远程教育模式的教育质量仍有待商榷。

8.绝大多数教师教育机构尤其是附属学院和新建大学的教育者,缺乏教师教育方面的资格和相关经验,而且也没有可以促进其专业持续发展的体系。

9.各省均建有一些在职教师培训机构,但这些机构一般提供短期课程,既不符合教师发展规律,也未能与教师晋升或职称挂钩。

10. 教师职前和在职培训计划之间缺乏联系,尚未实施连续的专业发展培训。

11.《2009 年全国教育政策》介绍了初任教师资格认证的问题,但相关的认证体系尚未开发。而针对合格教师,往往受到了供给的牵制,甚至连认证的政策说明都没有。

12. 教师供需不均衡问题严重,该体系通常是由供给驱动的。

13. 对各省未来几年各年级和各门学科可能需要的教师数量未做规划。

14. 可用资源是项目质量及其产出的决定性因素。在经费投入方面,目前,高等教育委员会并未给予教师教育应有的重视。高等教育委员会主要因素计算公式向公立大学提供经费,其中:"因素 1"主要给予包括教师教育在内的艺术、人文和社会科学;"因素 2"主要给予农业和科学;"因素 3"主要给予工程、医学和兽医。

15. 各省均有大量资格不足或未经培训的教师,且这个群体还在不断增长。

16. 教师未能有效地参与课程开发、教材选择和学生成绩评估等教育决策。

17. 由于没有得到社会应有的认可与重视,教师这个职业不具有吸引力。

二、政策目标

培养合格、有能力、有责任感、有质量意识的教师(包括教师教育者)、教育管理者,将有助于促进学习者获得可持续发展社会所必需的认知技能和素质。同时,也将高度关注教育的社会环境,并致力于全纳残疾人员和社会经济弱势群体的教育。

1. 制定标准和创建监督机制,促进教师教育项目类型和质量的国有化和国际化。

2. 根据《巴基斯坦 2025 年愿景》,将教师教育体系从供应驱动型转向需求驱动型,确保各年级和各学科的教师供应以需求为基础。

3. 通过鼓励打破基于院系的学科分化,重新调整同步模式的教师教育计划。

4. 加强职前、入职和在职教师教育项目与教育机构之间的联系。

5. 使专业持续的发展与教师和其他教学人员的职称和晋升挂钩。

6. 制定公立、私立、公私立合作学校聘用教师的统一的最低学历要求和教师教育资格要求。

7. 确定公立、私立、公私立合作学校聘用各级教师的最低工资标准。

8. 建立教师分段认证机制,加强对教师教育项目的认证。

9. 使教师成为对富于才华的年轻人具有吸引力的职业。

三、政策指南

(一)教师资格

确保教师符合规定的教学内容和教学方法方面的要求,小学教师必须具有 4 年制小学教育学学士学位或同等资格;初中和高中教师必须修完 16 年学校教育的内容或获得 5 年制中学教育学学士学位。只有合格教师数量不足的欠发达地区方可适当放宽条件。

(二)建立需求驱动型教师教育体系

1. 根据巴基斯坦《宪法》第 25 条 A 款规定的"可持续发展目标 4"和《巴基斯坦 2025

年愿景》,应分阶段逐步实现小学、中等教育的普及。

2.根据学校入学机会扩大计划,按年级、科目、性别和学区对所需的教学人员(教师、行政人员、规划人员等)数量进行年度预测。

3.启动专项职业技术教育教师培训项目,为学校培养职业技术教育教师,确保职业技术教育的成功和可持续发展。

4.政府和教师教育机构将根据预测共同规划培训项目和确定培训人数。这有利于确保必需的人力资源供给以及职业技术教育机构毕业生的就业。

(三)教师专业化:任命、资格、薪酬结构与职业发展的统一

1.确保全国教学人员任命、资格和职业发展的统一。

2.根据教学人员的任命、任期和条件等,规范私立和公私立合作学校,以确保教学的专业化及高质量,并提高这一职业的稳定性和吸引力。

3.要提高教师的社会地位,须建立绩效考核制度,鼓励教师参与专业决策,为教师的持续发展提供机会。

(四)教学人员培养

1.开发各级(学前教育或早期教育、初等教育、中间学校教育、初中教育、高中教育)教学人员、专业领域/学科(普通、职业或技术、数学、科学等)教学人员以及教育行政人员等的专业标准。

2.教师教育课程应与国家教师专业标准相结合。

3.教学需要学科知识、专业技能和临场应变能力等,而这些通过面授的方式,教学效果会更好。因此,应向初任教师提供面授的实习机会。其他教学模式(远程和虚拟)应与面授教学、指导和监督相结合。

4.所有同级别的教师教育项目应统一教学内容和要求,例如 5 年制中等教育学士学位的学习内容应等同于传统的教育学硕士学位或 4 年制学士学位＋中等教育学士学位的学习内容。其中,中等教育学士学位的学制为 3 个学期。

5.鼓励大学按照《巴基斯坦 2025 年愿景》提供同步学位课程,这要求大学的院系能够帮助学生在相关学科院系修习专业课程的同时,也可以在教育院系修习教育学和认知科学课程。同时鼓励研究生院提供此类课程。

6.根据实际需要,中等教育教师培养及未经过培训的教师在职培训仍可延用连续培养模式。

7.为了吸引更多优秀人才参与需要长期投入方可获得职业资格的连续培养模式,这种模式可授予双学位,例如:文学学士＋教育学学士,理学学士＋教育学学士,文学硕士＋教育学硕士,理学硕士＋教育学硕士。这类似于其他专业双学位的做法,例如,文学学士＋法学学士。

(五)不合格在职教师的培训与教育

通过面授和虚拟、远程技术相结合的模式,向暂不合格和未经培训的在职教师提供

继续接受专业教育的机会。面授模式可采用晚班、周末班、暑期班等形式。

(六)教师和其他教学人员的职业发展

1.在职教师培训应与职前教师培训相结合。加强职前和在职教师培训项目和机构之间的联系,建立适当的机制,确保利益相关者能够参与其中。

2.所有教师均可获得为期3年的专业发展培训机会。

3.在职培训将更多地关注教师的弱势领域,加强教育领导力、情境教育、社区发展以及教育可持续发展所需其他方面的能力建设。

(七)教师教育者的职业发展

1.在各省建立面向教师教育者的职业发展学院或中心,帮助其获取最新的知识并在课堂上采用创新型教学策略。这些学院或中心应尽可能设在各省知名大学。

2.这些学院或中心将在国内外优秀教师教育者的参与下设置严谨的课程。

3.职业发展课程的学习将作为教师教育者绩效评价的一部分,并与其职称晋升挂钩。

(八)教学人员的质量保证

1.开发各年级教学水平标准和各学科教师的能力标准。

2.各类学校的新任教师应采用标准化的教师认证。省级教育部门负责实施初次认证考试,并对获得认可的合格教师发放证书。

3.进一步加强教师教育项目认证体系的建设。

4.教师的晋升和发展应与绩效评估挂钩,以达到包括在职培训在内的既定标准。

(九)教师教育经费

1.为了提高教师教育项目的质量,政府应高度重视并根据标准给予不低于1.5倍的经费投入。

2.为了提升教师的职业地位、吸引富于才华的年轻人,公、私立教育机构应向排名前25%的优秀学生提供奖学金或免费教育。

(十)各省聘任政策

由于各省主管学校教育,因此,教学人员的聘任机关主要设于各省。

第九章　职业技术教育与培训

一、概念框架

(一)背景

1.巴基斯坦是世界第六人口大国。2015年总人口约为1.917 1亿人,其中15～34岁年龄段人口占37%。如果经过适当的培训,这个年轻且富有活力的群体将成为宝贵的财富。但是,目前巴基斯坦只有不到 20% 的青少年完成了中等教育,极少数获得操作技能(职业技术教育与培训)。

2. 巴基斯坦面临着巨大的社会经济挑战。巴基斯坦在世界人类发展指数中的排名为第 147 位,52% 的人口面临着多维贫困,22.3% 的人口每天生活费不足 1.25 美元。从 2006 年至 2010 年,巴基斯坦经济呈下降趋势,GDP 增长率从 2006 年的 8.96% 降至 2010 年的 0.36%。近 5 年来开始稳步回升,2016 年 GDP 增长率达到 4.24%,其中,服务业增长了 53.1%,制造业增长了 21.6%,农业增长了 25.3%。

3. 扫盲率(10 岁以上)从 1998 年的 44% 逐渐上升到 2015 年的 58%。根据巴基斯坦经济调查(2014—2015),这一时期小学净入学率为 57%。此外,辍学问题依然严峻。有必要提供优质的职业技术教育与培训,帮助青少年成为有用且富于经济生产力的公民。

(二)未来需求

1. 当今快速发展的社会经济需要各种训练有素的人力资源,包括熟练工人、销售人员、技术人员、工程师和从事研发的科学家。所需劳动力的构成情况取决于社会需求、技能和技术应用于系统或产业的水平。

2. 预计未来几年国内外将大量需求技术工人,尤其是基础设施、能源和新技术等领域。中巴经济走廊的发展和更好的能源供给,将对促进本国经济增长发挥重要作用。

二、当前职业技术教育与培训的现状

巴基斯坦的职业技术教育与培训体系较为零散,主要分为正规教育和非正规教育两种。在正规教育中,职业技术教育与培训主要由公私立培训机构、企业(定向的技能培训)和非政府组织提供。非正规教育主要延续了职业培训的师徒制传统。非正规教育是职业技术教育与培训的重要组成部分,预计其培训人数是正规职业技术教育与培训人数的 2 倍。

联邦教育和职业培训部主要负责制定职业技术教育与培训的相关政策。隶属于该部的国家职业技术培训委员会承担监管和协调责任,但在《宪法》第 18 次修订后,国家职业技术培训委员会的主要职能下放给了各省。

在省和地区一级,技术教育与职业培训局及同类组织主要负责职业技术教育与培训的规划、协调和实施。在旁遮普省和信德省,几乎所有的职业技术教育与培训机构已由技术教育与职业培训局管理;而在开伯尔·普什图赫瓦省、俾路支省等地仍存在多个部门或组织提供技能培训的现象。各省技术教育委员会(BTEs)和职业测试委员会(TTBs)负责评估与认证事宜。

由于缺乏职业技术教育与培训机构的准确数据,相关数据的出入较大。根据国家职业技术培训委员会网站信息,2015 年全国有 3 581 所职业技术教育与培训机构(公立 1 177 所,私立 2 404 所);而在巴基斯坦《2014—2015 年教育统计报告》中,职业技术教育与培训机构总数为 3 579 所,其中公立 1 073 所(约 30%),私立 2 506 所(约 70%)。巴基斯坦《2014—2015 年教育统计报告》显示,职业技术教育与培训课程的总注册人数为 30.9 万人,其中 13.5 万人(约 44%)就读于公立教育机构。国家职业技术培训委员会还依照总统的"趣味马哈拉特计划"(Funny Maharat Program),在全国 79 个乡镇建立了 130 所职业培训机构,受训人数达到 37 521 人。国家培训局也与技能发展委员会及其附属机构合作,共同提供职业培训。

三、问题与挑战

1. 职业技术教育与培训体系面临着大量的问题与挑战,主要包括:质量低下;不同职业技术教育与培训体系之间缺乏衔接;师资不足;供需错位;私立教育机构参与过少;教育培训机构与产业联系较少,受训学员在培训期间未能获得实践经验;性别不平等;入学公平问题;职业技术教育与培训社会形象不佳;等等。教师培训是职业技术教育与培训教学体系中最为薄弱的一环。

2. 公立的职业技术教育和培训机构享有高额补贴,只有小部分开支出自受训学员的学费。许多国家采用了多种方法充实职业技术教育与培训的经费,诸如:

(1)公共财政。这主要基于政府是发展人力资源的主体这一论断。

(2)企业投资。例如单一雇主投资、个人所得税、退税、信贷计划和职业培训基金等。

(3)私人资助或公共赞助。这主要包括培训费、奖学金、助学金和贷款、出售培训或非培训服务、共同融资协议、营利性产品和学徒制等方式。

(4)国际援助。这对于发展中国家建立职业技术教育与培训体系至关重要,有助于填补高昂的资本成本和经常性成本的缺口。

3. 工商业企业未能有效参与职业技术教育与培训体系的规划和实施,是导致培训质量低下和供需错位的主要原因之一。教育培训机构与产业联系不足,导致受训学员在培训期间未能获得实践工作经验,职业技术教育与培训教师也难以深入企业实践,无法了解终端用户的需求。

4. 在职业技术教育与培训方面性别不平等的问题是另一个需要解决的问题。除了扩大面向女性的职业技术教育与培训设施外,还需引进适合女性的、新的非传统产业。

5. 职业技术教育与培训体系的基础薄弱。由于各种原因,在将职业技术教育引入学校,加强教育与企业、行业的联系,将教育带进职场,夯实职业技术教育发展基础等方面均未达到预期效果。尽管如此,学校教育职业化这个概念依然十分重要。阿拉玛·伊克巴尔开放大学、国家职业技术培训委员会和英国政府教育委员会对农业-科技方案的评估以及日本国际协力机构和联合国教科文组织委托的研究显示,基于已有经验教训进行必要的反思后可以继续采取上述措施。

6.《2009—2013 年国家职业技能战略》确定了三个目标:为产业和经济发展提供相

关技能;促进入学的公平性和就业能力的提高;确保质量以解决职业技术教育与培训体系面临的问题。

7.根据《国家安全战略》和《巴基斯坦 2025 年愿景》,联邦教育和职业培训部于 2015 年制定了更为宽泛的国家职业教育与培训政策(2016 年获批)。该政策强调扩大年轻人的培训机会,重新培训现有工人,实施国家职业资格标准和基于能力的培训与评估。该政策还强调建立公私立教育机构合作关系;加大私立教育机构在职业技术教育与培训中的比重;通过先前学习认证,鼓励加强非正规教育。捐助者的干预应有利于职业技术教育与培训的发展。事实上,一些由捐助者资助的解决这些问题的项目已开始实施。

四、目的

鼓励商业和产业协会积极参与职业技术教育与培训的框架设计与实施,实现职业技术教育与培训和评估体系从以供应主导、时限和课程取向到以需求驱动、灵活和能力取向的转变。

五、目标

1.加强职业技术教育与培训和行业、经济发展需求之间的相关性。

2.促进入学的公平性。

3.确保职业技术教育与培训的质量。

4.改善职业技术教育与培训的社会形象。

六、政策规定

1.当前基于课程和时限的职业技术教育与培训体系主要评估学生对于课程的掌握情况,而获得证书的考试却主要通过死记硬背完成,难以达到行业、企业所需的技能水平。因此,这一体系将逐渐被基于能力的培训和评估体系所取代,新的体系关注受训学员在实际工作中所必须具备的操作技能和知识。

2.鼓励私立教育机构积极参与职业技术教育与培训的规划、管理与实施过程,并确保其在相关会议、理事会和委员会中发挥实质性作用。

3.审查根据 1962 年《学徒法》实施的学徒项目,消除缺陷,使其更容易被企业所接受。

4.搜集各区关于人口职业、产业性质、产业和服务所需技能的信息,以便有针对性地引进培训设施。建立新的职业技术教育与培训机构,应事先进行需求评估和规划,而不应以政治需求为主,忽视可行性和需求评估。

5.在保证技术可行性的前提下,建立新的职业技术教育与培训机构以提高空间覆盖率。在无法建立新机构的地方,应采取其他措施提供相关设施。

6.向偏远地区难以到教育机构学习的人员提供远程和虚拟学习的机会,以扩大职业技术教育与培训的入学人数。

7.通过颁发职业技术教育与培训证书或文凭或学位承认先前学习,促进或鼓励非正规教育机构提供培训。

8.可通过退税、加强公私立教育机构合作等方法鼓励私立教育机构提供培训,以扩大入学人数,提高培训质量。

9.政府鼓励年轻人依托总理的小微企业和免息贷款计划创业。但在培训方面,由于职业技术教育课程缺乏创业教育的内容,毕业生难以充分利用这些机会。因此,创业教育应被纳入职业技术教育与培训课程。

10.职业技术教育与培训机构应通过模块化课程确保课程的灵活性,满足在职人员、偏远地区人员或其他难以接受全日制教育人员的需求。

11.裁缝、刺绣、针织等技能通常被认为是女性的优势领域,女性也大多进入这些专业学习。此外,应积极探索非传统领域和新的产业和技术,以吸引女性学习新兴的更具经济活力的专业。

12.为了赋予女性经济能力,职业技术教育与培训设施方面的性别不平等是另一个亟待解决的严峻问题。除了建立更多面向女性的职业技术教育与培训设施外,还需引入适合女性的新兴或非传统行业。

13.普通学校教育应引入生活技能课程,夯实现有职业技术教育与培训的基础,加强学校教育与行业、企业的联系。

14.无论是农村的文盲家长还是城市受过教育的家长,都难以明确其子女的职业选择和毕业后的就业路径。因此,学校和职业技术教育与培训机构应提供指导,帮助家长和学生根据自身学业能力、倾向以及家庭的经济情况等做出最佳的选择。

15.帮助残疾人员、偏远农村和动乱地区的人员、孤儿和极度贫困人员等弱势群体接受职业技术教育与培训。

16.进一步简化职业技术教育与培训政策的制定过程,并下放相应的权力,以便更好地协调,避免重复劳动和资源浪费。

17.推行职业技术教育与培训的国家职业资格框架。

18.通过工商业协会的有效参与,改革和加强职业技术教育与培训机构及组织的管理。

19.强化行业和职业技术教育与培训机构间的联系,并在培训期间安排受训学员到相关企业实习。

20.由于参与职业技术教育与培训的人数相对较少,没有统一的教材或相关文本材料,应鼓励职业技术教育与培训的教师、专家编写相关教材或操作手册。

21.尚无面向职业技术教育与培训教师及职业教师培训机构能力建设的培训项目。2000年,由亚洲发展银行资助的在伊斯兰堡国家科学和技术教育研究所实施的3年制技术教育学位项目,在实施 2~3 个周期后便被搁置。2015 年,在欧盟资助下,德国凯泽斯劳滕应用技术大学同拉哈尔市旁遮普大学教育研究所合作实施了 1 年制的技术教育学位项目。职业教师培训机构也将着重于在职教师能力的培训与评估,并逐步拓展到职前培训。

22.创建、推广和定期更新地方(地区)到国家一级的职业技术教育与培训数据库。

23.确保研究型职业技术教育与培训的规划、实施、监测和评估。

24.政府鼓励和帮助成立、发展小型企业。

25.根据《2007 年全国扫盲课程》,应将创收技能方面的职业技术教育与培训纳入成人扫盲项目。

26.将技能培训和职业教育引入选定的非正规教育机构和马达里斯之中。

27.广泛利用出版物和电子媒体以及职业规划与指导中心的服务,改善职业技术教育与培训的社会形象,使之成为全社会认可的教育和职业选择。

28.职业技术教育与培训成本高,仅靠政府难以提供充足的资金,应采取各种可行的方法为职业技术教育与培训提供资金。

29.职业技术教育不受学生欢迎的一个原因是,这类教育形式几乎没有其他衔接性的选择。这主要是由于巴基斯坦尚无任何的技术大学。因此,应建立联邦级的技术大学,向学生提供职前技术培训。

七、实施策略

1.国家职业技术培训委员会制定了一些行业的能力标准,并将做进一步的完善。国家职业技术培训委员会、技术教育与职业培训局,连同职业技术教育与培训提供机构、职业测试委员会与职业技术教育委员会共同实施国家职业资格标准的能力培训与评估工作。

2.鼓励企业、行业协会参与到国家职业技术培训委员会、技术教育与职业培训局、职业技术教育委员会及职业测试委员会的工作中,积极与政府合作,提供实地培训。国家职业技术培训委员会、技术教育与职业培训局将与行业协会合作。增强各行业主体的代表性,使其在规划、管理和提供职业技术教育与培训的各级机构中发挥有益作用。国家职业技术培训委员会、技术教育与职业培训局也将致力于促进行业与教育机构的联系以及公私立教育机构的合作。国家职业技术培训委员会、技术教育与职业培训局、职业技术教育委员会、职业测试委员会将确保私立教育机构提供的培训通过认证机构的认可,并成为国家职业资格框架的一部分。

3.国家职业技术培训委员会正在审查基于 1962 年《学徒法》的学徒制,力图使之更为灵活以适应行业发展的需要。审查后,国家职业技术培训委员会将着手修订 1962 年《学徒法》。

4.为了鼓励职业技术教育与培训机构的毕业生创业,将在职业技术教育与培训课程中引入创业教育。国家职业技术培训委员会、技术教育与职业培训局拟采取措施,在职业技术教育与培训课程中引入创业相关课程。专家组将检查创业教育是否已经纳入课程或成为单独模块。

5. 国家职业技术培训委员会、技术教育与职业培训局将委托调查并编制地区概况,内容包括人口、主要职业、产业类型和技能需求、服务部门需求以及关于未来发展建议等信息。

6. 国家职业技术培训委员会应与阿拉玛·伊克巴尔开放大学合作,设计和启动职业技术教育与培训项目,为偏远地区难以到职业技术教育与培训机构学习的人员提供学习机会。

7. 国家职业技术培训委员会、技术教育与职业培训局将与其他教育部门合作,逐步在高中和职业技术教育与培训机构中建立职业咨询和职业指导服务机构。

8. 开发和试行远程和虚拟学习模式,以便身处没有正规职业技术教育与培训设施的、偏远地区的或无法接受全日制学习的人员,可以有机会接受职业技术教育与培训;还将考虑为在职人员推出非全日制课程和夜校课程。

9. 职业技术教育与培训机构应为弱势群体提供学习机会。国家职业技术培训委员会还将与技术教育与职业培训局合作,提供特殊设施以满足特殊教育和培训的需求。

10. 深入研究过去教育职业化的概念、策略和失败原因,并根据联合国教科文组织研究报告中所指出的基于巴基斯坦经验教训建立的模式,在各学区至少 1 所选定的技术示范学校内开发和试行。

11. 国家职业技术培训委员会、技术教育与职业培训局将共同审查不同组织、部门涉及技术培训的指示,并通过相互协商避免重复性工作。

12. 欧盟和德国技术合作公司资助的职业技术教育与培训改革项目已经起草了国家职业资格框架。这个项目仍将继续推进,国家职业技术培训委员会将和技术教育与职业培训局、职业技术教育委员会、职业测试委员会及相关项目专家共同努力实现国家职业资格框架的可操作性。

13. 加强伊斯兰堡国家科学和技术教育研究所及各省的教师培训机构的建设,以便对教师进行职前和在职培训。应根据伊斯兰堡国家科学和技术教育研究所 3 年制技术教育学位项目的经验,探索启动职前培训项目的可能性,最终着力于将伊斯兰堡国家科学和技术教育研究所转型为具有包容性和开展技术教学的面向职前和在职技术专业人员的技术型大学。

14. 职业技术教育与培训机构的注册和认证是保证培训质量的基础。国家职业技术培训委员会、技术教育与职业培训局将确保定期对私立职业技术教育与培训机构进行评估、认证,确保培训质量。

15. 将其他国家成功的实践与最符合巴基斯坦实际情况的方法相结合,探索职业技术教育与培训机构获得政府资助的方法。

16.除了通过改革体系令受训人员受益来提高职业技术教育与培训的地位外,还可通过纸质出版物和电子媒体加强宣传,帮助公众意识到职业技术教育与培训对于就业、创业以及谋生的作用。国家职业技术培训委员会将与技术教育与职业培训局共同承担这一重任。

第十章 高等教育

一、高等教育的意义

中等学校以上的教育通常被称为高等教育或第三级教育。根据《2011 年国际教育标准分类法》,高等教育包括短期高等教育、学士教育、硕士教育、博士教育或同等学历教育。高等教育包括学术教育以及高等职业教育。高等教育传授更高层次、复杂和前沿的学术知识,聚焦创造新知识和探究新路径的研究,使毕业生掌握就业或创业必需的职业技能和能力。高等教育的催化作用不仅是培养学生个人的职业潜力,还为整个社会的经济发展、社会转型及政治启蒙提供必需的高技能人力资源。高等教育机构为社会经济和政治各领域培养领导阶层,国家教育体系其他层级和阶段的成功运转也主要依赖于高等教育机构的研究和产出。大量研究表明,高等教育毕业生的回报率是所有等级教育体系中最高的,平均可提高 17% 的收入。

世界银行集团指出,优质的教育机构、多样的选择、平等的入学机会,将有助于消除贫困,促进经济增长。

二、巴基斯坦高等教育的层级

在巴基斯坦,高等教育是高中或专科之后的教育。高等教育机构可分为两类,即学位授予机构或特许大学以及学位授予机构的附属学院或研究所。近年来,发达国家的高等教育机构可分为以下类别或等级:

第一级:优质研究型大学。这类大学拥有卓越的课程和教学过程,毕业生能力突出,研究工作杰出。这类大学对于创造、验证和传播新的信息和知识做出了重大贡献。随着时间的推移,基于其卓越的学术研究、崇高的声誉和对社会的贡献,这类高等教育机构或大学转型升级为完全自治的机构,同时吸引公立和私立部门的投资。

第二级:学位授予型研究所。这类机构主要致力于满足普通大众的学习需求,并为国家经济提供训练有素的人力资源。在巴基斯坦,这类机构大多为公立部门资助的中型大学。但也有私立性质的,私立大学的学费和服务费只有中产阶级或富裕家庭才能够承担。

第三级:学位授予机构的附属学院或机构。这类机构采用其总校的课程,数量众多,遍布全国。

三、巴基斯坦高等教育机构的国际和国内排名

巴基斯坦高等教育委员会采用基于质量和研究的标准对全国的公、私立大学进行排名,旨在推动高等教育机构提高质量和研究水平,并促进和激励大学积极参与世界大学排名。在国际上,一些政府支持的私立机构采用其独特的标准评估全球大学的质量和表现,且每年公布世界大学的排名。上海交通大学开发了世界大学学术排名系统。QS 世界大学排名是另一家私立机构每年发布的 700 多所大学的排名。最近,它也开始对亚洲大学进行单独排名。

巴基斯坦高等教育委员会引入的排名系统引发了大学间在改善运行职能和学术水平,尤其是课程质量、教师能力、基础设施、学术研究及出版等方面展开良性竞争。

四、巴基斯坦高等教育现状分析

1. 入学:巴基斯坦高等教育机构的总入学人数从 2001—2002 年度的 27.6 万人增加到 2014—2015 年度的 129.8 万人,在 15 年左右的时间内增加了 3 倍多。但是,2015—2016 年巴基斯坦高等教育毛入学率仅为 10%,这个数字低于南亚其他发展中国家。例如,印度高等教育毛入学率为 24%,斯里兰卡高等教育毛入学率为 21%,尼泊尔高等教育毛入学率为 16%,孟加拉国高等教育毛入学率为 13%(联合国教科文组织,2016 年毛入学率报告)。可喜的是,高等教育的女性入学率从 2001 年的 36.8%提高至 2014 年的 47.2%。约 40%的大学预算来自学生学费和其他收入,这降低了高等教育的公平性。公立大学数量难以满足所有低收入家庭学生的学习需求。由于大多数家长难以支付私立大学高昂的学费,高等教育的入学率仍较低。

2. 质量:诸多维度和变量影响着高等教育的质量,主要包括基础设施、师资队伍、教育评估、认证和问责机制、研究成果的质量和效用、课程与产业的联系、就业市场对毕业生的吸收力等。一方面,大量公立大学拥有宽敞的校园和良好的基础设施,但其教师的学术水平和评估体系的质量却颇具争议;另一方面,一些私立大学可能基础设施有限,但却能够凭借优质师资、学术问责的功能机制以及灵活调整课程以适应市场需求等优势赢得声誉和市场。

令人遗憾的是,迄今为止尚没有一所巴基斯坦的大学能够进入世界前 100 名甚至前 500 名之列。这是值得深切关注的问题,是国家高等教育质量低下的体现。但巴基斯坦大学在亚洲的排名逐渐上升。在 2015—2016 年度的亚洲大学排名中,巴基斯坦有 6 所大学进入前 170 名。随着研究产出的增加和高等教育委员会的支持,预计这类大学的数量将会增加。导致这一增长的一个重要指标是 ISI 知识网收录的出版物数量大幅增加,从 2002 年的 977 种增加到 2014 年的 10 000 种。

3. 高等教育经费:从历史上看,联邦政府是巴基斯坦大学教育主要的经费提供者,省政府提供的经费份额很少。省政府主要承担了附属学院的开支。2002 年后,一些省政府开始建立新的公立大学并为其提供经费。

例如,2014—2015 年,联邦政府通过高等教育委员会向巴基斯坦高等教育提供了7.8 亿巴基斯坦卢比(以下简称卢比)的经费,约占巴基斯坦大学教育总开支的 60%。同年,联邦政府将 77%的教育预算用于高等教育,而各省用于高等教育的教育预算为10%~13%。这表明各省对于其辖区内高等教育的发展重视不足。信德省、俾路支省和开伯尔·普什图赫瓦省制订的教育规划缺乏大学教育的具体目标、指标及经费来源。正如其他发展中国家一样,联邦政府应继续着力资助全国高等教育的发展,使高等教育能够积极服务于国家经济、和平与社会政治变革。

高等教育的生均政府开支占人均 GDP 的百分比是一个国家是否重视高等教育的另一个指标。巴基斯坦为 51.6%,而印度为 53.7%。高等教育的生均政府开支也体现了投资水平。2013 年,巴基斯坦高等教育的生均花费为 2 353 美元,而印度则为2 563 美元,澳大利亚为 9 851 美元,新西兰为 9 167 美元,日本为 8 977 美元,法国为13 256 美元,丹麦为 22 905 美元(世界排名最高)。目前,巴基斯坦对高等教育的投入仅占 GDP 的 0.28%。据高等教育委员会预计,为实现《巴基斯坦 2025 年愿景》设定的目标,国家必须将这一比例提高到 1.40%,即需增长 4 倍。

4.《高等教育委员会 2025 年愿景》:高等教育委员会成立于 2002 年,是负责资助、监督、管理和认证巴基斯坦高等教育的独立、自治和合法的机构。高等教育委员会是自治的国家机构,自成立以来始终致力于扩大高等教育的入学机会和提高教育质量。由于高等教育委员会的努力,高等教育的规模显著扩大:大学数量从 2002 年的 59 所增加至 2014—2015 年的 178 所;入学人数从 2001—2002 年度的 27.6 万人增加到 2014—2015 年度的 129.8 万人;大学经费以及大学教师和研究学者的奖学金也大幅增加。鉴于高等教育对于国家经济发展的重要作用,高等教育委员会在参考《巴基斯坦 2025 年愿景》的基础上,制定了《高等教育委员会 2025 年愿景》。在与利益相关者磋商后,构想了高等教育所有重要领域的相关举措和规划,并在这一愿景中制订了目标。

5.《宪法》第 18 次修订和高等教育委员会的职能:根据巴基斯坦《宪法》第二部分联邦立法中第 12 条的规定,联邦政府有责任为高等教育、研究、科学和技术机构制定标准。《宪法》第 18 次修订,并未改变联邦政府的这一职能。高等教育委员会作为国家机构,其职能受到议会通过的宪法和法律的保护。在《宪法》第 18 次修订后,高等教育委员会的角色与职能问题被提到了法律层面。巴基斯坦最高法院于 2011 年 4 月 9 日通过决议,责成保持现状并允许高等教育委员会继续履行其职能。在《宪法》第 18 次修订后,2 个省份成立了自己的高等教育委员会。这种情况可能会引发混乱,影响高等教育委员会的顺利运作以及联邦政府对各省大学的拨款。而且,对高等教育委员会法定职能的任何限制,都可能影响巴基斯坦大学高等教育学位的国际认可。

五、巴基斯坦高等教育面临的问题和挑战

虽然自 2002 年巴基斯坦高等教育委员会成立以来,在联邦政府的高度重视下,高等教育取得了巨大的进步,但巴基斯坦高等教育的现状仍令人忧心。高等教育领域主

要面临着以下问题和挑战：

1.高等教育入学率较低。毛入学率仅为10%,17~23岁年龄群体接受高等教育的比例仅为8%。

2.绝大多数大学或其附属学院、机构主要集中在中心城市和较为发达地区,这限制了农村和欠发达地区数百万青少年接受高等教育的机会。在全国120个区中,有65个区没有大学或其附属学院、机构。

3.高等教育质量达不到国际标准。迄今为止,尚没有一所巴基斯坦的大学进入世界500强大学之列。

4.只有27%的大学教师拥有博士学位。

5.绝大多数大学缺乏研究氛围。国际认可的学术研究出版物的比例极低。

6.高等教育预算拨款与其需求不成正比。各省的高等教育预算不到其教育预算的13%。

7.高等教育委员会也面临着治理方面的问题。大学高层领导任命的政治化影响了这些机构的教育和研究质量。

8.大学的研发未得到应有的重视。大学与产业间的联系薄弱。

因此,巴基斯坦迫切需要经过深思熟虑的高等教育政策、措施来解决以上相关问题。

六、巴基斯坦高等教育的国内和国际承诺

1.巴基斯坦《宪法》:根据巴基斯坦《宪法》的规定,国家有责任确保人人享有平等接受高等教育的机会。具体表述如下:

"国家应:确保职业技术教育的普及,以及所有人可以基于成绩平等地接受高等教育"(巴基斯坦《宪法》第37条C款——政策原则)。

2.《巴基斯坦2025年愿景》:在各省的支持下,巴基斯坦政府2015年制定了国家的发展愿景。这一愿景基于六个支柱,而第一个支柱就是"以人为本:发展人力和社会资本"。鉴于高等教育在全球社会经济发展中的作用,《巴基斯坦2025年愿景》预计将大幅增加对高等教育人力资源的经费投入。其目的主要是:"为了实现发展知识型经济的目标,我们将着力大幅提升高等教育的开支,从目前GDP的0.28%提升到1.40%,高等教育入学人数从目前的150万人大幅增加到500万人。"(巴基斯坦政府,2016年,《巴基斯坦2025年愿景》)

3.国际承诺——"可持续发展目标4":2015年,巴基斯坦签署了名为《2030年可持续发展议程和可持续发展目标》的全球宣言和行动框架,并承诺实现17项可持续发展目标。联合国大会于2015年9月25日通过了这项议程。"可持续发展目标4"关注教育,旨在实现7个目标。其中,目标4.3涉及职业技术教育和高等教育,具体内容如下:

"到2030年,确保所有女性和男性均有机会平等接受可负担的优质职业技术教育以及高等教育,包括大学教育。"

纵观巴基斯坦对于促进高等教育的上述国内和国际承诺,巴基斯坦政府包括所有联邦单位和机构,有责任确保所有巴基斯坦人平等地接受高等教育。

七、巴基斯坦高等教育的目的

根据《巴基斯坦 2025 年愿景》,高等教育的目的是为实现发展知识型经济的目标提供富于技能和创新性的劳动力。

八、巴基斯坦高等教育的目标

1.到 2025 年,将高等教育的毛入学率从现在的 10% 提高到 30%。

2.将全国大学(第一级、第二级)增加到 300 所。

3.提高附属学院或第三级高等教育机构的教育质量。

4.通过建立 150 所附属于技能大学的社区学院,推动高等教育扩展到地区一级,并通过培养技术人员满足国家对技能型人才的迫切需求。

5.提高大学教师的博士占比,从现有的 27% 增加到 40%。

6.开发立法支持的示范性治理框架,用于解决大学的管理与行政问题。

九、巴基斯坦高等教育的相关政策措施

(一)扩大平等入学机会和提高入学率

1.到 2025 年,将公立大学数量从现有的 99 所(2015 年)增加到 195 所。预计到 2025 年,私立大学的数量将从现有的 76 所增至 105 所,全国大学总数将达到 300 所。

2.在贫困地区建立 72 所公立综合性大学。

3.新建 15 所公立科学和技术大学或学位授予机构,为本国自然资源开发培养人才。

4.建立 100 所私立综合性大学,以在社会和自然科学领域、专业教育方面提供优质的本科和研究生教育。

5.各省应至少建立 1 所普通公立大学,地方一级建立 1 所工程或技术大学。

6.高等教育委员会将在服务不足且规模较大地区建立 72 所第二级大学,即学位授予型大学的小型分校。

7.到 2025 年,入学人数将从 2014—2015 年度的 129.8 万人(公立、私立、远程大学和附属学院)增加到 717.2 万人。

8.建立一套完善的基于成绩和需要的资助体系,向贫困学生提供助学金、低息或无息贷款以及奖学金。

9.应扩大基于嵌入式终端技术的远程教育机会,有针对性地扩大在职人员接受教育的机会。

(二)提高大学质量和排名

1.高等教育委员会将与所有利益相关者合作,建立一个公私立高等教育三级分层

体系,促进综合性大学、满足社会知识和专业需要的专门机构、普通大学教育的相互融合。

2.高等教育委员会将把工程和技术、医学、社会科学等6个专业领域排名前5名的大学培养成为全国第一级研究型大学。这30所大学将在开展创新研究和促进人力资源发展方面发挥重要作用。

3.加强高等教育委员会与英国夸夸雷利·西蒙兹公司(QS公司)和其他全球大学排名系统的合作。

4.将进入QS世界大学排名的巴基斯坦大学数量从10所增加到15所,并提高前10所大学的排名。

5.培育30所第一级研究型大学,确保巴基斯坦在国际大学排名中的位置。

6.将高等教育范式从教师主导的投入模式转变为以学生为中心,以知识、技能和能力为基础的产出模式。

7.根据国际公认的标准和实践经验,调整课程、学期和学时,包括引导所有大学和附属学院向4年制学士学位过渡。

8.各省和地区政府应加强其管辖范围内学院董事会的行政、财政和学术监督能力。

9.促进社会科学和自然科学的平衡,应支持语言、社会学、人类学、艺术与设计、历史学、经济学、城市规划和现代商业教学等方面新的高水平的研究项目。

10.可通过交换项目与世界知名大学合作开发低成本的联合培养研究生学位项目(Split-degree Graduate Programs of Studies),帮助学生在按其国内就读大学学费标准缴纳学费的情况下,能在国外合作大学学习1个学期或1年。

11.通过美国-巴基斯坦知识走廊,在十年内培养1万名具有博士学位的教师。

(三)促进教师发展

1.大幅增加对本国和国际教师发展项目的投资,实现具有高级学位资格(博士)教师的比例从现有的27%增加到40%。

2.高等教育委员会将增加本国博士学位人员和国际高等教育委员会资助攻读博士学位人员的奖学金数额。

3.采取措施广泛传播和实施由高等教育委员会开发的国家资格框架。

4.推广终身聘任制,并应通过增加预算资源和强有力的兼职制度确保该制度的推行。

5.高等教育委员会将完善和实施针对受聘于新兴高等教育领域内的新引进博士的快速跟踪系统。

6.在人文科学、自然科学与技术、工程学和数学领域提供500个竞争性的博士后奖学金研究项目。

7.为所有知识领域,包括社会科学和语言领域内的3 000名讲师提供接受国内博士学位教育的机会。

8.通过与发展合作伙伴和国际捐助者合作,由研究、创新与商业化办公室(ORIC)和企业孵化中心(BIC)共同推动实施大学联盟间的知识交流项目。

(四)积极促进创新研究

1.所有公、私立高等教育机构均应培育和发展创新和商业可用性研究的文化,以发现和传播能够催生经济蓬勃发展所必需的新知识。

2.将第一级研究型大学的数量增加到 30 所,用于实施符合工程和技术、医学和相关卫生专业、社会科学与人文学科国际标准的创新项目。

3.增加研究经费的数额,并支持获得国际专利的人员。

4.支持高等教育委员会与政府政策规划者、企业家共同开展创新研究。

5.通过企业孵化中心和研究、创新与商业化办公室,促进大学积极参与开发应用研究项目,帮助企业设计并生产高价值的产品。

6.改革研发经费发放程序,与各省大学共同致力于在急需的新兴知识领域建立新的高级研究中心。

7.将第一级与第二级大学的研究、创新与商业办公室扩大到 46 个,并启动运行。

8.对发表研究论文、补充研究材料、出版学术著作的学者予以奖励。

(五)加强高等教育与产业的联系

1.在地区一级建立社区学院,以在全国各地培养更多技能型人才。

2.高等教育机构应积极服务于中国—巴基斯坦经济走廊。

3.增加对高等教育机构的财政和技术援助,以增加 ISI 知识网络收录的出版物的数量。

4.建立 5 个科学、技术和工业园区,加强学术界与商业企业家和政策规划者的联系。

5.增加以研究巴基斯坦问题为主的本国博士项目的经费,并通过发现有用的知识找到有效且高效的解决问题的方法。

6.加强与国家新兴产业的合作研究,并开发新的项目和课程。

7.鼓励高等教育机构教师与商业和产业领袖建立更为紧密的联系,以基于研究增加产品的含金量。

(六)大学的治理与管理

1.校长、院长的遴选与任命过程应去政治化,并着力识别和招募具有卓越资质和远见卓识的领导者。

2.改革公立大学的行政结构,简化校长、财务主管等领导的行政职能,以有效管理学术事务、学生服务、研究生学习和研究、预算规划、财务与机构发展等工作。

(七)高等教育经费

1.设立捐赠基金用于建立经济援助体系,以吸引更多优质的学生并将具有才能的学生培养成为富于生产力的学者,而不论其经济背景如何。

2.重新界定校长、院长的职责,并将经费筹措和机构发展纳入其主要职责。

3.确保联邦和省级高等教育预算逐年稳步增长。

第十一章 学校教学过程中的信息通信技术

一、概念框架

信息通信技术已普遍存在于生活的方方面面。一方面,信息通信技术的使用已经从根本上改变了业务与治理中几乎所有功能形式的实践与流程;另一方面,教学中使用信息通信技术能促进教学模式向以学生为中心转变,通过探究实验和创新给予学生学习的自由。这通常被称为"建构主义"教育方法。为了推行这种学习方法,联合国教科文组织及2015年后的国际教育会议均大力强调,成员国在教育信息化的过程中,必须牢记以下五点:

(1)信息通信技术提供了获取各种有助于提高教学技能和学习能力的学习资源的机会。

(2)由于信息通信技术传授知识的速度非常快,并且人们可以在任何地方接受教育,因此确保了教育提供的即时性。

(3)凭借信息通信技术,人们可以随时随地进行学习。

(4)凭借在线图书馆和远程学习,信息通信技术极大地促进了合作学习。

(5)信息通信技术是残疾儿童获取信息与教育的最佳选择。

二、重要性及意义

信息通信技术改变了我们的生活,也给教育带来了前所未有的机遇和挑战。各级教育机构都需要向每个公民提供在科技日益丰富的环境中生活和工作所需的知识、技能和终身学习机会。为此,应根据个体自我实现和知识经济可持续发展的需求,重塑教育管理信息服务以及教学过程。为了切实推动教育信息化目标的实现,政策制定者应理解信息通信技术在提供平等且优质的终身学习机会方面的作用,并确保这些建议以及这一模式得以实施。

三、宪法与法律规定

1.《宪法》第25条A款规定,所有适龄儿童(5～16岁)接受免费义务教育是一项基本权利……因此,提供免费义务教育的综合立法是《宪法》的规定,也是时代的需要。国民议会一致通过了《2012年免费义务教育权利法案》,以此确保《宪法》规定的所有5～16岁儿童接受免费义务教育目标的实现。

2.此外,巴基斯坦也接受国际承诺的制约,作为一些国际组织的签约国,承担着向所有公民提供免费义务基础教育的责任。然而,由于大量适龄儿童未能入学,这些目标至今未能达成。联合国教科文组织、儿童基金会、国际生态安全合作组织和国际银行等国际组织在教育信息化中发挥着积极的作用。在这里,我们强调《2030 年仁川教育宣言》。它强调提供面向所有人的全纳且平等的优质教育和终身学习机会。自 2000 年以来,巴基斯坦更多关注使用信息通信技术实现全民教育目标。

四、现状分析

1.20 世纪 70 年代后期和 80 年代,当计算机从大型机逐渐发展为台式机和个人机时,计算机开始应用于学校管理。虽然这些应用仅限于机构管理,但它逐渐进入了课堂教学。在这些努力中,麻省理工学院的塞缪尔·帕普特(Samuel Pappert)教授证明了计算机对于教学的价值。一系列的研讨会议展示了计算机如何使学习变得轻松愉快。与此同时,IBM 和 Linux 也在信息通信技术的普及方面做出了贡献。20 世纪 80 年代中期,当个人计算机出现在巴基斯坦市场时,爱派姆(AEPAM)公司率先在联合国开发计划署的赞助下推出了个人计算机驱动的教育信息管理系统。该系统重点在于教育信息管理,而不是教学过程。

2.《1998—2008 年全国教育政策》中关于信息通信技术的章节,详细论述了有组织地在教学过程中使用信息通信技术,确保儿童具备以下三方面的能力:

(1)学习使用信息通信技术。

(2)学习信息通信技术的知识。

(3)聘任并培训教师,确保教师能够胜任运用信息通信技术开展教学活动。

3.由于缺乏努力和资金,这些政策难以实施。在这一背景下,2003 年,微软公司通过与巴基斯坦签署谅解协议书,将全球项目扩展到了巴基斯坦。比尔·盖茨发起的被称为"学习伙伴"(Partners in Learning)的全球项目于 2004 年启动。"学习伙伴"项目侧重于以下领域:

(1)帮助儿童为数字世界做准备。

(2)通过微软技术实现教学信息化。

(3)帮助儿童掌握适于就业的信息通信技能。

(4)学校和教师培训机构建立一系列计算机实验室。

4.2006 年,联邦教育与职业培训部试图制定详细的监督教育信息化的战略。因此,与微软等公司合作设计了关注以下六项行动的国家信息通信技术战略:

(1)在全国的中等学校建立计算机实验室,为学生提供在学校接受信息通信技术的机会。

(2)在教师培训机构中引入信息通信技术,提高教学质量。

(3)利用信息通信技术强化学生学习效果。

(4)制定教育信息化的补充方法。

(5)借鉴现有信息通信技术项目的最佳实践成果。

(6)发展联邦教育与职业培训部和省级教育部门的能力。

5.现行的国家教育和信息通信技术政策并不鼓励教育信息化,更不用说将其纳入教学过程。这种情况在《2007年教育白皮书》中已经有所体现。它指出："巴基斯坦当前教育体系只为学生提供了最低限度的课程资源。大多数小学仅有一本教材。教学重点是较为低阶的认知技能,如教材内容的记忆。中等学校课程培养的科学技术领域的学生数量较少且不具备国际竞争力。"

6.在信息通信技术使用方面落后的国家将成为教育和经济上的失败者,但《2009年全国教育政策》并未对信息通信技术予以重视。而《1998年全国教育政策》关于教育信息化的规定只是空谈,并未真正实施。《2009年全国教育政策》描述了以下三个要点:

（1）根据联邦教育与职业培训部的"巴基斯坦国家教育信息化战略"促进教育信息化。

（2）创造性地利用信息通信技术,为具有广泛能力和来自不同社会经济背景的教师和学生提供帮助。

（3）利用信息通信技术提高教学与教育管理的质量。

7.为了将信息通信技术融入教学过程,我们需要现成的解决方案来解决这个问题,这就需要认真考虑专业认证的方法。例如,在信息通信技术产业中,软件测试人员、项目经理和开发人员等可以获得不同的认证。这既简单又满足了想成为信息通信技术专业人员的学生的需求。

8.信息通信技术课程的开发是一个耗时的过程。由于信息通信技术知识变化快,当课程转化为教学辅助工具和教材时,其所包含的知识和技能可能变得无关紧要或者已过时。因此,不要重新发明已有的东西,应明确社会需求并立足市场,提供市场需要的东西。

五、问题与挑战

1.人口爆炸令巴基斯坦教育和发展面临着巨大的挑战。未来几十年,青少年人口将从目前的1.8亿增加到3.5亿。这需要我们认真思考,为新入学者提供有用且可就业的教育,使巴基斯坦成为繁荣的国家。反之,最糟的情况是我们维持现状,忽视警告,这可能令国家陷入瘫痪状态。为了弥补错失的时间,改善国家受教育程度低下的状况,降低文盲青少年的比例,我们需要开拓创新,从小学开始推行信息通信技术,帮助学生掌握信息通信技术技能,并使高中毕业生具备就业技能与信心。

2.学校教育信息化面临的基本问题是,我们的教师和整个教育体系并未做好从当前记忆模式到更为民主的学习和思考范式的转变的准备。摆在我们面前的两个选择:是通过传统模式引入和整合信息通信技术模式来开发课程、编写教材、培训教师和进行教学,还是采用信息通信技术巨头制定的众所周知的现成的市场化方法。

3.目前,全国各地的努力是不同步的。各省着重发展自己确定的领域,这已经导致了省际的巨大差距。由于缺乏政策对话的共同平台,这种情况进一步恶化,教育也不例外。各省均应纳入国家教育信息化政策,从教学到管理。

4.巴基斯坦教育资源远低于国际组织确定的教育所需的最低资源标准。历史上,我们的教育投入极少超过 GNP 的 2％。我们能否将 GDP 的 4％～6％用于教育经费支出，这是一个值得思考的问题。

六、政策干预的合理性、正当性及必要性

1.专家们用流畅简洁的语言表达了信息通信技术的必要性和重要性：

（1）教育是一个终身的过程，因此，需要随时随地接受教育。

（2）信息爆炸是一个日益增长的现象，因此，需要获取这些信息。

（3）教育应满足各种学习者的需求，信息通信技术是满足这些需求的重要工具。

（4）社会要求个体应具备信息通信技术素养。

（5）信息通信技术是解决增加入学机会、降低教育成本、应对扫盲和贫困等问题的重要手段。

2.信息通信技术产业已经成为世界主流产业。目前，一些发展中国家已经成为主要的信息通信技术生产商和尖端用户。例如，马来西亚和印度除了其他的发展项目，在选举中亦成功地使用了信息通信技术。利用此契机，巴基斯坦的信息通信技术产业有很大的增长潜力。如果我们为公、私立教育机构合作提供平台，这个领域就可以产出丰硕的成果。我们必须牢记在这项工作中巴基斯坦公立教育体系的努力与付出，因为它是公、私立教育机构人力资源的主要提供者。因此，应予以高度重视，确保计算机科学家和工程师的平稳供应。

3.适当的教育和硬件投资，通常会使信息通信技术产生高效、快捷的回报。信息通信技术的应用减少了工作时间，降低了人工成本，提高了生产率，减少了损耗、返工、废品等。在信息通信技术应用方面落后的国家也将在教育和经济的发展过程中遇到问题。

七、目的与目标

1.这些目的与目标主要基于非传统方法的概念，绕过耗时的课程开发过程并遵循专业认证路线，尽快将信息通信技术融入教学过程。

2.在推进学校教育信息化的同时，促进学校教育从记忆模式转向现代的探究、实验和创新学习方式。这可以通过重建与信息通信技术巨头（包括但不限于微软、英特尔等）的联系实现，旨在使用它们提供的世界公认的教育课程，帮助学生获得信息通信技术技能和知识方面的就业证书。

3.政策的主要目标关注但不限于各级教育的以下领域：

（1）初等学校。

①促进儿童利用信息通信技术进行学习，并向小学生提供专门为小学学习设计的低成本且耐用的笔记本电脑。

②帮助教师做好教学辅助准备工作。

（2）中等学校。

①帮助学生获得就业所需的信息通信技术。

②向巴基斯坦学生提供的信息通信技术课程,应由信息通信技术公司参与合作开发。

③为学校配备必需的信息通信技术设施。

(3)教师教育。

①帮助教师利用信息通信技术开展教学活动。

②让学生参与有意义且相关的学习活动。

③将信息通信技术纳入课程,并设计评估学生作业的替代性方法。

④允许学生建构知识。

⑤设计适应学生的各种学习风格,满足个体学习差异。

⑥不断增加教师进一步学习的机会。

八、实现目的与目标的政策规定

1.巴基斯坦力图改革教育政策,聚焦使用、整合信息通信技术,向所有人提供终身学习的机会。必须利用信息通信技术强化教育体系、传播知识、获取信息,为优质且有效地学习提供更为高效的服务。

2.实现这些目标需要巴基斯坦政府的财政投入,由于巴基斯坦远未实现向所有人提供优质教育这一目标,因此,增加财政投入至关重要。援助国和联合国组织强调成员国应根据国情增加教育公共开支,并严格遵守国际和区域基准,即分配 GDP 的 4%～6%或总公共支出的 15%～20%用于教育。

3.国家信息通信技术战略确定了以下目标,供教育部门参考实施。

(1)与当前教育体系面临的挑战有关的战略目标:利用信息通信技术提供或增加教育机会,提高教学质量,加强人力资源的开发。

(2)与 21 世纪需求有关的战略目标:

①利用信息通信技术改善学生学习方法。

②开发教育信息化的补充方法。

③借鉴成功的信息通信技术项目的经验。

④发展联邦教育与职业培训部和省级教育部门的能力。

4.联邦教育与职业培训部需要微软、神域和思科等信息通信技术巨头的合作与帮助,它们正迅速开发符合市场需求和国际标准的课程。巴基斯坦在 2004 年与微软签订的协议使之成为可能,从而可以在学校内免费使用微软技术(硬件、软件等)。此外,联邦教育与职业培训部已经与英特尔公司签署了谅解备忘录。

5.在这些努力中,不能忘记开放源码(Open Source)这一巨大产业。因为它不但是免费的,而且在全世界被广泛使用。巴基斯坦可以从中受益颇多。毋庸置疑,Linux 和开放源码是学术界的支柱。世界上所有学校都在使用,因为源码是免费使用的,而且用户可以进行修改。此外,它允许用户创建自己选择的软件来满足需求。因此,它在学术机构中引入了一种创造性的编程文化。

第十二章 图书馆和文献服务

知识是建设安全、稳定、繁荣和美好社会的基础,知识型经济和知识型社会是当今时代人类进步的必然要素。图书馆作为知识机构,是知识创造、管理、组织、检索和向终端用户传播的主要介质。当今世界,图书馆正发展成为支持信息和知识创造的机构,成为数据库格式的分布式知识库和信息高速公路的门户,是跨越国家间数字鸿沟的工具。它对任何国家教育和研究的整体发展发挥了至关重要的作用。图书馆不仅提供了获取现有材料的途径,也满足了终身学习的需要。先进的图书馆对于早期教育和基础教育阶段培养学生的阅读习惯必不可少。图书馆有利于发展信息素养,也有利于推广信息教育。

1973 年巴基斯坦《宪法》的制定者高度重视图书馆建设。图书馆这一主题已被列入联邦立法清单的第 15 条(第 1 部分),仅次于国防、货币和外交等。国家文学遗产的保护被认为是世界各国图书馆的首要职能之一,尤其是国家图书馆。巴基斯坦国家图书馆承担了国家文学遗产的保护、知识传播和根据 1962 年《版权条例》的相关规定管控国家书目的职责。根据 1962 年《版权条例》,出版商须自费将其出版的 1 份最好的材料存放在巴基斯坦国家图书馆。

巴基斯坦拥有国家图书馆、学术图书馆、公共图书馆和特殊图书馆等各类图书馆。巴基斯坦国家图书馆处于全国图书馆网络的顶端,在改善图书馆人力资源和服务方面发挥着引领作用。国家图书馆保存着 30 多万册实物,包括书籍、装订成册的报纸和期刊、论文、手稿等。国家图书馆完全自动化,注重保护环境,并通过自己的网站可访问在线数据库。层级最高的学术图书馆是大学图书馆。大学图书馆支持研究活动,继而推动知识的创造。巴基斯坦共有 175 所大学或学位授予机构的图书馆。大学图书馆拥有约 500 万册图书(巴基斯坦图书馆一半以上的藏书)。大城市的大学图书馆拥有更好的人力、物力和财力资源。然而,偏远城市的大学图书馆则远远落后于一般标准。学院图书馆是第二层级的学术图书馆。同样,大城市的学院图书馆比乡村地区的学院图书馆拥有更好的资源。这些学院图书馆的馆藏量尚未达标,大部分学院图书馆的馆员职位存在空缺;其馆藏还未实现自动化,大多数学院图书馆没有信息通信技术设施。私立学院在数量上占主导地位,但大多没有中级考试委员会(Intermediate Examination Boards)附则要求配有的图书馆。中小学图书馆是学术图书馆中最不受重视的领域。仅旁遮普省就有 36 000 所小学,但这些学校没有任何图书馆设施。小学教育对培养孩子的性格、阅读习惯和质疑精神具有重大影响。小学教育一级的现代图书馆对于儿童人格的形成也有重要影响。

公共图书馆是图书馆网络中第二重要的部门。公共图书馆被称为开放大学,服务对象从儿童到老年人。公共图书馆的大门向社会各阶层开放,不分年龄、性别、教育水平、信仰或贫富。公共图书馆是自由民主的社会机构,旨在实现终身学习的目标,支持正规和非正规教育。公共图书馆让市民了解日常生活所需的知识,将公民与信息高速公路连接起来,以便访问获得许可和版权的数据库。目前,全国城市地区共有280多个公共图书馆,总藏书400万册。移动图书馆服务已经在拉合尔(Lahore)、伊斯兰堡(Islamabad)和古杰兰瓦拉(Gujranwala)推行。此外,还有380所特殊图书馆。这类图书馆专门收藏特定主题的书籍等,并通常配有信息通信技术设施。

一、问题与挑战

巴基斯坦图书馆主要面临以下问题与挑战:

1. 非功能性图书馆的建立。

2. 不当的预算拨款。

3. 缺少合格的图书馆专业工作人员。

4. 缺少信息通信技术设施。

5. 未配备自动化系统。

6. 图书馆馆员的继续教育和培训设施不足。

7. 学术图书馆未开设信息素养课程。

8. 保存数字文学遗产问题。

图书馆对于正规教育、非正规教育和终身学习的重要性与日俱增。信息通信技术时代最重要的特征是信息爆炸、动态内容和开放访问资源。知识产权和许可限制使得图书馆服务成为学术界、研究人员和学生必不可少的工具。由于教育研究和培训日益需要及时获取相关信息,配备完善的自动化图书馆对于教育研究和培训活动十分重要。目前,各类学术和研究组织产出的研究问题是分散的,不便于查找,继而难以满足研究者、教师、学生等的信息需求。

二、目标

1. 培养大众的阅读习惯,并通过图书馆提供信息和研究机会,促进扫盲运动。因为图书馆被认为是教育系统的一部分,也是社会和经济变革的推动者。

2. 通过改善印刷出版物和提供电子媒体的服务,从数量和质量上加强现有教育系统建设。

3. 在基层建立多媒体图书馆和信息资源中心,鼓励和吸引青少年和成人自学,并开展类似的建设性活动。

4. 通过基于知识的活动,在区域和国家一级促进不同阶层之间的民族融合和宽容,有利于弱化宗派主义。

5. 图书馆提供充分的机会,让人们更好地了解民主价值和社会化。

三、政策规定

1. 提高图书馆的使用率,提高全国图书馆的服务质量。

2. 逐步在小学、初高中学校建立配有可提供在线图书服务等现代化设施的图书馆,培养青少年的阅读习惯。

3.对图书馆馆员当前的职业和专业发展结构进行审查,以创建可以吸引和保留优质专业人力资源的服务结构,提高图书馆的服务水平。

4.探索在教育机构工作的图书馆馆员参评图书馆教师和图书馆讲师的机制。

5.将公共图书馆网络扩展到基层多媒体图书馆和信息资源中心。

6.推出面向农村地区的移动图书馆服务。

7.建立国家图书馆基金会,为图书馆持续提供资源。

8.为图书馆专业人员的继续教育提供经费,并加强国家人力资源开发中心图书馆的建设。

9.为保存数字文化遗产提供必要的基础设施和立法。

四、实施策略

1.建立国家教育文献中心,收藏 50 000 份研究报告。

2.通过互联网实现巴基斯坦国家图书馆与大学图书馆和主要研究图书馆的相互链接,实现国家信息资源的共享。

3.在大学图书馆建立图书银行,向有需要的学生提供免费教材。

4.通过立法推动全面的图书馆和信息服务政策的实施;根据不同领域、学科的专业标准进一步规范图书馆专业人员和工作人员的服务标准;提供充足的经费保障;为全国图书馆的发展提供立法支持。

5.为了推动国家的图书馆运动,有必要在教育图书馆和公共图书馆建立训练有素、专业能力强的图书馆管理队伍。联邦和省政府将采取必要措施为图书馆专业人员建立适合的服务结构。

6.通过立法,明确巴基斯坦国家图书馆的地位。

7.与其他学科一样,发放国内外图书馆、信息科学研究和培训奖学金。

8.与捐助机构合作设立捐赠基金,为图书馆发展提供服务。

9.鼓励将学生去图书馆的时间纳入校历。

10.巴基斯坦图书馆联盟将负责制定图书馆标准、立法和培训计划等,其年度补助金也将合理增长。

11.设立 5 个奖项,如年度最佳图书馆馆员和最佳图书馆等奖项。

总的来说,巴基斯坦图书馆进步明显,实施了一些改善巴基斯坦图书馆和图书馆服务的项目。在过去的几年中,大学图书馆和特殊图书馆发展迅速。数字化图书馆实现了馆藏的自动化,成功地引入了先进的硬件和软件。目前,巴基斯坦图书馆主要采用多种技术集成的图书馆系统。

五、高等教育委员会发起的数字图书馆项目

鉴于教育研究和培训日益需要及时获取相关信息,设备完善的自动化"国家教育文

献中心"对于教育研究和培训活动至关重要。同时需要成立国家发展其他领域所需信息的文献中心。目前,各类学术和研究机构所产出的研究文献较为分散,获取较难,难以在同一平台下满足研究者、教师、学生的信息需求。

巴基斯坦图书馆的分类及其区域分布情况如下:

1. 中小学图书馆。学校是正规教育的基础,应给予学校高度重视,提供优质教育。在学校,图书馆理应成为提高教育标准的重要组成部分,但全国约80%的中小学没有图书馆设施。根据1990年的调查,15万所中小学中仅500所有图书馆,总藏书量不足150万册。绝大多数中小学图书馆没有专业人员,也无适当的空间和环境,学生无法有效利用图书馆。目前,只有30所中小学图书馆配有合格的图书馆馆员。

2. 学院图书馆。作为全国最大的图书馆群,学院图书馆也面临着服务质量差、阅读材料过时、财政拮据和专业人员不足等问题。有些学院和机构拥有大量学生,但仅有1名图书馆馆员负责图书馆相关业务,难以妥善整理馆藏,也无法及时为所有学生和教师提供服务。随着学生入学人数和教学人员数量的增长,有必要适当增加图书馆专业人员的数量,提高图书馆服务的标准和质量。目前,有750所学院拥有图书馆,总藏书量超过了404万册,各图书馆的藏书量从500册至20万册不等,但其中60%已经过时,尤其是科学、医学和技术学科方面的图书。

3. 大学图书馆。大学共有175个图书馆,其附属机构有452个服务点,相对而言,大学图书馆处于较为有利的境地,但仍缺乏最新的资料、设备以及可行的财政支持等。大学及其附属机构是学习的高级场所。设施先进的、拥有最新馆藏的现代图书馆是现代优质高等教育的先决条件。然而,巴基斯坦的学术图书馆状况堪忧。在过去的许多年中,大学图书馆未能获得适当的经费支持用于购买最新的书籍和研究期刊。因此,应定期提供足够的资金供大学购买书籍、研究期刊、计算机,安装互联网设施,实现图书馆电子化。

4. 特殊图书馆。特殊图书馆面临着资源、设备、设施、预算、专业知识和持续保持服务标准等问题,应着力改善其条件。

5. 公共图书馆。大多数公共图书馆的境况较为糟糕,它们只是拥有报纸和少量杂志的阅览室。接受非正规或非正式教育的人员至关重要,亟待政府重视。如果公共图书馆设备先进、组织得当并由专业人员管理,那么人们的社会、文化、政治和宗教行为将会得到极大的改善。目前,280多个公共图书馆主要坐落于城市地区。公共图书馆不仅可以通过自我教育的方式促进扫盲,还可以为社区和个人提供教育、信息和娱乐资源。在多年的政策和计划中,公共图书馆还未能引起决策者和规划者的关注。因此,当务之急是通过立法和其他手段建立新的公共图书馆,以此强化信息源及其数量。

6. 农村图书馆。农村人口占全国总人口的65%,而他们却未能获得适当的图书馆服务。除了可以培养阅读习惯外,农村图书馆还有很广泛的功能。如可通过安排展览、组织书展、邀请演讲者、举办研讨会、庆祝特殊场合或节日、安排电影放映等方式,为他们提供教育、文化、信息和娱乐活动方面的服务。此外,目前也可利用信息通信技术为人们提供图书馆服务。因此,图书馆可以在促进国家团结方面发挥更积极的作用;可以促进地区、国家和国际理解,改变群体和阶级的行为;通过为公民提供各种积极和建设性活动的机会,消除地区冲突并促进社会的和谐。事实上,并非所有的小城市、小城镇和村庄都有图书馆。地方政府应参与改善农村地区的图书馆建设,同时也需要当地民众的积极参与。鉴于资源有限,图书馆服务不能同时扩展到偏远地区和人口分散的农村地区。这就需要通过移动图书服务,向生活在偏远地区的人口提供服务。这一做法在美国和一些非洲国家的建国初期都得以成功实施。移动图书服务已经于 1990 年在拉合尔地区(Lahore)开始推行,覆盖了其下属的 7～8 个地方。

7.巴基斯坦国家图书馆:巴基斯坦国家图书馆自 1993 年 8 月启用后,共收藏图书超过 30 万册,包括 580 份手稿;电子运行软件已进入开发的最后阶段。目前,图书馆人手不足,资金匮乏。为了促进国家图书馆的可持续发展,发挥其作为国家第一大图书馆的职能,应提供必要的立法支持。

第十三章 体育、健康与运动教育

一、概念框架

在过去一段时间内,幸福和繁荣的指标发生了巨大变化。同时,身体健康很重要的理念已被嵌入发达国家和发展中国家的各级教育。而只有实现教育的均衡发展,上述特质才有可能形成。为此,我们必须综合考量学术与教育的社会、生理、精神和心理维度。在学术方面,我们只能训练心智能力,其他方面则需要通过其他方式实现。积极且可行的方式是转向健康与体育,并从小学到大学均予实施。教育致力于促进人的生理、心理、社会和精神的全面发展。为此,必须探究发展规律,确保教育与人的发展规律一致,培养教师和学生勇敢、自信地面对各种情况。要实现这一目标,需要专家和政府的支持,需向初等教育、中等教育、高中教育、大学和学院教育划拨经费,制订推动广大员工参加的行动规划,以减少各种问题和阻力。

体育教育在身体发展、情感健康、生活技能、管理与领导技能等方面发挥着重要作用,可以促进参与者享受成功的喜悦、吸取失败的教训。

亚洲国家尤其是南亚地区合作组织国家中的日本、中国、韩国、马来西亚、新加坡、斯里兰卡和印度等,已经达到了很高的健康与身体标准,从而提高了这些国家的 GDP。

二、宪法和法律相关规定

其他国家的宪法规定,无论宗教或信仰是否相同,健康运动和娱乐是所有儿童的一项基本权利。在巴基斯坦,虽然国家和各省的政策与规划文件中高度重视健康、体育与运动,但相关政策的实施却较为迟缓。这主要是由于经费不足以及教育中未能贯彻实施儿童全面发展的理念。为了达到世界其他国家的社会经济发展水平,迫切需要将体育、运动与娱乐纳入国家宪法和法律规定。通过国家议会和参议院颁布必要的法律,为运动发展进行国家层面的立法。除了儿童接受初等教育的权利外,对儿童运动、娱乐的权利也应予以保障。

三、现状分析

过去,联邦和省政府的很多教育规划和政策文件对学校体育、健康与运动的现状进行了总结。《2009 年全国教育政策》《2005 年全国教育政策》《巴基斯坦 2025 年愿景》《2015—2016 年教育规划》《旁遮普省、信德省、俾路支省 2011—2018 年教育规划》《省级早期教育规划》《开伯尔·普什图赫瓦省教师教育策略》《俾路支省 2013—2018 年教育分析报告》《开伯尔·普什图赫瓦省 2012 年教育分析报告》等重要文件已经分析了形势并提出了问题。但这些政策文件中的建议总体上实施缓慢,尤其是在体育、健康与运动领域。

儿童全面发展的概念尚未贯彻落实到国家和省级早期教育之中。由于未能实施体育教育相关建议,体育政策确定的目标未能实现。素质教育是时代的需要,它直接关系到个人和群体的健康,因此,必须发展体育与健康教育,实现素质教育目标。

四、问题与挑战

巴基斯坦体育、健康与运动发展面临的问题与挑战主要有:

1.联邦和省政府对于体育、健康与运动重视不足。这可以从联合国教科文组织关于体育课程课时分配的数据中得到证实,在南亚地区合作组织国家中巴基斯坦的体育课时最短。

2.在公、私立学校中缺少儿童尤其是女童的安全游戏区域。这个问题必须在国家层面予以解决。

3.公、私立学校尤其是农村地区学校严重缺乏体育、健康与运动设施。这是一个非常严峻的问题,应通过国家的监管机制予以解决。

4.体育发展缓慢是过去财政拨款数额较低导致的结果。正因如此,国家难以提供体育场、训练设施和教练服务等。因此,国家的健康与运动标准正在逐渐降低。

5.中小学和学院内绝大多数体育教师岗位是空缺的,而且各省的小学均未设置体育教师岗位。

6.当任课教师出现空缺时,会由体育教师顶岗。这也是学校未能给体育课程分配适当课时的一个原因。

7.现有体育学院学生训练设施不足,迫切需要促进体育学院课程的现代化,并加快现代化设施建设步伐。

8.治理和管理问题主要包括公、私立教育机构间的协调、家长和社区参与运动和娱乐活动的积极性不高、非政府组织对设施建设兴趣不高等方面。

五、目的与目标

为了大幅提高国家尤其是经济、社会弱势群体的健康、运动和体育活动水平,促进国家在区域和国际上取得成就,应通过行动规划实施以下策略:

1.联邦和省教育部下属的教育部门应全力贯彻执行政府政策。如开发和更新课程;提供合格的体育教师;加强初等学校、中等学校、学院和高等学校体育与运动的监督与评价。

2.卫生健康部门应与教育部门密切配合,向所有学生尤其是具有运动潜质的学生提供健康保险,向有运动天赋的学生提供免费医疗和物质激励。

3.体育联合会应与教育部门密切配合,向所有具有运动天赋的学生提供运动设施和指导,并改善各级学校的健康活动。

4.联邦和省政府应向优秀运动员提供更多的工作机会,以鼓励他们在运动领域追求卓越发展。

5.公、私立教育机构负责人应确保改进和建设新的体育基础设施,培养体育方面的人才;应积极募集赞助商、志愿者和捐助者,从而促进基础设施的现代化。

6.目前迫切需要通过公、私立教育机构合作推广体育运动。这一模式已在全球成功实施并取得了较好的效果,但需针对巴基斯坦的实际情况量体裁衣。

六、政策规定与建议

1.全国健康与体育课程主要面向 6～12 年级,1～5 年级不在其中。需根据生活技能、管理技能、领导技能以及宽容和尊重他人、时间管理等现代标准开发面向 1～5 年级的健康与体育课程。

2.必须对体育教师的职前培训课程进行升级和改善,以应对 21 世纪的挑战。

3.为了提高体育教师的专业技能,确保他们了解流行运动最新的技术和指导方法,应经常组织各级服务培训课程。

4.应建立有效的体育、健康与运动监督和评价体系,以发现问题并解决问题。

5.应向各级学校学生免费提供公共体育设施。这也将提高这些设施的利用率。

6.全国所有教育机构应定期开展年度运动周和各教育机构间的竞赛活动。

7.伊斯兰堡将成立体育与运动大学,为其他省份率先垂范。

8.各省将建立专门的现代体育学院。

9.应优先考虑现有体育教育工作者的人力资源发展和能力建设。

10.高等教育委员会可在体育学科设置国家奖学金,以满足国家未来发展的需求。

11.应确保有效实施《2009 年全国教育政策》中有关体育的建议。

12.将根据建议在联邦教育与职业培训部设立专门的健康、体育与运动委员会。

13.在全国、省体育锦标赛中应给予教育部门参赛权,以此激励具有潜质的运动员。

第十四章 私立教育[①]

一、概念框架

私立教育机构即非政府开办、管理和资助的教育机构，包括低成本和高成本、营利性和非营利性的教育机构等。私立教育机构主要由个人、民间团体、基金管理公司、非政府组织等开办和管理，包括注册的教育机构和未注册的教育机构。

在 1972 年以前，私立教育发展较为迅速。一些私立教育机构由志愿者组织负责管理。这些机构不仅通过学费、所拥有资产和捐赠创收，而且获得了政府的补助金。一些私立教育机构因学术水平和教育质量而享有盛誉。

私立教育机构国有化政策实施（1972 年）以后，有 19 432 所私立教育机构被国有化，包括 18 926 所初、中等学校，346 所马达里斯，155 所一般学院和 5 所技术学院。

二、宪法/立法框架

几乎所有省份和联邦地区，包括首都伊斯兰堡等，均制定了关于私立教育机构注册和管理的章程、条例、规则、法律和附则等。《旁遮普省私立教育机构促进及管理条例》于 1984 年通过，信德省及西北边境省份等也颁布了类似的条例。这些条例规定，各私立教育机构应组建管理机构并到注册机关进行注册，同时也公布了注册的条件。

三、重要性及意义

私立教育机构对巴基斯坦教育的发展发挥着至关重要的作用。政府难以承担 2 亿多人口的教育重任。政府对于教育的拨款和投资严重不足，2 264 万名 5～16 岁儿童正面临失学。公立教育机构的教育质量也令人担忧。同时，教育体系正面临着一些其他的问题和挑战，例如入学机会不均等、性别差异和高辍学率等。在这种情况下，大力发展私立教育是国家的当务之急。如果私立教育难以活跃、繁荣且蓬勃发展，巴基斯坦将难以实现在教育方面的国内和国际承诺，诸如《宪法》第 25 条 A 款关于免费义务教育的规定和可持续发展目标等。

四、现状分析

根据巴基斯坦《2015—2016 年教育统计报告》，巴基斯坦从学前到大学共有 303 446 所教育机构（公立教育机构 191 065 所，私立教育机构 112 381 所），总入学人数为 4 750 万人（公立教育机构 2 770 万人，私立教育机构 1 980 万人）。私立教育机构的数量约占全国总教育机构数量的 37%，而约 42% 的学生和 48% 的教师都在私立教育机构。

[①] 译者注：因为私立教育数据库缺失，本章所有统计数据遵照英文版法条，所以部分数据会与其他章节有出入。

巴基斯坦尚无独立的公立学前教育机构。根据《2015—2016 年教育统计报告》,私立学前教育机构共有 448 所。在 870 多万学前教育入学人口中,约 400 万所(约 46%)学生在私立学前教育机构就读。在私立学前教育机构任教的教师共 2 785 名,而公立教育机构并无专职学前教育教师。

在初等教育阶段,公立教育机构有 127 829 所(约 86%),而私立教育机构只有 20 256 所(约 14%)。在 1 880 万毛入学人口中,约 700 万(约 37%)学生在私立教育机构接受教育。私立初等教育机构的教师人数为 98 236 人,约占该阶段总教师人数的 23%。

中间学校(6～8 年级)中私立学校 28 818 所(约 64%),公立学校 16 457 所(约 36%)。然而,公立学校的入学人数为 400 万人(约 63%),私立学校的入学人数只有 240 万人(约 37%)。在 394 231 名教师中,私立学校的教师约占 2/3,公立学校的教师约占 1/3。

初中教育阶段(9～10 年级)的学校共 31 740 所,其中私立学校 20 948 所(约 66%),公立学校 10 792 所(约 34%)。私立学校的入学人数为 120 万人,公立学校的入学人数为 220 万人;私立学校的教师人数为 296 637 人,公立学校的教师人数为 223 906 人。

私立高中学校有 3 605 所,入学人数约 37 万人,教师人数为 67 719 人。1 418 所学位授予机构中有 159 所私立机构。私立机构的入学人数约为 13 万人。

目前,巴基斯坦大学总数为 163 所,其中公立大学 91 所(约 56%),私立大学 72 所(约 44%)。研究生的总人数为 135 万人,其中只有 2 万人就读于私立大学。在 83 375 名大学教师中,16 843 名(约 20%)教师在私立大学任教。

巴基斯坦共有 3 746 所职业技术教育机构,其中 2 623 所(约 70%)是私立机构,入学人数为 17.7 万人(56%)。公、私立机构教师的比例基本相当,各占 50%。巴基斯坦共有 209 所教师培训机构,其中只有 53 所(约 25%)为私立机构,入学人数占 71.8 万培训学员的 1%。私立培训机构教师培训者和教师教育者只占总人数的 8%。

此外,97% 的马达里斯为私立机构。

五、问题与挑战

私立教育面临的主要问题与挑战如下:

1. 私立教育数据库缺失。近 10 年来,巴基斯坦并未开展全国性的私立教育调查。2005 年以来,教育管理信息系统的报告只是预估数据。私立教育机构经常抱怨有关私立教育的事实、数据和统计出入较大。

2. 绝大多数低成本私立教育机构缺乏基本设备、服务和基础设施。

3. 一些以营利为目的的英语精英教育机构遭到了家长和社会的严厉批判。由于高昂的学费,贫穷但有才华的学生难以进入这些机构。

4. 缺乏统一的课程体系是另一个亟待解决的问题。

5. 私立教育机构之间以及公、私立教育机构之间缺乏协调和联系。

6. 大量私立教育机构教师未经过专业培训。

7. 缺乏职业发展规划是私立教育机构教师面临的另一个严重问题。

8. 私立教育机构地理位置不佳。一些私立教育机构离公立教育机构过近,这导致了学生入学选择上的冲突,也造成了公共资源的浪费。

9. 由于缺少运动场地和体育设施,私立教育机构学生的健康和体育状况不容乐观。

10. 私立教育机构监管体系乏力。有些地区并未落实监管体系。

11. 政府对私立教育机构的支持几乎可以忽略不计。

12. 私立教育机构的入学问题非常严峻。

13. 绝大多数私立教育机构主要面向男生。私立教育机构尤其是农村地区性别差异显著。

14. 马达里斯在设施、服务、认同、同等就业和政府支持方面未受到重视。

15. 公、私立教育机构合作方案虽极具潜质,但未能得到适当规划、执行、监测与评价。

16. 部分省和联邦地区并无教育基金。

17. 私立教育机构之间以及公、私立教育机构之间缺乏信任与合作,极大地影响了教育的发展。

18. 巴基斯坦职业技术教育机构极为短缺。虽然私立职业技术教育机构的数量多于公立,但相较于国家大量且迫切的需求,这些机构的数量远远不足。私立教育机构在这方面应发挥有效的作用。

19. 私立教育机构在促进成人扫盲和非正规教育发展方面的作用非常有限,甚至可以忽略不计。

20. 私立教育机构的迅速增长也是一个挑战。

六、目的与目标

1. 目的:建设有文化的巴基斯坦。

2. 目标:

(1)提高从早期教育到大学各级教育的入学率。

(2)提高教育质量。

(3)协助政府实现可持续发展目标并遵守在教育方面的其他国内和国际承诺。

(4)加强公、私立教育机构内部及它们之间的协调、合作和联系。

(5)强化职业技术教育的基础设施、设备和服务。

(6)促进成人扫盲,即面向所有男性和女性的基础性扫盲、技能性扫盲和功能性扫盲。

(7)向私立教育机构,尤其是农村和偏远地区的私立教育机构提供激励和支持。

七、政策规定

为解决问题与挑战、应对未来需求、实现目的与目标,应制定的政策建议如下:

1.每5年开展一次全国性的、全面的各级各类私立教育机构的调查。

2.创建、更新和共享涵盖所有有关数量和质量指标的私立教育数据库。

3.在尚无私立教育监管机构的地区建立相关机构,在已有的地区进一步强化和激活该机构。

4.开发全国课程框架并在公、私立教育机构内推行。

5.开发基于学生(每门科目和年级)、教师、教材、评价等的国家标准,并在公、私立教育机构内推行。

6.说服并促进私立教育机构采用公立教育机构课程。

7.应全面实施由教育部门改革项目(2001—2002)启动的公、私立教育机构合作方案。

8.应继续推行"认领一所学校"(Adopt a School)等创新项目,启动新的公、私立教育机构合作的项目。大力推广过去成功的范例和最佳实践经验。

9.政府可通过配套经费的方法,鼓励和促进私立教育机构创办更多优质的教育机构,并加强农村和弱势地区,尤其是面向失学儿童的教育设施与服务。

10.促进精英私立教育机构的学费和征收费用合理化。

11.向面临亏损或财政困难的、由慈善家创办的私立教育机构或非营利性的私立教育机构提供政府援助。

12.联邦和省政府将针对失学儿童实施学券制。

13.根据《免费义务教育法》对免费教育的定义,所有营利性的私立教育机构均应向排名在前10%的学生提供免费教育。

14.激活并增强省级及国家级教育基金会,并扩大基金会的作用。

15.应确保私立教育机构教师获得与预期服务等值的薪资和其他奖励。

16.联邦和省政府将鼓励、发展私立教育机构并与之共享资源,共同致力于私立教育机构教师的职前和在职培训。

17.所有公、私立教育机构均应启动扫盲和促进成人扫盲的专项计划。

18.应改善和加强私立教育机构内部以及公、私立教育机构之间的协调、沟通与合作。

19.应鼓励公、私立教育机构为了促进国家扫盲这个共同且崇高的使命而共享资源、设施与服务。

20.所有私立教育机构均应按照清洁标准提供水和卫生设施。

第十五章　特殊与全纳教育

一、特殊教育的概念与理论基础

历史上,特殊教育包括残疾儿童的教育、培训与康复。特殊教育经过了几个世纪的发展,着力于为残疾儿童康复提供最好的教育机会。长期以来,残疾儿童被视为社会和经济上的负担,难以获得教育、培训或就业机会。但是随着时间的推移,他们开始获得人们的尊重。第一批残疾儿童教育机构于18世纪出现在法国和英国。这些特殊机构的建立主要是为了促进残疾儿童生理、心理、社会与情感的发展,并帮助他们掌握成为社会富于生产力的公民所必需的知识与技能。

起初,这些机构主要根据残疾类别被专门设计并命名,例如:盲人协会或聋人协会等。后来,"残疾儿童教育"或"有缺陷儿童教育"等术语用来指代这类机构或教育体系。但是,医生、教育家、心理学家和人权活动家很快意识到,使用这种术语是有问题的,很多残疾儿童是像其他正常孩子一样拥有天赋和潜能的。这种认识催生了"特殊教育"或"特殊需要教育"(SNE)术语的使用。目前,特殊教育旨在教育有特殊教育需求的学生,关注他们的个人差异与学习需求。近年来,特殊教育发展迅速,经历了整合、主流化、将残疾儿童纳入到常规学校等阶段。

二、残疾的定义

残疾可从多个角度和维度进行定义。世界卫生组织对于功能、残疾和健康的国际分类(2001年)认为,"残疾是损伤、活动限制和参与限制的保护性术语"。《1981年巴基斯坦残疾人士(就业和康复)条例》对残疾人的定义:"因受伤、疾病或畸形而难以从事任何有收入职业或工作谋生的人员称为残疾人,包括盲人、聋人、其他身体残疾人员。"

1998年,巴基斯坦人口普查正是根据上述定义对本国残疾人员的数量进行统计的。《联合国残疾人权利公约》认为,残疾是一个不断发展的概念,因为它是残疾人员与其所处的不利条件与环境作用的结果。任何条件的改善都会对残疾产生直接和实质性的影响。功能、残疾和健康的国际分类指出,一些不利的条件限制了儿童获得接受教育的机会。

三、巴基斯坦特殊教育的现状

1998年全国人口普查显示,巴基斯坦的残疾率为2.49%。最新的预估显示,残疾人口约占巴基斯坦总人口的2.54%,2012年残疾人口约为500万,其中约有140万学龄儿童。目前,令人担忧的是,仅有不到5%的学龄残疾儿童就读于特殊教育机构,其余超过95%的残疾儿童则辍学在家。大多数残疾儿童需要依赖他人生活。相较于正常儿童从家到学校的平均距离不到1千米,残疾儿童从家到特殊教育机构的平均距离要远得多,约为12千米。

残疾儿童被学校教育拒之门外的原因主要有：不合理的小学入学政策；全国特殊教育机构数量不足；现有机构的招生能力有限；交通问题；贫困；父母的无知；落后的职业技术教育课程。此外，非政府组织、慈善家和私立部门管理了大约 100 所特殊教育机构，这些特殊教育机构大多位于市中心。因此，生活在农村和偏远地区的大多数残疾儿童难以进入这些机构，他们是残疾、距离和贫困三位一体效应的受害者，需要给予补偿。巴基斯坦特殊教育面临着以下问题：

（一）政策层面的问题

1. 尽管有覆盖偏远地区的学校网络，但政府部门分散，限制了对特殊儿童教育需求的回应。

2. 规划者对残疾儿童教育的重视不足。

3. 对特殊教育教学系统现代化的预算拨款不足。

4. 政策制定者和其他决策者对残疾儿童的教育、培训和康复需求认识不足。

5. 缺乏关于全国残疾儿童人口、特殊教育机构数量及其入学人数的可靠和最新统计数据。

6. 正规教育系统和特殊教育部门之间缺乏协调和联系。

7. 教室内缺乏实现全纳教育的技术与设施。

（二）机构层面的瓶颈

1. 小学缺乏接受具有特殊教育需求的儿童的能力。

2. 有限的入学机会和数量不足的特殊教育机构，难以满足 140 万残疾儿童的学习需求。

3. 就地理覆盖面和残疾类别而言，全国特殊教育机构分布不均。

4. 特殊教育机构的学习条件不利于残疾儿童获得优质教育。

5. 特殊教育机构缺乏现代化的技术和设备，难以为各种残疾儿童提供优质的教学环境。

6. 特殊教育机构教师和教育管理人员的在职培训不足。

7. 海外新技能和技术引入的培训有限。

8. 缺乏保证特殊教师教育质量的认证委员会。

（三）社区和家庭层面的障碍

1. 父母不愿透露子女的残疾情况，也不愿让其子女尽早接受教育、培训和康复训练，尤其是残疾女童。

2. 残疾带来的自卑感以及残疾儿童和其家庭的心理与情感问题，影响着残疾儿童的人格发展。

3. 贫穷和认识的不足，使得父母未能安排其残疾子女到特殊或普通教育机构接受教育和培训。

在旁遮普省和信德省,独立且成熟的特殊教育部已经开始运作。而在开伯尔·普什图赫瓦省和俾路支省,特殊教育仍隶属社会福利部。

四、全纳教育的概念与理论基础

按惯例,残疾儿童或有特殊教育需求儿童的教育与培训主要由专门的机构和课程完成,这在巴基斯坦等绝大多数发展中国家仍是较为普遍的做法。但目前全球的专家一致认为,将有特殊教育需求儿童与其他儿童隔离开来存在极大弊端,这不仅限制了有特殊教育需求儿童潜能的发展,还增加了他们长大后融入主流社会的复杂性。这一发现催生了全纳教育的概念。

全纳教育的概念兴起于 20 世纪中叶,北欧国家率先采用了这种新的全纳模式。在国际层面,全纳教育的概念于 1994 年联合国教科文组织"世界特殊教育大会"结束时,通过《萨拉曼卡宣言》得以正式提出并获得全球认可。

全纳教育的主要理念是在全纳环境中向所有儿童提供均等的学习机会,消除性别、家庭经济地位、身体特征和心理能力等方面的歧视。联合国教科文组织将全纳教育定义为:"全纳教育指通过增加参与学习、文化和社区活动的机会以及减少教育系统内外的排斥等举措,关注并满足所有学习者多样需求的过程。它涉及教育内容、方法、结构和战略的变革和调整,共同致力于涵盖所有适龄儿童的教育,并承认教育所有儿童是正规教育体系的职责。"

全纳教育提出,应着力创造适合所有儿童共同学习的全纳学习环境,而不是建立面向残疾儿童的专门机构并让他们长期待在这些机构内。全纳教育不仅对有特殊教育需求的儿童有益,还适用于所有儿童,不论其性别、种族、个性特征或家庭经济地位。通过研究,专家发现全纳教育对残疾儿童和整个社会均裨益多多。在同一个机构内学习,残疾儿童能够与其他儿童建立友好的关系,他们的学习成绩和自信心会逐步提高,更有利于他们融入主流社会。

五、特殊教育和全纳教育的国内和国际承诺

巴基斯坦宪法和有关法律规定,巴基斯坦政府和社会应平等地对待所有儿童(包括残疾儿童),并确保向他们提供免费教育。相关法律法规如下:

(1)巴基斯坦《宪法》第 25 条 A 款(受教育权)。

(2)《宪法》第 38 条 D 款。本款规定,作为一项政策原则,国家应向体弱者、病人和失业者提供基本生活必需品,包括教育和医疗方面。

(3)《1981 年巴基斯坦残疾人士(就业和康复)条例》。

(4)2012 年《免费义务教育法》(伊斯兰堡首都地区)第 2 条 C 款、M 款以及第 3 条均包含有关特殊教育的条款。

(5)信德省 2013 年《儿童免费义务教育法》第 1 章第 2 条 O 款也对特殊教育做出了规定。

(6)2014 年《旁遮普免费义务教育法》第 1 章第 2 条 D 款指出,"教育"一词也指特殊教育,因此也包括残疾儿童的教育。

巴基斯坦还签署了一系列国际公约和条约,承诺确保向残疾儿童提供教育并促进全纳教育。例如:

(1)1989 年《儿童权利公约》。巴基斯坦签署了这项公约,该公约第 2、23、28 和 29 条规定,联邦政府有义务确保向残疾儿童提供接受教育和培训的机会,帮助他们康复与自力更生。

(2)《联合国残疾人权利公约》(2006 年)。巴基斯坦于 2011 年 7 月 11 日签署了该公约。该公约第 24 条规定,联邦政府不仅有义务确保所有残疾儿童有接受教育的机会,还应提供促进其潜能和个性发展的全纳环境和全纳机会,确保提供全纳且公平的优质教育并推动所有人获得终身学习的机会。

(3)世界各国于 2015 年 9 月决议通过包含 17 项目标和 169 项具体目标的《可持续发展目标》,并承诺到 2030 年实现这些目标。"可持续发展目标 4"涉及教育,强调"全纳"和人人平等地接受优质教育。"可持续发展目标 4"中具体目标 4.5 提到,确保残疾儿童平等接受各级教育和职业培训。因此,对巴基斯坦来说,同时实施特殊教育和全纳教育十分重要。

六、巴基斯坦全纳教育的挑战和前景

以下因素阻碍了巴基斯坦从特殊教育向全纳教育的转型:

(1)基础设施要求:残疾儿童行动困难,在没有他人帮助的情况下难以独立前往教室、图书馆、实验室等。

(2)能力需求:正规教育体系的教职人员未能接受教育残疾儿童方面的培训,难以调整课程和评价技巧以满足特殊儿童的特殊需求。

(3)课程:正规教育机构现行的课程和教材不符合残疾儿童的需求。

(4)财政资金:财政资金不足,使得正规教育体系难以升级基础设施、教学附属工具等,以满足特殊儿童多样的学习需求。

尽管如此,在巴基斯坦推广全纳教育仍有希望。

现在越来越多的特殊教育专家、教育规划者和非政府组织意识到全纳教育的必要性。在旁遮普省,正规教育机构和特殊教育部门合作启动了面向正规教育体系培训者和教师的关于全纳教育概念、理论基础和方法等的定向和能力建设项目。旁遮普省政府启动了旁遮普全纳教育项目,在穆扎法尔格和巴哈瓦尔普尔两大地区实施全纳教育。目前成效喜人,3 000 名失学的残疾儿童已经进入常规小学学习。但是,巴基斯坦仍然缺乏推行全纳教育的明确政策和路线。

七、特殊和全纳教育的目的

确保所有儿童平等地接受各级教育,包括技术与职业培训。

八、特殊和全纳教育的目标

1.到 2025 年,将残疾儿童的入学率从现在的 5%提高到 100%。

2.在 50%的正规教育机构创造全纳学习环境,促进残疾儿童的入学、在学和毕业。

九、特殊和全纳教育的政策措施

(一)特殊教育

1.通过大幅增加特殊教育机构的数量和将所有教育机构改造为全纳教育机构,扩大残疾儿童接受各级教育的机会。

2.增加特殊教育预算。至少划拨教育总预算的 5%用于特殊教育。

3.为已有和新的特殊教育机构配备现代教育技术和教学辅助工具,以满足各种残疾儿童的需求。

4.增加特殊教育机构员工和管理层的在职培训和员工发展的资源。

5.加强大学特殊教育部门和省级特殊教育部门或特殊教育理事会之间的学术协作。

6.创建永久论坛,为特殊教育的所有利益相关者尤其是学者、从业人员、服务提供者和残疾人员代表提供一个交流沟通的平台。联邦和省政府为此每年应划拨一定的款项。

7.巴基斯坦特殊教育部门将与其他国家的特殊教育机构和国际组织建立联系,以交流信息、经验,促进自身发展。

8.增加特殊教育机构的交通设施,扩大特殊教育机构的覆盖面。

9.增加特殊教育机构的住宿设施。

10.增加面向残疾学生的奖励和奖学金。残疾学生的家庭可以通过社会安全网获得特别援助。

11.高等教育委员会也应加快推进全纳高等教育。

(二)全纳教育

1.普通教育部门每年应划拨至少 10%的发展预算用于在现有学校中创造全纳学习环境。

2.应通过额外的预算拨款改善和重组各级教育机构的设施,创造全纳学习环境。

3.联邦、省政府和高等教育委员会发布指示并通知,所有新建教育机构的建筑规划以及现有教育机构在修建新的区域和教室时,均应在设计中考虑"全纳"的问题,尤其是进入教室、图书馆、实验室、卫生间、电梯、医疗保健设施、学生资源中心等地方时应建有坡道。

4.普通教育部门的所有职前教师教育项目,均应纳入全纳教育路径与方法方面的内容。

5.普通教育机构应配备现代辅助技术和适应性技术,帮助教师根据残疾学生的需要调整课程,便于残疾学生毫无困难和独立地参与学习活动。

6. 对普通教育体系的教师开展全纳方法、方法论和教学技巧方面的宣传与培训。

7. 所有学校均应推行学校保健项目。

8. 分阶段推进全纳教育。

9. 教材委员会应为在全纳学校学习的具有特殊教育需要的儿童准备或改编教材。

10. 教育机构和考试委员会准备替代性评价的考试材料,为残疾学生参加各级考试服务。

11. 每所大学均应设立残疾学生资源中心,为残疾学生提供一切可提供的支持。

12. 鼓励省政府、慈善家和大学划拨资源,开展有关社会全纳教育问题和挑战方面的研究。

13. 将特殊教育机构的数据纳入省和国家教育管理信息系统。

14. 通过大众媒体发起宣传运动,在生活等方面,尤其是教育机构和工作场所,营造有利于促进全纳教育的环境。

第十六章　马达里斯

内容略。

第十七章　评价与考试制度

一、概念与历史背景

评价、检查、测试、评估等术语均用于表示在一个学年或学期课程结束时或教师授课完成后检测学生学习成效的过程。从技术上讲,评价、检查、测试和评估既有共性,又有个性。但为了简洁起见,本章集中讨论教育中评价与考试的总体目的与一般意义。

第二次世界大战后,"评价"一词开始使用。考试主要关注于测量个体的学习成效,而评价则关注于测量班级、学校、机构或整个教育体系的效率。考试主要通过笔试、口试或实践练习等正式方式进行,而评价既可采用正式方式,又可采用非正式方式进行。例如,教师可以在某课程结束时或学期中,采取多种方式评价学生对于新信息和新知识的理解和吸收程度,评价结果有助于教师明确所采用的课堂教学方法的效果。

二、理论基础与意义

评价与考试是教育和培训的重要组成部分,有助于确定目前教育目标的实现程度。评价或考试结果影响着有关年级、排名、升级、政策、课程、教学需求甚至教育预算等决策。评价主要关注以下棘手的问题:"需要怎样的政策以及应如何组织教育体系促进学生学习?""课堂上实际教了什么,教师的特质怎么样以及如何教?""我们在教什么以及为什么要教?""学生是否学到了他们应该学的东西?""是否有更好的授课方式,促进学生更好地学习?"任何机构或部门在提供教育项目或课程前,必须明确标准、规范、校历、考试或评价的流程。评价结果不仅为学校管理层提高教育质量提供了重要的反馈,也有助于推动绝大多数学生努力学习和吸收新的信息、知识、技能,以确保其在考试中取得更好的成绩。

教育评价具有双重作用:既是测量工具,又是管理工具。作为测量工具,评价主要用于评测学习成效,评价学生学了什么或能做什么。作为管理工具,评价也可以成为关键决策者与实施者改善学生学习状况、缩小教育差距、推行旨在提高整体教育质量的改革的有力工具。除了具有检测学生学习效果的功能外,评价结果也经常作为完善教育政策和实践的依据。

三、评价与考试的类型和形式

如前所述,测试、评价和考试等术语在有些情况下是可以互换使用的。但是,有些类型的考试不能被称为评价,同样,有些评价也不符合考试标准。评价与考试之间是有区别的。根据目的、目标群体或对象,可将评价与考试分为以下几类:

1.认证和分级考试:这类考试包括在学年、学期末举行的测试学生成绩和年级排名的考试,以及决定是否通过的考试、认证考试、留级或升入下一年级的考试;还包括决定学生能否进入高一级教育阶段的考试等。

2.高等教育入学和就业考试:当报名人数超过招生人数时,就需要通过考试选拔学生,例如大学入学考试以及教师等公共部门职位候选人的初选。国家测试服务中心是向越来越多的教育机构提供测试服务的专业机构。

3.课堂评价:主要由教师在授课期间或结束时、学年或学期中间开展的评价。它也称为连续性评价。课堂评价结果可以帮助教师了解学生的学习效果及其教学方法是否有效。

4.评价教育体系的大规模评估研究:大规模评估研究旨在获取教育体系运行的相关信息。这些研究定期开展,用于监测教育体系,并向政策制定者与从业者提供关于教育体系整体业绩水平、变化情况以及相关促进因素等信息。大规模评估研究的结果有助于相关人员了解教育体系中课程与需求的相关度、教科书的适用性以及其他影响教育质量的因素。

大规模评估研究包括国内和国际评估研究。国际评估研究主要采用统一的工具测试和比较不同国家学生的学习成绩。国内评估研究主要用全国评估系统定期开展大规模的全国成绩测验。目前,著名的大规模评估机制包括"国际数学与科学趋势研究"(TIMSS)、"国际阅读素养进展研究"(PIRLS)和"国际学生评估项目"(PISA)。巴基斯坦迄今尚未参加上述国际评估研究,计划于2019年首次参加TIMSS的评估。

四、现状分析:巴基斯坦的评价与考试机制

过去20年,巴基斯坦采用了许多评价与考试机制。但是,这其中存在着巨大的差距。评价与考试机制的总体情况概述如下:

1.中等教育委员会:目前,有29个中等教育委员会和3个技术委员会,这32个委员会根据国家课程组织考试。这些委员会也对私立教育机构负责人进行考试。此外,

阿迦汗大学考试委员会(Aga Khan University Examination Board)自 2004 年起也开始运作。

2.国际委员会主席机构:为了协调和标准化,成立国际委员会主席机构(由中等教育委员会主席组成)。该机构为所有委员会提供了一个交流信息的平台,以便能够改进其审查程序和认证等。它也可对来自不同教育体系的学生给予同等资格的认可。

3.初级考试委员会:旁遮普省和俾路支省近年来建立了负责 5~8 年级期末考试的新机构,即旁遮普省考试委员会、俾路支省考试与评价委员会。这 2 个委员会负责组织公、私立学校 5~8 年级的考试。开伯尔·普什图赫瓦省也已开始着手筹备由现有委员会负责开展的初等和初中学校的集中考试。

4.高等教育考试:每所大学都有自己的教学计划和期末考试安排。高等教育委员会已经创建了论坛,制定了指南,着力促进不同大学考试的标准化。已经采用学期制的大学制定了针对学生的标准和原则,不同系部的教师应遵从这些标准和原则,对学生进行连续性评价。

5.大规模学生评估研究:过去,巴基斯坦在不同项目下进行了大量的大规模学生评估研究。最早的一项研究是在 1984 年由世界银行开展的针对初等教育的评估研究项目。另一项为 1988—1989 年哈佛大学国际发展研究中心发展教育体系项目中的基础研究和实施项目。2002 年,联合国教科文组织与伊斯兰堡教育部课程署合作,实施了一项大规模评估研究。在所有这些研究中,学生学习成绩测验主要关注的是国家课程预期达到的能力,而非教材内容。评估研究结果表明,学生的学习成绩水平低得令人震惊。这引起了政策制定者的重视,并推动在 2003 年先后建立了国家教育评估系统和省级教育评估中心。

6.国家教育评估系统与省级教育评估中心:2003 年建立的国家教育评估系统和省级教育评估中心主要由国际捐助者、借贷机构提供经费和技术支持。截至 2008 年,国家教育评估系统与省级教育评估中心合作开展了 4 项大规模评估研究。2009 年在外部资金耗尽后,这些新设的组织结构虽然得以整编,但却难以从各自所属的政府部门获得发展资金以用于继续开展大规模的评估研究。国家教育评估系统直到 2013 年才恢复运行,并在 2014 年举行了学习成绩测验。2016—2017 年,国家教育评估系统对全国 1 500 所学校的 30 000 多名学生又进行了学习成绩测验。

在旁遮普省,教育评估中心的职能被分配给旁遮普省考试委员会;在俾路支省,教育评估中心已经同俾路支省考试与评价委员会合并。其他省及地区的省级教育评估中心仍然存在。

除了公立教育部门的评价研究外,私立教育机构和非政府组织也对学生的学习成绩进行评估。年度教育状况报告是一项重要的举措,每年会通过家庭了解测试学生的学习成绩并公布结果。

国家教育评估系统进行的学习成绩测验(2014 年)结果显示,79% 的理科生平均分低于 500 分。2014 年学习成绩测验结果也表明,多年来学生成绩在下滑,学生科学学科的成绩的平均分从 2006 年的 467 分下降到 2014 年的 433 分。同样,英语(写作)成绩也令人震惊,急需采取紧急的补救措施。

五、评价与考试面临的问题与挑战

向所有学生提供优质教育是联邦和省级政府的首要职责。评估教育质量的观念和工具可能各不相同。考试与评价是衡量教育体系教学质量和学生学习状况的主要工具和信息来源。因此,有必要审视考试与评价体系,研究其他国家成功案例,以改进巴基斯坦的现行评价与考试机制。评价与考试面临的问题与挑战如下:

1.教材与课程:考试侧重于测量课本中信息的记忆与再现情况。试卷编制主要从规定教材中提取内容完成,很少考虑课程需要达到的能力。试卷命题人员需要进行准备测验的技术培训,从通过课程获取的信息、理解的概念和解决问题的能力三方面进行评价。

2.认知技能:一般而言,班主任和教师进行的学校内部评价,更多的仍是鼓励死记硬背的常规方式。考试委员会的试卷侧重于测量低阶认知水平,而问题解决能力和分析能力等高阶能力较少触及。因此,毕业生在日常生活中难以应用教材中的信息和知识。对各级中等教育委员会编制的试卷进行分析可知,60%以上的问题只关注于评价学生的记忆能力,这是造成教育质量低下的主要原因之一。

3.考试决定学校的教学效果:考试旨在评估学生对课程知识与技能的掌握情况。而实际上,教师和学生忽视了课程,主要以应试的模式要求和组织学习活动,仅关注于通过练习基于内容或记忆的测试确保获得高分,忽视了知识的理解、应用、分析、综合和创造等方面。考试的力量压倒了课程所要达成的目标。原则上,评价过程从属于整个教育体系,但实际上,评价体系已经凌驾于教育之上。因此,我们不是评价我们教的东西,而是教我们必须评价的东西。这是评价与考试制度改革需要解决的主要问题。

4.研究不足:遗憾的是,巴基斯坦负责课程开发和考试的组织没有进行实地调查来收集关于学校情况的信息,没有努力收集关于学校教学的问题、发展趋势以及基层如何实施课程等方面的最新信息。在绝大多数情况下,试卷命题人员以常规方式编制试卷,变换问题时没有任何规划。

5.持续的专业发展未受重视:评价与考试机构并未投资于其专业员工和外聘专家的能力发展。同样,教师培训机构和学校也未能重视加强对教师现代评价与考试方法和技术的培训。

6.没有数据库:目前,尚无保存全国各地年度考试记录和数据的服务平台。国际委员会主席机构和国家教育管理信息系统均未汇编关于每年参加中等学校和高中考试的学生人数、各科和各地区及格率和不及格率等信息。对这些信息的妥善记录和客观分析,将有助于发现教育体系的薄弱之处并找到可行的补救措施。

7.缺乏有目的的协调:校长和教师非常重视中等教育委员会对其学校的评价,但这是以自我为中心的,他们只关注于本校的表现。此外,中等教育委员会的年度评价结果并未促使课程局、教材委员会和教师培训机构等专业机构共同召开会议,分析考试趋势,思考遏制教育质量下滑的措施或补救策略。相关专业组织也只是常规性地对待国家教育评估系统大规模研究的结果,未意识到这些结果与其工作的重要性并采取相应措施。巴基斯坦教育体系内的所有专业机构缺乏有目的的协调,并未认识到提供优质教育是其共同的职责。

一些机构已经采取了许多改善考试体系的良好举措,例如,中等教育委员会启动的考试与评价系统的改革项目便是一个很好的范例,其将成为巴基斯坦评估系统的里程碑。近年来,巴基斯坦着力在测验中引入创新性的多项选择题。国家测验服务中心促进了巴基斯坦独立测验的发展,测验服务也呈现出了许多新的维度。目前,不同的公、私立教育机构已经开始实行针对不同目的的独立测验。

在学校层面,开始试行并推广基于信息通信技术的测验。很多教育基金会开展的针对与其合作的私立学校的基于质量保障测试的试卷便是一个很好的例证。近年来,捐助者已经开始试点许多技术干预措施,用于增加偏远地区人口接受优质教育的机会。妥善应用心理测量工具和技术、多项选择测验、基于信息通信技术的考试体系等,将有助于提高整体教育质量。

六、评价与考试的目的

提高巴基斯坦各级教育评价与考试体系的质量。

七、评价与考试的目标

教育政策在评价与考试方面着力实现以下目标:

1.提高各级考试的质量,从测试记忆力转向评估理解、应用、批判性思维和解决问题的能力。

2.考试的立足点从教材转向课程。

3.提高教师在现代评价与考试方法和技巧方面的能力。

4.发展和加强国家与各省开展诊断性评估的能力,协助政策制定者进行系统性的改进。

5.发展评价与考试机构的能力。

八、评价与考试的政策措施

(一)课程

1.在课程中纳入清晰、具体、可测量的学生学习成果标准。

2.课程采用合理的评价方法,包括根据课程目标和学习基本要求开展的形成性评价和总结性评价。

(二)教材

根据主题的不同,将为教材配备可测评的课堂评估系统。

(三)教师培训

1.为教师提供各类内部评估技巧和策略,尤其是形成性评价的培训,以改进教学过程。

2. 除了纸笔评价外，还应纳入其他评价方式。

3. 职前和在职教师培训项目应纳入与评估相关的科目。

(四)教学过程

1. 小学课堂教学将不组织考试。尽可能在学校教育的早期阶段避免采用等级和分数体系。与此同时，成绩卡应采用口头反馈。

2. 教师在讲授任何科目时应牢记学习成果标准，并据此开展评估。

(五)评估

1. 应为小学非升学年级开发形成性评价和总结性评价的操作标准和流程。

2. 在公立学校逐步建立学校成绩单制度，保存学生档案，并定期向学生、家长和学校管理部门反馈。

3. 学生升入下一年级，应以学年期间的课堂评价和学期结束时的总结性评价为基础。

4. 审查和改进中级标准考试和奖学金考试制度。

5. 为在 5 年级和 8 年级公开考试中获得 80% 以上分数的学生提供专门的奖学金考试。

6. 加强对评价与考试的监督和指导。

7. 将情感领域目标的达成纳入正式的课堂评价体系。

(六)考试委员会

1. 发展考试委员会和相关评估组织的能力，促使它们定期完成以下任务：

(1)建立或激活各委员会的研究室。

(2)开展定期研究，明确考试结果与教育各组成部分和支持系统之间的相关性。

(3)各委员会应创建或丰富题库。

(4)促进试卷编制的科学性和评分的标准化。

(5)建立年度考试成绩数据库并发放给所有利益相关者。

(6)根据年度考试和定期评估的结果对学校和学区进行排名。

2. 按照《2006 年全国课程》的构想，审查中等教育委员会考试标准，以实施课程能力，使用基于清晰、具体、可衡量的学习成果的评估工具。

3. 振兴和加强国际委员会主席机构，为全国各地的委员会提供专业方面的技术援助，使评估与课程目标保持一致。

4. 改进和修订选择题、简答题和论述题的模式，以囊括更多可以评估学生高阶认知能力的问题。情境性问题主要在"O/A"水平考试和其他标准化国际测验中采用，着重评估学生问题解决能力以及分析和推理能力。

5. 中等教育委员会可能会参考教师在学校或学院层面对学生做出的内部或持续评估结果以及学生的期末考试成绩。

6.参考国际社会的做法,中等教育委员会考试的评价体系将逐渐由评分转向分级。

(七)评估组织

1.加强试题编写者和测试开发者的能力,以确保评估质量。

2.应促进评价与考试相关组织、课程与教材开发部门以及教师教育机构之间有关评估流程的有效协调。

3.评价与考试组织应逐步运用信息通信技术辅助系统,收集数据、自动分析数据并形成报告。

4.在参加了 TIMSS 的评估后,可逐步参加 2021 年的 PISA 测试。

5.保存国家评估委员会、大学、省、区以及各年级年度考试的相关数据,如年级、学科、性别、学区等,并向所有利益相关者发放相关分析报告。

6.设计将大规模评估建议纳入政策制定的机制。

7.为全国评价与考试体系改革提供稳定且有效的经费支持。

第十八章 指导、咨询、品格培养与课外活动

一、指导、咨询与品格培养

(一)重要性与意义

个人、国家的品格是最为重要且关键的特征。个人、国家因崇高的理想和良好的品格而得到认可和尊重。如果没有品格,其他无从谈起。

(二)现状分析

品格培养是教育、培训和扫盲项目最为忽视的一个方面。不少教师难以成为学生和社会的行为榜样。教师教育和培训课程(理论与实践课程)并未充分重视道德教育与品格培养。学校的课程设置亦是如此。以品格培养和人格全面发展为主旨的课外活动已被降至最低限度。我们的媒体、整个社会和学校环境未能对学生的品格培养产生积极影响。学生品格培养的主要职责在于家长而非教师。

(三)问题与挑战

以下是需要解决的主要问题与挑战:

1.巴基斯坦在国际关系中面临着信誉的挑战。

2.教育目标应进一步明确。大多学生接受教育主要是为了获得知识和技能,以期在就业市场上有一定竞争力。因此,有必要促进物质和精神之间的平衡。精神、道德伦理、价值观和崇高理想,是品格培养的重要内容。

3.家长、教师和教育机构应高度重视品格培养,深刻认识到学生接受品格培养的意义与价值。

（四）目标

1.确保家长、教师和课程开发者明确品格培养的重要性和迫切性。

2.将学生品格培养和个性全面发展的教学技能融入教师教育。

3.教育机构启动学生品格培养专项项目和活动。

4.在教师和学生课程中纳入充足的关于品格培养的内容和主题。

5.促使媒体意识到品格培养的必要性和重要性。

（五）政策措施

1.确保各级教育（包括非正规教育和马达里斯）的教师能够切实成为学生和社会的行为榜样。

2.教育培训机构应提供关于素质教育、理解能力、灵魂净化、学生品格培养和个性全面发展等专项培训。

3.所有正规和非正规教育机构、公立和私立教育机构，均应提供上述关于学生品格培养的专项培训。

4.教师职前和在职培训课程也应关注关于学生品格培养和个性全面发展的教育技能和培训技巧。

5.应确保课程和教材含有充足的关于道德与伦理价值观、态度与行为的理论与实践方面的内容或主题。

6.应制定教师行为准则，并对教师成为行为榜样给予奖励。

7.应明确规定各年级的道德价值观，通过各种活动，例如晨会、演讲比赛、朗诵比赛、扫盲活动、游戏与运动、学校中必需的"礼拜"、社会福利工作、清洁竞赛等进行教育。

8.确保教师、教育管理人员及其他教育工作者均具有高尚的道德品质和崇高的理想。

9.学校将成为当地社区变革的促进器。通过推进专项项目，促进道德转型和品格培养。

10.应在电子和纸质媒体上定期开展关于学生和社会品格培养的专项项目。

11.各教育机构应开发和有效实施通过课程和课外活动开展的促进学生个性全面发展，尤其是道德发展的项目和活动。

二、课外活动

（一）童子军

1.概念框架

（1）使命：通过基于童子军纪律条例的价值观体系，促进青少年的品格培养，使他们成为负责任的社会成员。

（2）概念：童子军是面向青少年的、自愿的非政治性教育运动。根据创始人的目的、原则与方法，童子军面向所有青少年，无论其出身、种族或信仰。

(3)目的:通过五级教育促进儿童和青少年的个性发展与品格培养,这五级教育为身体发展、精神发展、智力发展、社会性发展、情绪发展。

2.重要性和意义

童子军可以培养出负责任的公民,促进社会的健康发展。通过基于童子军纪律条例的价值观体系,童子军可以帮助建立一个人人自力更生、主动进取、积极服务社会的世界。

3.现状分析

巴基斯坦童子军协会是巴基斯坦童子军的一个国家级协会,隶属于世界童子军组织,是世界童子军运动组织的一员。

青少年:以志愿者身份加入童子军,并通过徽章等级体系积极参与活动。

成年人:通过适当的培训体系,培训培训师和童子军领袖。

4.问题与挑战

(1)各级活动均经费短缺。

(2)实施推广童子军计划的教育机构有限。

(3)由于过度使用计算机、手机和电视,少年儿童大多囿于室内活动,远离自然和运动场。

(4)在《宪法》第18次修订前,根据以往经验应重新恢复省和联邦政府教育机关间的指挥链。

5.目的和目标

(1)通过品格塑造培养青少年良好的公民意识。

(2)促进青少年精神、智力、身体、情感和社会的全面发展。

(3)培养青少年观察、服从和自立的习惯。

(4)通过培训,教育青少年自力更生并积极服务社会。

(5)促使青少年能够为社区发展积极助力。

(6)帮助各个种族、信仰及肤色等不同背景的青少年成为巴基斯坦的好公民,将集体利益置于个人利益之上,放弃暴力的思想、语言和行动。

6.实现目标的政策规定

(1)准入(基础设施、学习场所、设施、服务、入学)。

①巴基斯坦各地各年龄群体的学生均可参加童子军。

②地区、省和国家建立完善的设施和体系。

③巴基斯坦总统是国家级童子军领袖,各省省长是省级童子军领袖。

④有露营地的学习中心位于伊斯兰堡、卡拉奇、奎塔等地。

(2)质量。

①培训标准:巴基斯坦童子军协会负责确保国家童子军标准和课程与世界童子军组织的一致性。全国培训与项目分委会负责实时审查和更新。

②教材和阅读材料:应向青少年和童子军领袖提供充足的教材和阅读材料。

③教师聘任:应根据需要、评价以及对于青少年工作的态度,选拔童子军领袖。

④教师培训:巴基斯坦童子军协会拥有应用于各级成人培训的全国培训政策与体系。

⑤学习环境:童子军营地采用"做中学"的方法。

⑥监测、评价与监督各级培训体系是否按照政策、组织和规章运行。

⑦评价、考试、证书、认证和同等资格:评价主要分为等级徽章、熟练徽章、高级徽章,并颁发相应的经省或国家认证的证书。

(3)治理和管理。

①学校领导:各教育机构的负责人。

②社区参与学校管理:开放的童子军团体将主要面向社区的失学儿童。

③决策(集权和分权):在分权基础上顺利推行各级正确的决策。

④组织发展与文化:巴基斯坦童子军协会将不断探索路径与方法,帮助童子军对社会做出积极贡献,促进文化的社会化。

⑤培训和童子军实践:应组建省、国家和国际级别的工作坊或开展研讨会,以改进或完善童子军培训。

⑥协调与交流:根据《童子军条例》第48条的规定,建立适当的交流机制或渠道。

⑦人力资源发展(招聘、晋升、薪资和能力建构):全国或省童子军总部的初次招聘主要以业绩为基础(根据批准的空缺职位和预算),根据《巴基斯坦童子军协会服务条例》决定是否晋升。采用政府的薪资标准,以便于有序管理。

⑧监督:童子军主要包括儿童、青少年和协助的成人。因此,应组建各级负责监督的管理委员会。

(4)教学媒介。教学语言为乌尔都语和英语。

(5)公私立合作。巴基斯坦童子军协会将与巴基斯坦红新月会、国家灾难管理局、巴基斯坦女童子军协会和其他具有类似目标的组织合作。

(6)财政资源。童子军培训经常性开支主要来自政府的财政补贴、公共支持或会费等。巴基斯坦政府和童子军基金会童子军财务体系的接收能力强,确保发放的经费得到充分、合理的使用。

(7)研究。世界童子军组织研究中心会及时了解各成员协会的最新研究成果,国内童子军组织也应如此。

(8)建立数据库。应定期更新各级数据库。

7.政策干预的合理性与必要性

童子军培训是学生正规教育的补充。

1947年12月22日,卡伊德·阿扎姆在担任巴基斯坦童子军总领袖的授职仪式上指出:"童子军在塑造青少年品格,促进青少年生理、心理和精神发展,培养青少年成为纪律严明、良好的公民等方面发挥着至关重要的作用。我们生活的世界并非完美的世界，尽管文明在进步，但丛林法则依然盛行。如果想要建立更为安全、纯洁、幸福的世界，就应从个人开始，抓住青少年时期，向他们灌输童子军服务的箴言，净化其思想和言行。如果年轻人习得与人友善，乐于助人，将个人利益置于集体利益之下，避免思想和言行上的暴力，那么，美好世界指日可待。"

8. 政策规定的实施策略

巴基斯坦童子军协会的战略实施重点：根据《巴基斯坦 2025 年愿景》，实施儿童、青少年和成人的培训项目，对其进行有效管理，提供经费支持，加强公共管理，促进课程更新及信息通信技术的使用。

9.《巴基斯坦 2025 年愿景》关于童子军的规定

巴基斯坦童子军协会拥有 100 万名会员，是富于活力、自力更生和一流的青少年组织，到 2025 年可以向社会各阶层提供充满激励的训练计划。

10. 政策说明

根据巴基斯坦童子军协会的战略重点和《巴基斯坦 2025 年愿景》，巴基斯坦政府将致力于让全国尽可能多的学生参加童子军，以帮助他们成为健康且有用的公民。

11. 政策建议

(1)公、私立教育机构必须引入童子军制度，并配以适当的基础设施。
(2)对于表现较好的童子军在考试中给予加分奖励。
(3)将童子军培训的相关材料纳入教材。
(4)提供发展性预算，用于更新、升级和新建各级童子军的基础设施。
(5)向低成本的公、私立学校提供财政、物质支持以推广童子军计划。
(6)将童子军作为教育培训项目的一部分安排在假期进行。

第十九章 教育经费

一、概念框架

世界各国通过各种指标对教育体系进行评估，其中两项重要指标便是教育开支占国家 GDP 的百分比以及教育开支占政府总开支的百分比。长期以来，巴基斯坦教育都饱受国家投资不足的困扰。多年来教育领域资金不足、管理不善、能力缺乏等，已经造成了学校数量不足、入学率低、学校设施差、辍学率高、教师短缺和能力不强等问题，并已经导致了严重的后果，有幸入学的学生接受着质量低下的教育，还有很多儿童甚至连接受教育的机会都没有。令人震惊的现状，警醒我们采取非常措施，推动联邦、省和地区为教育部门划拨充足的预算拨款。

教育体系面临的问题严重，需要大量财政干预将之拉回正轨。国际社会一致认为，国家经济发展依赖于优质的教育体系。因此,近年来,许多国家通过加大教育投资取得了长足的发展。

根据预算设计,教育预算可划分为发展性预算和非发展性预算或经常性预算。过去 10 年,巴基斯坦教育预算拨款始终保持在 GDP 的 2% 左右,其中约 92% 用于薪资等经常性开支,剩下约 8% 作为提高质量的发展性开支,主要用于提供学校设施、教师培训、课程开发、教育监测和监督等。

二、重要性及意义

对于巴基斯坦来说,教育经费极为重要。如果没有教育经费,建造或维修学校建筑、购买或提供固定设施和设备、聘任教师、购买教学材料等都无从谈起。因此,如果没有政府固定的经费投入,公立教育体系将无法正常运转。近年来教育的发展也说明,充足的财政拨款对教育事业的顺利运行和良性发展非常重要。

如果没有充足的财政资源或投入,教育体系就难以正常运转和维持。过去巴基斯坦教育经费不足的影响已经在上文有所提及,下文的现状分析、问题与挑战将进行详细说明。下文再次强调了儿童人口成比例增长与其他教育指标较低的问题,例如净入学率、扫盲率等。为此,我们急需增加资源,以增加入学机会(为失学儿童和数百万文盲提供更多的学校)、提高教育质量以及完善教育体系的其他方面。

三、宪法与法律相关规定

巴基斯坦《宪法》并没有规定每年教育预算占 GDP 的百分比或总预算的百分比,因此,没有政策或规划制约各级政府增加教育预算拨款。议会于 2005 年通过的《财政责任和债务限制法》第 3 条 C 款关于未来 10 年教育与卫生预算占 GDP 的百分比翻一番的承诺,需要国家在思想和制度上予以重视,可以参考《宪法》第 25 条 A 款、第 37 条 B 款和第 38 条 D 款关于向公民提供诸如食品、健康、教育等生活必需品的规定。其他各种相关法律法规文件表明,政府承诺通过提高预算拨款以实现预期目标,具体如下:

根据《宪法》第 18 次修正案,自 2011 年开始教育权下放至各省,各省承担的责任进一步增加。《宪法》第 25 条 A 款关于承担儿童教育的集体责任机构的表述,采用的是《宪法》第 7 条中的"政府"一词,根据第 7 条的规定,"政府"包括联邦政府、省政府和地方政府等。因此,联邦政府仍应为教育提供财政支持。此外,《宪法》第 25 条 A 款规定,应向所有 5~16 岁适龄儿童提供免费义务教育,这需要增加教育预算拨款。随着国家财政委员会向各省划拨越来越多的资源,省政府必须大幅提高教育预算拨款,以满足教育多维发展的需要。可喜的是,国家下定决心到 2016 年将教育预算拨款从 GDP 的 2% 提高至 4%。类似情况也在巴基斯坦政府签订的各项为了将教育预算增加到 GDP 的 4% 的承诺中有所体现,例如,1962 年巴基斯坦在日本东京签署的《亚洲教育部长会议宣言》,承诺到 1980 年教育预算达到 GNP 的 4%,等等。过去的教育政策也建议提高教育财政拨款,以实现预期目标。《巴基斯坦 2015 年愿景》也致力于大幅提高教育水平和质量以及教育公共开支,以期到 2018 年实现教育支出占 GDP 4% 的目标。

然而,事实和数据显示,除了每年由于成本上涨和工资等级调整带来的名义上的增长外,教育预算并没有显著提高。

四、现状分析

巴基斯坦是人口大国。然而,相较于本区域内其他国家和世界同等发展水平国家,巴基斯坦绝大多数社会指标均较低。在教育发展指数方面,巴基斯坦位于本区域的最后一名。2 264 万名 6～16 岁的失学儿童,也令巴基斯坦成为失学儿童大国。公立学校 1～10 年级学生的辍学率超过 70%。国家教育评估系统和年度教育状况报告显示,教育经费不足带来的影响包括:5 500 万文盲、约 1/3 小学适龄儿童辍学、低入学率、高辍学率、低学习成绩等。巴基斯坦未能实现全民教育和千年发展目标,并仍在错失这些目标。教育制度存在的许多不足,已在其他章节进行了讨论。

教育实际开支占 GDP 的百分比,从 2001—2002 年的 1.5% 到 2013—2014 年的 2.1% 不等,这表明政策规定和实际情况存在巨大差距。在国家一级,教育开支占总开支的百分比实际只有 7.4%～10.0%。

在国家一级,绝大多数教育预算主要是经常性开支,即教学和非教学人员的薪资。这些预算最多只能勉强维持现行教育体系的运转,根本谈不上发展,故教育质量低下且辍学率高,难以吸纳失学儿童入学。政府每年用于发展性开支的教育预算非常少(仅约为 8%),而且由于管理不善等因素,有限的发展性预算也未得到合理利用。2012—2013 年,教育发展性开支仅占教育总预算的比例,旁遮普省为 5%,信德省为 6%,俾路支省为 9%,开伯尔·普什图赫瓦省为 22%。而同年度,各省微薄的发展性预算拨款的利用率分别为:旁遮普省为 23%,信德省为 41%,开伯尔·普什图赫瓦省为 72%,俾路支省为 82%。

近年来,大量有关教育预算的研究表明,发展性预算拨款利用率低已经成为一个普遍现象,这说明不同层级的部门在财政管理方面存在差距。因此,问题不仅是要为教育部门寻找更多的资源,还要更合理且有效地利用现有划拨的资源。

其他国家的教育开支:在教育开支占 GDP 的百分比方面,该区域内的其他国家均高于巴基斯坦。根据 2015—2016 年巴基斯坦的经济调查,教育开支占 GDP 的百分比阿富汗为 4.6%,不丹为 6.0%,马尔代夫为 5.2%,印度为 3.8%。《2016 年全民教育全球监测报告》显示,世界上许多欠发达国家的教育开支已远超 GDP 的 4%。

外部资金:国内财政支出是巴基斯坦教育经费最主要的来源。外国教育援助(如经济合作与发展组织、发展援助委员会)占教育总预算的百分比,从 2002 年的 10% 变为 2013 年的 7%。尽管如此,巴基斯坦仍是双边和多边教育援助的重要接受国,这些资金对于教育体系的发展非常重要。而大量捐助者往往由于既得利益难以协调。目标管理对于捐助者越来越重要,主要捐助者正从一般的预算支持转向通过非政府组织和国际私营公司实施的项目支持。这种方法对于教育公平等的影响尚待确定,捐助资金似乎并未用于国家最为需要的地方。

外国教育援助的绝对数字大幅增长，从 2002 年的 2 000 万美元增长到 2012 年的 4.32 亿美元。而且，巴基斯坦位于全球接受教育援助国家的前十名之内。

巴基斯坦于 2012 年加入了全球教育合作伙伴（GPE），全球教育合作伙伴通过提供额外的资金增加了巴基斯坦可用的国际教育援助金额。在通过地方教育小组进行国家级磋商后，全球教育合作伙伴根据教育成绩和经费需求情况，分别向信德省（6 600 万美元）和俾路支省（3 400 万美元）提供了项目拨款。世界银行将增加对旁遮普省教育基金会资助学校的资助，该项目主要用于资助低收费私立学校。国际发展部也正在大规模资助低收费私立学校。

私立教育机构的贡献：私立教育机构通过接收全国超过 38.7％的学生，为巴基斯坦教育发展提供支持。私立教育部门管理着全国 30.8％的教育机构和 49.0％的教师，并提供了比公立教育部门更为优质的教育。私立教育部门的教育开支并未记录在案，故难以利用。

然而，在一定程度上可以根据公立教育机构不同层级的单位成本进行估算。基于类似的假设，扣除学费、校服费、书籍费、文具费和交通费等其他由家庭提供的费用，私立教育机构的开支不低于 3 770 亿卢比，约占总入学人数费用的 38.7％（公立教育机构的开支为 5 983 亿卢比，约占总入学人数费用的 61.3％）。

预计由家长提供的费用远超 3 770 亿卢比，包括但不限于学费、校服费、书籍费、文具费和交通费等，这也应计入国家的教育开支。

五、问题与挑战

巴基斯坦在教育经费方面面临着许多问题与挑战。巴基斯坦的教育饱受经费投入不足，项目实施效率低，管理、监测、监督和教学质量不高等问题的困扰。尽管一些教育指标有所改善，但巴基斯坦仍未赶上其他国家的步伐。许多瓶颈性问题均与经费不足有关，尤其是地区一级教育经费面临着最大的挑战。

教育预算拨款不平衡且不充分，尤其是省和地区一级。鉴于教师薪资的重要性，薪资开支占据了教育预算的主体，这使得能够用于非薪资性开支的经费很少，难以改善和发展教育体系。而且，获取非薪资性经费的流程也非常复杂。

巴基斯坦主要由联邦政府从联邦收入向各省划拨教育经费，国家财政委员会具体负责向各省分配拨款。省级财政收入只占很小一部分，各区接受省财政委员会划拨的经费。各区调动经费的能力有限。

充足的教育预算拨款是确保妥善实施各项政策的关键。由于经费不足和管理不善，巴基斯坦的教育长期处于供应不足的状态。预算拨款难以满足包括基础设施、优质教师、学习材料、物质设施、监督与管理等在内的紧迫的教育需求，因而难以保证教育的公平与质量。教育经费承诺高但实际支出低，这表明政策和实践存在较大差距。与此相关的主要问题包括：财政流动缓慢；浪费；行政开支高；立法机关和其他利益相关者参与不够；透明度缺乏；等等。

多项研究显示,许多地区并没有完全遵循规定的预算条例,尤其是预算一览表。事实上,一些地区5月开始编制预算,6月底之前仓促完成。由于政治限制、能力不足和官僚低效等问题,预算条例未能得到充分实施。因此,一些问题显现了出来。

预算一览表中规定的最后期限经常被忽略,这直接导致难以及时确定发展项目,准备预算或方案,获得技术许可和预算草案定稿等。这种延迟不仅延缓了项目进程,也令整个项目偏离正轨。预算草案经常未能按时准备和提交。

公众难以获得预算草案,这限制了公众参与预算编制过程的机会。在确定重点需求和新发展项目的过程中,利益相关者未能充分且及时地参与。

发展性资金在各联盟委员会之间进行分配,但由于可用经费有限,有的小型项目有时需要几年才能完成。这阻碍了发展性项目在规定时间内的实施和完成。

财务管理薄弱问题仍是一个严峻的挑战,这包括拨款、开支、流程、财务管理、问责等。为了解决这些严重的问题,施行既定的政策规定至关重要。

其他涉及教育经费的重要问题,例如不同教育部门间预算拨款不公平等,也应予以重视。而早期教育、扫盲、职业技术教育等,不仅经费不足,甚至出现被忽视的情况。

国外对于巴基斯坦的教育援助,主要在政府未参与的情况下由捐助者直接参与项目实施,并非向巴基斯坦政府提供预算支持。2005年《关于援助有效性的巴黎宣言》和2008年《阿克拉行动议程》的规定以及2011年联合国参与的巴黎宣言监测调查的建议,均未能被遵从和实施。巴基斯坦尚无根据《关于援助有效性的巴黎宣言》和《阿克拉行动议程》的规定,有效利用援助者和非政府组织援助的必要机制。根据《关于援助有效性的巴黎宣言》和《阿克拉行动议程》的规定,国家所有权是促进有效利用外国援助的关键。

巴基斯坦私立教育机构通过招收超过全国38.7％的学生,来支持巴基斯坦教育的发展。私立教育机构管理着全国30.8％的机构和49.0％的教师,并提供了比公立教育部门更优质的教育。私立教育机构的教育开支没有记录。因此,相关重要信息无法利用。

在各级教育中,每位学生的家庭开支包括学费、书籍费、文具费、校服(包括鞋子)费、交通费、午餐费、卫生保健费等。每年的生均费用金额较大,累计下来全国可能有数十亿卢比。但这方面也没有必要的数据库。

六、政策干预的合理性/必要性

如前所述,目前较少的教育经费连现行教育体系都难以维持,更不用说改善教育体系。需要增加教育预算,解决巴基斯坦数百万儿童失学辍学率高、学习成绩低、数百万文盲人口以及整体教育指标低等问题。用于发展性开支的比例不到教育总预算的10％,而实现巴基斯坦承诺的教育目标却需要多种资源。

近期研究报告还强调了预算编制过程的几个方面,并呼吁给予严肃的政策关注,使之公开透明。该报告表明,各区教育预算的分配不均衡、不充分,且按实际价值来算的话,年度增长微乎其微。薪资相关开支是地区教育预算的主体,其他用于维护和发展教育体系的非薪资性开支非常有限。各区之间和区内的教育指标存在明显差异。贫穷源于文盲,而文盲又导致贫穷,二者互为因果。近年来的多维贫困指数报告还建议提高教育财政拨款,同时对入学数据的分析表明,过去 10 年班级规模并没有扩大。

为解决上述问题,迫切需要征集有关巴基斯坦教育经费政策与行动方面的建议。

七、目的与目标

1.划拨足够的财政资源,满足巴基斯坦要成为具有文化素养的国家,培养发展知识型经济必需的人力资源,以及改善学校的学习环境和提高扫盲水平等需求。

2.简化放款和开支流程。

3.创建并定期更新各教育部门的财务数据库。财务数据库包括关于入学、质量和保障等详细的统计数据。

4.采用基于学校和注册人数的预算体系。

5.对教育和培训部门进行财政改革,放宽严格的规章制度,简化烦琐的流程,确保教育和培训预算能够按时发放并得到有较利用。

6.大幅提高教育体系的吸收能力。

7.通过各种项目方案和活动,募集资源和创造额外收入。

8.开发和建立适当的机制,用于说服和要求国际发展合作伙伴根据 2005 年《关于援助有效性的巴黎宣言》和 2008 年《阿克拉行动议程》的规定,向巴基斯坦教育提供援助,以加快和深化项目的实施。

八、政策规定

1.增加经费投入,到 2025 年将教育预算增加到 GDP 的 4%。

2.划拨 25% 的国家预算用于教育部门。

3.划拨 45% 的教育预算用于初等教育,4% 的教育预算用于成人扫盲和非正规教育,1% 的教育预算用于特殊和全纳教育,并按一定比例向其他教育部门划拨教育预算经费。

4.划拨至少 25% 的教育预算用于发展性项目和方案,包括划拨 1% 的教育预算用于定期监测和评估。

5.根据《宪法》第 25 条 A 款的规定,向免费义务教育提供充足的经费。

6.确保教育预算公平且按需分配。

7.编制教育预算,且不得随意削减、变更和转让。

8.简化放款和开支流程,尤其是发展性预算。通过简化流程、定期进行财政监测与评估等,提高教育体系的吸收能力。

9.地方政府应严格遵守预算周期。尤其是有关利益相关者磋商规定的制定、完成提案、技术许可和提交预算草案等时间安排。

10.根据需求向学校提供财政支持,用于减小男、女生受教育机构数量的差距。

11. 质量：通过增加基于需求的预算拨款，实施各种新的政策干预，提高教育质量。

12. 采用基于绩效和产出驱动的预算代替投入驱动的预算。

13. 治理与管理：应通过不同的干预措施改善各级教育机构的财务管理。

14. 社区参与：通过社区参与，获取额外资源。加强社区在需求评估、教育过程、准备基于需求的发展方案、实施、监测和评估等方面的参与度。重视中小企业、家长会、学校委员会的作用。

15. 决策（集权与分权）：财务管理的权力应下放给各级机构。

16. 协调与沟通：应加强省和各地区部门之间的协调（尤其是与学校基建、增建教室和其他工程以及供应家具和设备等密切相关的财政部和工程部）。

17. 人力资源开发（招聘、晋升、工资待遇、能力建设）：定期加强各级工作人员的能力建设，尤其是优化利用发展性预算划拨的微薄资金。

18. 监督：定期开展监督和财政监管，尤其是为改进预算和拨款流程与实践提供宝贵的指导。

19. 研究：应划拨研究专项资金。政府和非政府机构应组织开展研究，尤其是研究教育筹资、管理、监测和评估等瓶颈性问题，并提出补救措施。

20. 研究报告应提供各级政府年度教育预算编制过程、实施情况和成效等详细信息；发现预算编制过程中存在的缺陷，并予以公开共享。在这一进程的不同阶段，还应考虑民间团体、教师、家长、学生和社区关于教育需求和发展重点的意见。

21. 预算编制过程不应是保密的，应通过知情、透明且公平的方式与所有利益相关者磋商后确定发展重点。各区政府应遵守预算周期，确保效率和公众及时参与预算编制过程。

22. 创建财政数据库：创建、报告、传播和定期更新国家、省、区和分区各级教育机构详细的财政数据库。数据库还应包括关于私立教育机构、各级教育和地理区域内的家庭开支等详细信息。

23. 外国援助：开发和建立适当的机制，用于说服和要求国际发展合作伙伴根据2005 年《关于援助有效性的巴黎宣言》和 2008 年《阿克拉行动议程》的规定，向巴基斯坦教育提供援助，以加快和深化《关于援助有效性的巴黎宣言》的实施工作，并应开发和实施根据《关于援助有效性的巴黎宣言》和《阿克拉行动议程》的规定有效利用外国援助的机制。

九、实施策略

准备、实施、监督与评估包括实施关键领域和主要政策规定实施的详细成本的实施计划。准备、实施、监督与评估各省和联邦地区实施各种政策规定的财务规划。

巴基斯坦高等教育中期发展框架 II（2011—2015 年）

一、背景简介

为改善和促进巴基斯坦高等教育的研究和发展，巴基斯坦于 2002 年成立了高等教育委员会。《巴基斯坦高等教育中期发展框架 II（2011—2015 年）》是巴基斯坦政府批准的发展战略框架，本质上基于《巴基斯坦 2030 年愿景》，试图通过知识积累和集体竞争力的提升来应对当前和未来一段时期巴基斯坦所面临的一系列挑战。《巴基斯坦 2030 年愿景》中提到了全球化和信息通信技术传播的重要性，即它可能极大地改变企业规模和性质。知识型经济是一种将知识转换为能够改变市场地位、生产过程和产品质量，能够提高人力资源生产力的社会经济产业。知识的获取和传播以及对卓越的追求被视为主宰未来命运的驱动力。

为实现人类发展以及向知识型经济时代过渡的目标，高等教育委员会采取了一系列策略，包括通过加强教师队伍和基础设施建设，支持师生开展教学和研究，提高高等教育机构办学的公平性、质量、透明度和效率等，从而为所有高等教育机构营造一个有利于提供优质教育的环境。2005 年启动的《巴基斯坦高等教育中期发展框架 I（2005—2010 年）》将扩大入学机会、提高教育质量视为当时高等教育发展面临的主要挑战，并为此启动了一些计划以支持大学开展原创性研究，建立与世界其他地区相同的学士、硕士和博士课程三级学位结构，力求质量和流程符合国际标准。

高等教育委员会在《巴基斯坦高等教育中期发展框架 I（2005—2010 年）》中所采取的干预举措取得了较大的成功，在此期间，巴基斯坦高等教育规模快速扩大，教学和研究质量也有所提高。目前，我们面临的挑战则是拓宽视野，进一步深化改革，全力实现《巴基斯坦 2030 年愿景》规划的目标。我们正经历的人口结构转变向我们提出了另一项挑战，即如何让我们的青年具备 21 世纪发展所必需的知识和技能。巴基斯坦在人口结构转变过程中处于有利地位，即人口红利，但如果把握不好，也极可能形成众多文盲及偏执狭隘的人。

高等教育委员会目前的工作重心是保持在教师队伍建设、教学质量改进方面所取得的成果，并最大限度地扩大获得优质高等教育的机会。但是，必须认清这样一个事实：一个国家的集体学习能力不仅取决于个人或人力资本总和，还取决于创新和社会资本。因此，应采取相关措施促进创新，加强高等教育与社会及区域经济的融合。学习不仅要与国家当前和未来的优先发展领域有关，还应与社区和社会建立密切联系。大学将转变成经济发展、社区建设和领导力提升的中心。高等教育部门将走出孤岛，自力更生，同时也能够让诸多利益相关者参与进来，并在巴基斯坦发展中发挥应有的作用。

《巴基斯坦高等教育中期发展框架Ⅰ（2005—2010年）》关注高等教育机构的内部发展，打造世界一流的学习和研究中心。《巴基斯坦高等教育中期发展框架Ⅱ（2011—2015年）》将进一步把高等教育发展与社会和产业发展联系起来，作为经济发展、社区建设和领导力提升中心的大学将真正成为促进巴基斯坦社会经济发展的引擎。

二、使命宣言

高等教育委员会将推动高等教育机构成为巴基斯坦社会经济发展的引擎。

三、远景透视

高等教育委员会成立 8 年来，全国高等教育发展格局发生了重大变化。《巴基斯坦高等教育中期发展框架Ⅰ（2005—2010年）》的目标、各项指标在很大限度上已经实现，不仅 17～23 岁适龄青年的高等教育毛入学率（不包括自修生）从 2.6％提高到 5.1％，学位结构也已转变为国际公认的学士—硕士—博士三级学位结构。此外，还实施了教师发展计划，为近 1 万名学者提供博士奖学金，引入了国际通用的质量保障体系。最初几年高等教育的关注点集中在工程学科和科学学科，使得工程学科的博士论文数量增加了约 10 倍。医科大学的建立引起了人们对非临床医学学科的关注并推动了跨学科研究，从而能更好地应对健康科学方面的挑战。30 年来，农业取得了令人瞩目的成绩，而这得益于对农业科学的大量资金投入，得益于雄厚的研究基础，大量优秀的资深研究人员积极研究和解决农业中的重大科技问题，推动各项计划有效实施。在过去 5 年中，通过建立多学科中心实验室，促进物理、化学、数学和生物等基础学科的发展，增强了现有科系的实力，在促进新课程及新专业开设的同时，使这些学科的国际出版物数量翻了一番。

然而，艺术、人文和社会科学等学科的进展并不显著。虽然学生可以获得研究生奖学金和研究机会，但是这些领域的本科教育体系存在重大缺陷，既未能使足够多的学生从现有的研究生奖学金计划中受益，又未能实现研究的蓬勃发展。在对这一缺陷进行分析后，巴基斯坦成立了艺术、人文和社会科学研究委员会，对学科领域研究中心、巴基斯坦研究中心和其他卓越中心的绩效表现进行分析，了解了这些学科和领域的具体问题，试图为这些学科的发展开辟一条新的道路。语言和其他专业领域的专家委员会也为特定研究期刊、地方会议的举办和学术计划的实施与开展提供帮助。尽管这些举措在一定程度上促进了艺术、人文和社会科学等学科的转变和发展，但仍有很多工作要做。

在学术领域，4 年制大学本科课程计划已实现标准化。几乎所有的大学和学位型学院（Degree Awarding Institution）都已开设了标准化课程，这为 12 年级以上的学生提供了全新的选择空间。新的 4 年制大学本科课程设置汲取了国内外学科专家的智慧，保证在学生进入大学后可以识别并解决其存在的弱项。课程设置同时着力于提升学生的基础能力，使他们在进入就业市场后能够在最短时间内取得显著成效。

4 年制大学本科课程计划原定于在大学和具有学位授予权力的机构实施。高等教育机构的学生还包括近 2 000 所附属学院学生、远程教育学生以及众多自修生，这为综合性、广泛性、市场导向学科的 4 年制大学本科课程在高校的开展奠定了基础。旁遮普省的 26 所大学 4 年制本科课程计划的实施表明巴基斯坦大学教育改革已迈出重要的第一步。然而，期望所有提供 2 年制本科课程的大学在近期内转型是不现实的。因此，为推进计划的实施，重要的是推动大学对其提供的 2 年制本科课程计划进行改革，在酒店管理、会计等学科中引入专门的 2 年制副学士学位（Associate Degree）课程，通过鼓励创新、提高问题解决能力以及对批判性思维能力的评估体系来满足市场需求。

具有国际影响力的期刊等出版物的数量年平均增长率超过 25%，这充分证明了研究已成为学生大学生活的重要组成部分。

地方性期刊的质量也发生了巨大变化，目前已有 70 多种地方性期刊被收录进《科学信息研究所(ISI)总录》，7 种期刊现已具有一定的影响力。一些大学教师正在撰写研究计划，指导研究生，在会议上发表论文和撰写期刊论文。最近在 7 个试点教育机构中设立了研究、创新和商业化办公室（ORIC），标志着研究文化进一步制度化。为鼓励创新活动的开展，国家对高等院校科研经费的投入力度也将进一步加大，初创公司的成立也会促进科学研究成果的商业化。最近采取的另一项新举措则是在大学建立企业孵化中心，利用大学开发的知识产权，促进新企业的发展。这些举措将促进科技园区的发展，而这些科技园区所容纳的初创企业正是脱胎于企业孵化中心、企业研究办公室以及其他政府学术研究中心。

在过去的几十年中，质量保障和认证过程所发挥的作用日益凸显。这些发展是由《博洛尼亚宣言》发起的高等教育一体化进程推动的，而且该议定书不再依赖于特定的高等教育机构来提供优质教育。现在很有必要确定认证机构，以监测所开设的学术课程的质量，进而对该机构实施独立的质量认证。与此相适应，巴基斯坦高等教育的整个质量框架得到了完善和初步实施。为进一步实施高等教育的质量管理，需要建立质量提升部门来处理质量相关问题。比如，支持现有的专业认证委员会，并在计算机、农业、商业和教师教育等重要的专业领域建立新的专业认证委员会。然而，正如"博洛尼亚进程"所揭示的那样，向以质量为中心的高等教育系统的转变是一个漫长的过程，需要对相关人员进行大量培训并持续实施成熟的政策。

在第一个五年计划实施期间，为教师发展提供奖学金是高等教育委员会实施的一个重要计划。这些奖学金或由高等教育委员会直接提供，或通过高等教育委员会资助的大学发展计划提供。与博士后奖学金一起颁发的还有国内外资助的全额硕士、博士奖学金。此外，还实施了联合培养博士奖学金试点计划。但是，实践表明，巴基斯坦实施联合培养博士奖学金计划的能力依然有限。为此，巴基斯坦成功启动了新的计划，有针对性地向具有博士学位的学者在其研究后期提供为期 6 个月的国外研究机会，至今仍有很多学者从中受益。尽管已经有超过 1 万名学者受益于该奖学金计划，但随着高等学校入学人数的快速增长,对大学教师队伍中博士占比的要求也有所提高。这就需要加强全额资助的奖学金项目,扩大联合培养博士项目的机会,以提供留学时长为 6 个月至 1 年的博士留学项目。因此,未来 5 年内,教师发展计划仍将是高等教育委员会的工作重点。

高等教育委员会自 2002 年成立之后,强调要充分利用现有基础设施,加强信息通信技术的使用,最大限度地增加学生接受高等教育的机会。考虑到现在高等教育机构供给能力的严重不足,为实现高等教育入学机会均等,需要在二、三线城市建立新校区或在现有校园新建基础设施,以满足日益增长的高等教育需求。很明显,这些新校区和大学将对社区产生重大而又积极的影响,未来十年这些举措产生的效果将更为显著。

信息通信技术的发展在很多情况下是由高等教育机构推动的,并为快速增加优质高等教育的入学机会提供了新的途径。随着信息通信技术的发展,每所公立大学都在实施教育信息化计划,通过高速专用网络相互联系并提供服务,例如数字图书馆计划就是在《巴基斯坦高等教育中期发展框架 I(2005—2010)》实施期间设计和启动的。随后又推出了第二代巴基斯坦教育和研究网络,该网络提供可扩展的 10 GB 骨干网,与每所大学都有 1 GB 的连接。视频会议服务的实施与发展为同时连接 70 多所高等教育机构提供了平台。提供远程课程、与超级计算机国际站点的联系、博士答辩和专门讲座等,都是巴基斯坦建设先进信息通信技术平台的方式。随着远程学习计划学生规模的扩大,与世界领先的信息通信技术组织研究联系的加强,以及新的伙伴关系的建立,巴基斯坦有望在信息通信技术使用方面继续保持一定优势。

一份关于公立高等教育机构的现有行政结构及其在社会经济发展中作用的调查表明,高等教育机构没有统一的治理模式,甚至机构内部都存在很大的差异性。这就需要建立一种有效的大学管理模式以降低其对政府资源的依赖。

政府、社区管理者、慈善家、行业专家、学者和校友等所有利益相关者的广泛参与,是现代高等教育高效管理的必要条件。各利益相关者之间相互平衡,当一方的支持有所削弱时,另一方就快速跟进,填补空白。各利益相关者的合作伙伴关系可以减少有关连续性和财政支持方面的各种问题。无论高等教育机构采取何种策略来满足其资源需求,制定一套综合考虑各利益相关者的管理模式对实现学术发展是至关重要的。

所有教育机构都需要具有培养优秀毕业生的有效愿景和实施策略。当然,教育机构的主导产品是其以毕业生形式呈现出来的人力资本。因此,对于可满足市场需求的高技能专业人才的培养过程的关注就变得至关重要。这一质量维护过程需要综合多种因素(包括明确的任务、界定清晰的目标、最新的课程、合格的教师、优化的教学过程、权威的监控或评估体系以及专业化的学习环境等)。高素质毕业生的培养必然伴随着新知识的产生,而研究重点则取决于机构的性质。学术和研究方面的进步都是以企业、区域经济发展和整个国家的需求为导向的。

财政效率是教育机构生存和发展的基本要求和必要条件,因为对高等教育机构来讲,机构财政治理的基本要求就是根据就业市场的需求控制开支,增加人力资本的份额。通过采取上述增长和成本控制措施,高等教育机构将获得社会对其极大的尊重,因为高等教育机构是在非营利的情况下为促进社会经济发展而努力的。我们必须牢记机构财政治理的四个基本要素:管理机构、行政管理层、财务资金使用透明和自我管理。高等教育管理机构是制订目标、达成战略的关键。该机构负责制定战略。行政管理层是在副校长和理事机构的指导下,负责实际执行任务的常设高级工作人员。为确保所收到的捐助资金更好地用于实现任务说明中的既定目标,透明化的财务资金使用对良好的治理至关重要。如果未能实现对管理成本的有效控制,问题可能在于计划过于理想,而且未对其进行适当控制,或者未能按既定目标的方向发展。自我管理包括内部报告制度(该制度确定了行政管理层能够达到的控制水平)以及为质量保障制度而建立的强有力的、独立的内部审计制度。

采取一些措施进行必要的结构变革并确立法定框架,对加强大学治理和提高财政效率至关重要。这不仅可以减少大学对政府的财政依赖,还有利于自治、自力更生和自我管理教育制度的建立。

为了使这一制度能够顺应国内外形势与需求,我们需要采取务实、渐进的方式来指导大学管理,如此才能实现预期目标。巴基斯坦高校已经成功地开启学术和研究转型之路,努力向世界一流大学看齐。但目前面临的挑战则是如何利用这些成果来制订和实施高校发展计划,促进高校发展,助力社区建设和经济发展,进而提升高校的社会地位。

四、主要问题

巴基斯坦的高等教育日益发展成为一个充满活力的部门,并迅速发展成为社会经济发展的引擎。虽然取得了良好进展,但仍面临许多挑战,以下几个方面的关键问题亟待解决:

1. 国家和地方高等教育自主权的缺乏。

2. 大学与产业互动不足。

3. 大学与社区关系疏离。

4. 附属学院学生、自修生等素质低下,就业能力不足。

5. 大学缺乏优秀的研究人员。

6. 教职员工缺乏持续发展能力。

7. 高等教育入学率低。

8. 大学管理不善。

9. 为学生提供的助学贷款或其他方式的支持不足。

10. 大学资金创造能力不足,成本回收率低。

五、高等教育战略构想

巴基斯坦向中等收入知识型经济社会的转型，在很大程度上取决于其高等教育的规模和业绩，高等教育机构必须在此转型过程中发挥领导作用，培养技能娴熟、富于创新精神和锐意进取的知识型人才。高等教育机构必须支持研究，特别是与社会经济发展直接相关的问题，并通过研究过程中产生的创新思想、产品和过程的商业化来发展经济。社区建设和发展是目前高等教育机构的又一发展重点。努力将知识和研究成果应用于地方和区域经济以及社会的发展，进而指导高等教育机构确定工作的优先顺序。只有这样，高等教育机构才可以真正成为促进国家经济发展的引擎。

关于这一战略构想，我们可以从以下几个方面来理解：

1.教师是高等教育机构的核心和灵魂。只有拥有一支合格的教师队伍，才能实现高等教育机构真正的发展。

2.教师的成长与发展必须与有利于学术体制生态系统的发展以及高等教育机构的研究与发展统筹兼顾。

3.高等教育机构的教职员工在提供重要采购、人力资源、信息通信技术、图书馆、行政及设施管理等服务方面发挥着关键的支持作用，因此必须给予重视，为他们的成长和发展提供机会。

4.教学是高等教育机构的首要任务。为提高高等教育教学效果，必须加强对教师教学能力、沟通技巧和信息通信技术等的培训。

5.高等教育部门是创新的主要力量，必须鼓励各个层面的创新。

6.根据世界范围内"教""学"范式的转变，课程将侧重于确保学生最大限度地吸收学科知识。

7.研究被再次确认为高等教育机构的基本活动，因为知识的创造和传播日益成为创新、可持续发展和社会福祉的重要驱动力。研究还将推动课程发展，从而确保学习内容紧跟学科的发展步伐。

8.发展和支持包括公、私立大学，附属学院，远程教育机构，伊斯兰学校，外国教育机构，以及其他提供高等教育的机构在内的整个高等教育行业至关重要。

9.高等教育机构发挥着社会引领作用。它们必须与当地社区以及聘用其毕业生的企业和组织建立密切联系，牢记所担负的培养高素质人才的重任。

10.高等教育机构毕业生首先必须是具有良好价值观和道德修养的人，因此，必须在各级高等教育中进行道德教育。

11.高等教育机构是自治机构，必须成为一个高效组织，这就需要在人力资源管理、采购、财务管理和运营管理方面借鉴优秀法人团体的经验、做法。

12.高等教育机构的治理必须体现绩效、效率和透明度等原则。

13.公共机构的资金来源应更加多元化，实现学费、用户收费、政府资助、研究收入和捐赠收入等不同资金来源的平衡。

14. 努力增加弱势群体的高等教育入学机会,促进教育公平。

15. 所有优秀学生,无论其经济条件如何,都应有接受高等教育的机会。

16. 应实施国家助学贷款制度,支持经济条件较差的优秀学生接受高等教育。

17. 高等教育机构不可或缺的作用就是在协助政策制定方面发挥引领作用,充当公私立教育部门的"智囊团"。

18. 所有高等教育机构都应提供机构和项目质量保障,借鉴国际实践经验,例如《博洛尼亚宣言》所规定的标准。

19. 应制定和实施巴基斯坦资格登记政策,说明巴基斯坦提供的所有资格之间的相互关系。

20. 发展高等教育首先要承认其卓越性,并优先发展。

21. 必须持续重点关注工程、科学和技术发展,尤其是运用知识解决实际问题。

22. 识别并支持创意和视觉艺术学科的特殊需求,使其依据国际标准发展。

23. 巴基斯坦是一片古老的土地,分布着不同种族、民族,人们的传统、文化也不尽相同,高等教育机构有义务去理解、保护和弘扬这些文化和遗产。

24. 为确保毕业生在掌握各自专业领域知识的同时,对人文和社会科学、数学、伦理、伊斯兰研究等方面的重要思想和成就也有所了解,并利用电子媒介进行有效沟通,获取和处理信息,必须建立一个基础广博的教育系统。

25. 随着全球经济的迅速变化,劳动力市场不断需要新的多样化技能,因此必须完善相关机制,促使专业人员定期提升技能,通过终身学习培养新的技术和能力。

26. 授予博士学位意味着其研究成果是经国际专家认可的对世界知识体系的原创性贡献,因此,应尽可能地向具有博士学位的学者提供与有关国际专家进行密切互动的机会。

27. 采取积极的国际化战略具有十分重要的意义,应允许本国学生和教师去国外学习,与国外同行互动,并为外国学生和教师提供在巴基斯坦学习和研究的机会。

28. 实行与社会经济增长、发展有关的竞争性科研资助计划,为最佳研究思路的形成提供经费支持。

29. 大学和学院应通过国内、国际伙伴关系的建立,加强大学与产业之间的联系,实现其专业知识和设施共享,支持社会经济的复兴和增长。

30. 必须在大学建立技术创新中心,支持和促进初创公司和企业孵化器的启动。

31. 知识的有效传播往往与原创学术研究同样重要,对此人们已达成共识。社会应认可和支持科学家开展创新研究,并完善相关激励机制,促进研究成果的传播。

32. 高等教育机构应设立研究、创新和商业化办公室(ORIC),支持、管理大学的科研产品,保护其知识产权,促进大学研究产品的许可和商业化。

33. 应认可能源、粮食安全、水资源和生物技术等重要经济领域的国家卓越中心的作用,并加强建设,努力达到世界顶尖水平。

34. 高等教育委员会为大学和其他高等教育机构绘制服务经济建设发展的蓝图。科学研究必须对大学或其他高等教育机构所在地区的经济发展具有推动作用。

35.信息通信技术的应用是高等教育部门提高其计划实施效率、扩大其影响力的关键。附属学院必须利用信息通信技术,具体可采用远程教育和开放式学习等方式,提高教育质量,增加高等教育入学机会。

36.为增加高等教育入学机会,需要有效利用现有的基础设施。但同时还有必要投资设备、实验室设施并拓展空间,以满足入学率不断提高所带来的新需求。

37.可通过公私合作,促进大学的非核心职能发展,以促进学生和教师住房、交通、餐饮、设施管理等的发展和现代化。

38.必须注重卓越发展,这就需要应用现代项目管理和报告技术以及信息化财务管理系统。

六、高等教育委员会的角色

1.高等教育委员会将会为公平的、可获得的世界一流高等教育的发展提供关键推动力,加强与工业、农业和国防的联系,使高等教育成为社会经济发展的引擎,从而提高巴基斯坦人的生活水平。

2.在发挥评估、改进和推动高等教育与研究发展的核心作用的同时,高等教育委员会将继续致力于制定相关政策和指导原则,促进巴基斯坦社会经济发展,并确定优先发展事项。

3.鉴于当代全球知识型经济所提出的挑战,为加快巴基斯坦经济繁荣发展,积极融入全球知识型经济,高等教育委员会将通过制定若干干预战略来平衡优先事项。

4.高等教育委员会将与各教育机构开展合作,提高它们的构建和管理能力,尤其注重提高供给和产出等方面的质量。

5.高等教育委员会将与各教育机构开展合作,拓宽经费来源,尤其是增加捐赠资金的收入。

6.高等教育委员会将利用自有资金支持建立一个系统,在这里,卓越的教学和知识转化将被视为与卓越的研究同等重要。

7.高等教育委员会将与联邦政府和省政府合作,确保所有新设立的公、私立教育机构都符合已制定的质量标准。

8.与设有附属学院的大学开展合作,努力确保附属学院提供高质量的课程。

9.与设有附属学院的大学开展合作,提高面向自修生的教育质量。

10.高等教育委员会将通过审查和评估公共部门的要求,基于绩效、智力优势以及与国家需求的相关性,向发展和研究项目(计划)提供资金,努力确保公共资金效益最大化。

11.高等教育委员会将继续支持加强高等教育机构与产业之间的联系,推动高等教育机构以经济活动为目标的研究活动的开展,实施系列教育计划,以满足工业和就业市场的需求。

12.高等教育委员会将继续提高本国学位和国际学位的对等性、有效性和认可度，并就获得认可的院校和教育计划向公众提供相关咨询建议。

13.高等教育委员会将继续实施教师绩效评估机制，并根据国际标准，针对教师职位聘用的最低标准制定指导方针。

14.为了增加教育的可获得性，高等教育委员会将引入对优秀学生的资助机制，并为来自弱势群体家庭的学生提供基于其个人才智的高等教育入学机会。

15.高等教育委员会将为学生提供获得国内外学位最高学位资格的机会。

16.高等教育委员会将支持举办并参加专题讨论会、会议和培训。

17.高等教育委员会将根据全球知识社会的需求设计课程，并继续确保课程的现代性、挑战性和进步性。

18.高等教育委员会将支持通过传统技术和新技术来提供终身学习的创新方式。

19.高等教育委员会将收集高等教育系统相关方面的统计数据，并向社会公开。

20.高等教育委员会将充分利用现有资源，实施问责制，承认教育机构的自治权，确保公共资金利用价值最大化，努力追求卓越。

七、战略重点

高等教育机构发挥着社会引领作用，是其所在区域发展中不可或缺的一部分。它们致力于促进地方企业发展，保护地方遗产，探讨影响该区域甚至整个国家的政策与方针，提供满足区域需求的教育和培训。工业的发展是巴基斯坦经济复苏的核心。因此，高等教育委员会将支持一切有助于加强学术界与工业界和政府之间合作的举措，并特别注重在学术机构中开展与区域发展相关的教育和研发计划。世界各地的高等教育机构都可以为地方工业发展提供培训、研发、企业支持以及训练有素的人力资源。结合企业精神，这些学术机构就可以改变整个地区，甚至整个国家的经济命运。

为实现促进经济建设、领导力提升和社区发展等重要战略目标和宗旨，高等教育机构发展的战略重点如下：

(1)教师发展。

(2)质量保障。

(3)研究和创新创业。

(4)促进教育机会平等。

(5)培养卓越的领导和管理能力。

(6)财务管理与可持续性。

针对上述战略重点，我们将着重从以下五个方面予以阐述：

(1)宗旨要义：整个计划实施周期内想要获取的战略成果。

(2)简介：对战略实施背景以及所面临挑战的评论性概述。

(3)战略目标：在计划实施期间力求实现的目标。

（4）主要计划：为实现既定目标而采取的手段与方式。

（5）关键绩效指标（Key Performance Indicator，KPI）：通过 KPI，以可衡量的方式展现我们在宗旨、目标实现方面所取得的进展与成就。

（一）教师发展

1. 宗旨要义

通过实施教师教学能力提升计划和教师资格培训计划，提高高等教育机构的教学和研究质量。

2. 简介

教师发展之所以被确定为《巴基斯坦高等教育中期发展框架 I（2005—2010 年）》的核心目标，是因为人们已经认识到，如果没有足够数量的优秀教师，就不可能扩大高等教育入学机会，也无法提高高等教育和研究质量。从 2002 年开始，通过对教师最高学历、相关出版物、国际认可、所获得的研究经费以及学生对高等教育教学水平的评估等指标的衡量，我们发现教师的整体素质并不高。为改善教师资历不足的问题，我们采取了一系列措施，包括国内外的硕士博士奖学金计划、联合培养博士奖学金计划和博士后奖学金计划等。同时还启动了外籍教师招聘计划和访问学者计划，加强本国教师与外国专家的互动，从而提供一种短期内解决合格师资短缺问题的机制。为向现有教师提供关于教学和沟通技巧的培训，开设大规模的教师发展课程，截至目前，高等教育委员会已直接发放了 3 000 多个国外博士奖学金名额，大学也发放了近 1 500 个国外博士奖学金名额，另外还发放了近 4 000 个国内博士奖学金名额和 1 300 个国内硕士、学士奖学金名额，其中超过 1 200 名学生已完成学业，目前正在为国家效力。此外，目前还正在实施一个临时教师安置计划，以简化具有国内外博士学位的新教师的任命程序。

为了吸引和留住高素质人才，公立高等教育机构还引入了基于绩效的终身教职制度。目前已有近 90% 的公立高等教育机构实行终身教职制度，并被相应的法定公共机构（Respective Statutory Bodies of Public）采纳。这个制度正被应用于所有新教职员工的任命，现有教师只要符合标准就可以申请终身教职。目前，高校已经聘请了 850 多名终身教职人员。

高等教育委员会旨在通过支持、促进和奖励优秀实践活动来提高学习和教学质量。必须提高优质教学在高等教育机构中的地位，优质教学是除研究外，完成高等教育使命的另一关键因素。为满足学习者和社会不断变化的需求，高等教育机构正面临着创新学习方法的挑战和机遇。

为培养一批熟悉教育、研究、考试、沟通、学业规划与管理、心理学等最新进展的学术人员，我们开展了专业的教师培训。巴基斯坦各地的高等教育机构中，教师超过 1.9 万名，管理人员则为教师人数的一半。为承担高等教育委员会首次开设的培养硕士培训师的艰巨任务，我们采取了双管齐下的策略。一旦获得认证，硕士培训师就可以在各自所在高等教育机构中开设相同的课程。截至目前，已有超过 4 500 名教师受益于该计划,其中包括培养的近 400 名硕士培训师。除了这些教学模块,英语语言教学中的专项培训也是高等教育机构开设的可持续性专业发展课程的一部分。

3.战略目标

(1)提高具有最高学位资格的教师数量占教师总数的比重。

(2)为联合培养博士计划提供更多入学机会。

(3)使本国学者有机会在国际领先的研究机构中开展为期至少 6 个月的研究。

(4)通过终身教职制度采取更多的激励措施,吸引有才能的人从事高等教育事业。

(5)开展一系列活动,提高整个高等教育的教学质量。

(6)实行奖励制度,肯定和鼓励各种优秀的教学模式和教学方法的开创,并促进教学人员的专业发展。

(7)支持与国外一流大学联合开设学位课程。

(8)支持提供与学习者和其他利益相关者不断变化的需求相适应的受教育机会。

(9)为增强学习效果,创新与其他高等教育机构的联系模式,对学分和认证进行严格管理。

(10)允许以项目为基础,开展学生感兴趣的教学实践活动,最大限度地提高学生的学习自主性。

(11)提高学生的英语沟通能力,以适应市场需求。

(12)为教师提供有关现代教学技能和技巧的培训。

(13)确保教师职位的可获得性,提高其对新毕业博士的吸引力,为高等教育机构配备人才库,并用最新知识和研究加以充实。

(14)通过快速通道机制协助博士向教师转变。

(15)实施教师激励培训计划。

(16)鼓励设立专业能力发展中心。

4.主要计划

高等教育委员会在教师发展方面的主要计划包括:

(1)高等教育委员会正在制订的主要计划将继续致力于为组建具有最高学位资格的教师队伍提供坚实基础。具体包括:

①支持实施本国奖学金计划。

②继续实施国外奖学金计划,并大力增加联合培养博士的入学机会。

(2)继续实施短期培训计划,这些计划将提高学科知识以及教学、沟通(包括英语理解和表达能力)、分析问题、解决问题的能力和信息通信技术技能。

(3)将在各高等教育机构设立专业能力发展中心,开发并提供可取得专业学位的认证项目,对高等教育机构教职员工进行标准化培训。

(4)定期在所有高等教育机构实施教师专业能力提升计划,为目前已入职和正在办理入职手续的教职员工提供培训。

(5)通过研究方法学、测试和评估、计算机辅助语言学习、开放和定制课程、教学技巧等特定培训模块，提高英语教师的语言和研究能力。

(6)推广实施《教师终身教职程序章程法规》，所有具有最高学位资格、助理教授级别的新任教师都将被纳入终身教职体系。所有获得过国内外奖学金及博士学位的学者，以及具有最高学位资格的学者，都将有机会被纳入终身教职体系。

(7)制订并实施相关计划，鼓励教职员工接受相关培训。

5.关键绩效指标

(1)大学和学位型学院中具有最高学位资格的教师数量占教师总数的比重。

(2)接受教师培训课程的大学教师数量占教师总数的比重。

(3)接受教师培训课程的学院教师数量占教师总数的比重。

(4)完成专业英语培训课程的教师人数。

(5)大学开设的领导力培训课程数量。

(6)大学博士生与教师的比例(生师比)。

(7)获得的竞争性研究资助经费总额。

(8)教职员工在经认可的期刊上发表的科研论文数量。

(9)出席国际会议的教师人数。

(10)公立大学终身教职员工数量占教职员工总数的比重。

(11)在大学设立的专业能力发展中心的数量。

(12)根据临时教师安置计划而聘用的新毕业博士生数量。

(13)接受教学技能提高课程培训的教师数量。

(二)质量保障

1.宗旨要义

根据国际标准制定并实施严格的质量标准，对教育项目和教育机构进行评估。

2.简介

质量一直是我国高等教育改革的首要议题。我们的目标是在所有大学活动中针对质量问题制定和实施高标准，并使其与世界标准保持一致。事实上，截至2003年，我国仍未实施质量认证，质量评估或改进程序仍未到位，但高等教育委员会已开始启动这项艰巨任务，并采取了全方位措施来保障各级教育的质量。正因为采取多维方法，才在以下几个方面取得了相当大的进展：

(1)确定目标，制定教学和研究质量保障程序。

(2)教师和教职员工的培训。

(3)内部评估机制的改进。

(4)课程改进。

(5)制定并细化认证程序，制定机构认证标准。

国家质量保障委员会（National Quality Assurance Committee，NQAC）成立于2003年，由来自公、私立教育机构的杰出教育家组成，并由一位杰出的大学学者担任主席。国家质量保障委员会致力于在巴基斯坦实施与全球相适应的内外部质量保障体系。它还是质量保障局（Quality Assurance Agency，QAA）的咨询机构。质量保障局成立于2005年，是各认证委员会的监管机构。

为提高专业课程质量，巴基斯坦还成立了包括农业、商业、计算机和教师教育在内的四个认证委员会。为了提高机构内化质量，实施质量提高小组政策，起初在公立大学和16所私立大学建立了45个质量提高小组，负责内部质量保障、统计数据维护以及与外部质量保障机构、专家和认证机构的协调，而认证则由相应的认证委员会根据外部质量保障程序进行。现已制定了一份综合自我评估手册（Self-Assessment Manual，SAM），该手册目前已被至少4个院校的质量提高小组采用，每门专业课程都根据该手册定期进行自我评估。此活动现在将进一步扩展，涵盖所有大学的全部院系。质量提高小组也将在所有大学组建，同时还附有基于其表现测评的记分卡系统。

为了让利益相关者了解关于质量保障标准的信息，高等教育委员会在咨询国内外专家的基础上编制了《机构认证标准草案》。此外，还遵照国际质量保障标准，为巴基斯坦的高等教育机构制定了《高等教育机构绩效评估标准手册》。

国家质量保障委员会制定了哲学硕士和博士学位教育质量标准，以确保巴基斯坦能够提供标准化的研究生课程。根据质量标准，对审查过程的不同阶段，包括基础数据收集、哲学硕士与博士预备审查委员会的组成、审查访问和反馈报告等进行审查，并将反馈意见传达给高等教育机构，以改进不足之处。

3. 战略目标

（1）提高高等教育委员会开展其章程所列质量评估活动的能力。

（2）确保国内高等教育机构提供的教育质量符合国际标准。

（3）根据学科科目进展情况更新和修订课程。

（4）确保向自修生提供优质学术课程。

（5）建立高等教育机构质量评估机制。

（6）引入教育项目和教育机构质量保障机制。

（7）根据统一的评估标准，向社会公开教育机构和教育项目的办学质量。

（8）促进高等教育机构持续加强质量保障能力建设。

（9）制作巴基斯坦资格登记册，对巴基斯坦高等教育机构所授予的学位及其相互关系进行全面记录。

（10）促进高等教育机构绩效评估标准的实施和评估。

（11）监测终身教职制度中的聘用质量。

（12）与国际质量保障机构建立联系，分享共同关注领域的最佳实践经验。

(13)在所有学位型学院实施学位补充表（Degree Supplement Form）制度，增强内部互动性。

(14)向所有高等教育机构提供抄袭检测服务。

4. 主要计划

为确保高等教育机构和绩效评估质量而实施的主要计划包括：

(1)为实现课程的统一性和标准化，将继续加强产学合作，每3年修订一次课程，以保证其质量和相关性。

(2)强化评估方法的制定和实施，为提高学生的学习质量，制订并启动一项全国性计划，以改进课程和学科考试制度。

(3)高等教育委员会将对违背其成立章程的高等教育机构采取相应措施。由高等教育委员会主任、高等教育委员会秘书以及各省教育秘书组成的指导委员会协调教育质量保障有关活动，并确保整个巴基斯坦的教育政策实施具有一致性。

(4)高等教育委员会还将采取措施，确保巴基斯坦所有大学和学位型学院符合联邦内阁于2002年2月制定的关于大学、学位型学院的标准，敦促大学及其分校达到目前正在制定的机构改进标准。

(5)巴基斯坦的大学将通过ISO 9000认证计划审查和评估质量标准。该计划涉及质量管理，并由行政管理委员会（Board of Governors and Administration）进行审查。

(6)随着4年制大学本科课程计划的成功实施，将努力支持省政府把4年制学位课程扩展到所有附属学院。

(7)《巴基斯坦高等教育中期发展框架Ⅰ（2005—2010年）》强调通过建立一个综合网站向社会公众提供有关机构和专业学位计划合法性的信息。该网站包含有关项目计划、机构、研究以及其他委员会相关倡议的全面、最新信息，并将持续更新和补充。

(8)为使巴基斯坦高等教育机构进入国际排行榜，高等教育委员会将协助其进行相关统计数据的建设。

(9)考虑到巴基斯坦高等教育的基本现状，所采用的排名模型是由质量保障委员会在利益相关者广泛参与的基础上制定的。为确保让所有利益相关者了解相关信息，将不断向学生提供高等教育机构和院系排名信息供其选择。

(10)统计信息中心（Statistical Information Unit，SIU）正在开发一个有关巴基斯坦高等教育的庞大信息数据库。目前，该中心正在收集有关教师、学生和其他教学辅助工具的统计数据。正在开发的学科水平数据库，也将有助于确定投资和关注的关键领域。

(11)统计信息中心还汇编了自1947年以来巴基斯坦的大学所培养的所有博士的详细信息。为了开发和建立全面、可靠和动态的高等教育统计数据库，将讨论建立独立的高等教育统计机构的可能性。

(12)博士毕业生的论文全文目前已上传至巴基斯坦研究库（Pakistan Research Repository，PRR），该库旨在提高巴基斯坦高等教育机构的国际知名度，响应自由获取科学文献的全球倡议。这将成为获得高等教育委员会博士学位认可的先决条件,同时,此举也有益于研究人员,并将有效遏制剽窃现象。

(13)实施内外部质量保障需要大量训练有素的评估人员,为此,巴基斯坦将与同类型质量保障机构广泛开展国际合作,组织大量培训。

5.关键绩效指标

(1)具有质量提高小组的大学数量。

(2)获得 ISO 9000 或类似认证标准认证的大学数量。

(3)发布专业认证的学科数量。

(4)实施大学评估的次数。

(5)已建立认证委员会的学科数量。

(6)大学通过认证的专业数量。

(7)修订的课程数量。

(8)为改进考试制度而提供的培训课程数量。

(9)通过质量提高小组系统化的监督以及高等教育机构的绩效评分制度,完善质量保障机制。

(10)通过记分卡制度,评估高等教育机构对所有质量保障标准的遵守情况。

(11)高等教育机构绩效评估标准的实施情况。

(12)接受内外部质量保障和项目认证培训的评估人员数量。

(三)研究和创新创业

1.宗旨要义

确保所有接受高等教育的学生都能从高质量的学习中受益,同时提高高等教育机构开展各个领域前沿研究的能力。

2.简介

开展科学研究,是高等教育委员会政策的基石。一个蓬勃发展的研究部门需要充裕的资金和充满活力的研究人员。现代高等教育机构从未停止研究。研究是获取新知识的渠道,一个充满活力的、世界一流的研究部门,不但对大学的健康发展,而且对促进经济增长和提高社会凝聚力都是至关重要的。因此,通过关注创新、创业以及推动企业最新研究成果商业化,并将这些新知识传授给社区和企业,是十分重要的。

同样重要的是,要认识到所有学科的教学和研究之间存在着密切联系,研究可以展现未来高等教育课程的设计和内容,特别是为创新模式,如互联网学习等新的教学方法提供新的见解。教学和研究是高等教育的核心。高等教育机构在教学与研究活动中的成功与否决定了社会公众对其的认可和尊重程度。

先进的信息通信技术基础设施以及在此基础上运行的应用程序,在提供以学习者为中心的教育机会方面拥有独特的优势。其中一个必不可少的先决条件是建立一个专门的教育和研究网络，加强所有高等教育机构之间的相互联系及其与世界的联系。应运而生的巴基斯坦教育和研究网络已成立 5 年多。伴随着巴基斯坦第二代教育和研究网络的实施，我们可以宣称已拥有世界上先进的连接各学术机构的信息通信技术基础设施。信息通信技术还可以成为大学、学院组织文化发展创新的催化剂。

为了向每个大学生提供与其学科相关的文献，我们还启动了数字图书馆和电子书计划。该计划既促进了巴基斯坦国际出版物数量的迅速增加，又为迅速扩张的大学拓展了可用资源。

当今，学生的学习环境更加多元化，新技术的出现更是提供了新的教学方法和支持。随着增加入学机会计划的实施，学生群体也在发生变化，非全日制学生和成人学生以及不同社会经济背景的学生不断增加。在当今互联网世界，在个人和工作生活中，人们对评估和管理信息技能的需求日益增加。高等教育的课程设计和教学方法必须支持和培养这些技能，并鼓励学生对自己的学习负责。在这一方面，连接所有公立大学和众多私立大学的视频会议设施可以发挥关键作用，为大学生和教师提供远程学习和交流的平台。

为了加强产学研之间的联系，有必要提高高等教育机构的研究质量和水平。然而，研究并不是在真空中进行，研究活动的扎根与繁荣受到诸多因素的影响。研究项目还必须以目标为导向，与区域产业和社会需求联系起来，充分利用区域的竞争优势。建立企业孵化器以及商业、农业和科技园区，构建产学研桥梁，实施小企业创新研究（Small Business Innovation Research，SBIR）资助计划。

作为一个资源有限的发展中国家，巴基斯坦必须把教育与研究重点放在与国家社会经济发展直接相关的领域，必须发展创新文化，使毕业生专注于创造就业机会，而非公共部门的传统就业策略。因此，必须向学生传授正确的创业技能，这样他们才有可能应用新技术或创新研究建立小企业。企业孵化器和商业、农业、科技园区的建立以及小企业创新研究（SBIR）资助计划的引入，将有助于加强产学研之间的联系，对于确保教学以及学术机构研究与实际需要的相关性也至关重要。

奋斗在各自学科前沿的研究人员，只有当其所在机构成为全球研究共同体的一部分时，他们才会茁壮成长。当今，科研人员开展研究的背景以及所处环境的地理边界已日益模糊，因此，重要的是要认识到研究议程的国际化并对其提供技术支持。在全球化背景下，研究基地竞争力的提升意味着我们必须在财务上承认和支持真正优秀的研究，并促使开展有效合作。这里的研究不仅仅局限于科学和技术领域，我们必须认可那些促进公共部门、文化产业的发展，以及带来巨大经济利益或拓展知识前沿的研究人员的工作。

为确保对关键领域给予高度重视，高等教育委员会通过艺术、社会科学和人文研究委员会建立了一个论坛平台。和平、平等、正义、法治、文化、宗教、语言、历史、人际关系、传播、经济、金融、视觉和创意艺术、媒体等，影响着我们日常生活的各个方面。巴基斯坦若要进步，进而步入发达国家行列，就必须加强对以上因素的理解，实现与科技的融合。

对艺术、人文和社会科学四年制大学本科课程计划的支持,是推动和促进这些领域发展的核心。值得注意的是,所有学科领域的学生对沟通、文化、历史和宗教等核心问题的了解都比较匮乏。科学家和工程师必须与他们所处的工作环境、当地群众互动,才能真正解决群众所面临的技术问题。就像科学和技术之间的界限变得日益模糊一样,所有知识领域之间的界限也在不断发生变化,并受到挑战。例如,为了解并认知生物学基础,环境科学家与人类学家和计算机程序员开展合作;为充分了解人工智能,心理学家、神经外科医生和电气工程师开展合作。

高等教育委员会一直致力于满足工商业对训练有素的劳动力的需求,并为这些劳动力提供永久性的学习机会;协助高等教育机构建立新校区,寻找可行的替代方案,以满足社会对高等教育的预期需求。此外,高等教育委员会还提议,联合普通运营商以及作为运营商的主要租户且与其签署多年租赁合同的大学和附属学院,共同开发全国性的电信基础设施。这一做法获得了研究和教育机构的好评。

大学、产业和政府(研究和发展组织)构成的技术三角,是国际公认的有益于科学和技术进步的有效机制。大学应大力加强知识产权开发及其商业化运作。大学还应通过提供培训、测试、研究支持和咨询服务等方式,加强与地方产业的联系。此外,大学还应培养学生的创业精神,以期增加国内高科技创业企业的数量。

与企业界和社会其他部门合作关系的建立也有助于高等教育的职业化。使学生到企业实习形成常规,并促进企业经理参与高等教育决策。此外,联合研究项目还将使大学和企业更紧密地联系在一起,为学生求职提供帮助。知识转移过程在很大程度上依赖于尖端的研究资源,例如通过许可开发新知识产权、组建衍生公司等。原则上,研究成果的传播和应用应该是最高层次研究过程的一部分,因此将鼓励获得研究资助的机构开展这些活动。

世界一流研究体系的一个关键特征是活力,即开放性和变革能力。我们希望研究人员能够迅速对其学科和研究环境中的新趋势和发展做出反应,并探寻新的研究领域。为此,高等教育委员会将三管齐下,积极实现三大战略重点,即大学建设社区、建设经济以及打造领导力。大学还需要建立继续教育中心,提供短期文凭课程。主要由附属学院开发和实施与社区、商业和工业直接相关领域的 2 年制副学士学位课程项目,且与社区及工商界协商制定这些课程,并在项目设计和实施过程中强调职业技能及其与经济和产业发展的相关性。

3. 战略目标

(1)建立一个充满活力且有能力灵活应对不断变化的科研环境的研究部门。

(2)与该部门合作建立评估研究系统,增强国家研究基地的力量,协助机构培养优秀人才。

(3)确保教学与研究计划满足行业、市场和社区需求。

（4）支持教学基础设施的可持续建设，使其完全符合需求并提供优质的服务。

（5）扩大研究生招生数量。

（6）为新入职教师提供科研启动经费支持。

（7）积极支持艺术、人文和社会科学研究。

（8）通过与私立部门的合作，强化和升级电信基础设施，将全国各地的学习网站连接起来。

（9）鼓励拓宽外部科研经费渠道，增加科研收入。

（10）建立政策分析与研究中心，以支持政府决策。

（11）在所有大学设立研究、创新和商业化办公室。

（12）为研究、创新和商业化办公室人员提供培训。

（13）建立智库和政策研究中心。

（14）启动知识转化计划，为大学提供解决产业问题的机会。

（15）实施小企业创新研究资助计划，促进大学科研成果的阶段性商业化。

（16）在重点大学设立企业孵化中心。

（17）在大学附近设立农业、商业和科技园区。

4. 主要计划

（1）改进和加强全国大学研究计划，以支持和奖励世界一流研究，鼓励有效合作，并在新的工作领域提升研究能力。

（2）鼓励设立研究、创新和合作办公室，提高大学的研究能力，管理研究合同，保护知识产权，推进大学研究成果的商业化。

（3）通过引入副学士学位课程，对附属学院开设的 2 年制学士学位课程进行改革，促使课程与市场预期和就业能力紧密结合。

（4）对现已开设的 2 年制硕士学位课程进行改革，使学生的学习成果与 4 年制学士（荣誉）课程成果保持一致。

（5）开发纸质、电子形式的学术资料，以支持课程改革。

（6）实行图书馆支持与发展计划，确保每个图书馆都有数字图书馆设施以及相关书籍和期刊。

（7）图书馆信息管理系统支持计划旨在提高高校图书馆的效率和数字化程度。

（8）启动负责实验室设施管理的大学工作人员的培训计划。

（9）拓展数字图书馆计划。

（10）实施国际大学外联计划，促进联合开展研究和实施学术计划。

（11）通过支持国际知识产权和地方专利，对大学产生的知识产权实施保护计划。

（12）在大学建立职业中心，鼓励学生在校期间获得实际工作经验。职业中心的建立要求大学与各个行业建立联系，为即将毕业的学生提供就业机会。

（13）支持可为行业做出贡献的产学研合作项目。

（14）强化与经济直接相关的学术和研究计划，如工程和信息通信技术、制药、水资源、能源、粮食安全和兽医科学等。

（15）加强了解我们的文化、遗产和社会，促进与视觉和创意艺术等直接相关的学术研究项目的开展。

（16）高等教育委员会将审查和认定大学中的某些中心为国家（级）中心。这一举措要求确定与社会经济快速发展相关的优先领域，并认定可以设立国家（级）中心的优秀中心。这些中心将获得专项资金，开展深入研究。能源、粮食安全和水资源等领域将成为优先发展领域。

（17）支持主要高等教育机构的基础科学发展，为未来的研究奠定基础。

（18）支持具有打造未来知识型经济潜力的尖端先进技术，如生物技术和纳米技术等的发展。

（19）对于高等教育委员会而言，提高大学对就业重要性的认识至关重要，因为这将有助于大学创造和管理自己的资源。

（20）为了进一步推动研究，将增加认可卓越研究的年度奖项。

（21）通过在高等教育机构聚集的城市签署新的邮局协议（Post Office Protocol，PoPs），以及在核心层面加强网络和信息安全，扩展第二代巴基斯坦教育和研究网络。

（22）向附属学院提供第二代巴基斯坦教育和研究网络。

（23）在主要城市的重要地点设立国家数据中心（National Data Centers，NDC），而且最好通过公私合作的方式建立。

（24）在全国各地巴基斯坦教育和研究网络的重要地点设立灾后恢复场所，确保在发生不可抗力事件时能够正常服务。

5. 关键绩效指标

（1）令人满意的大学研究、创新和商业化办公室的数量。

（2）教师国际研究出版物的数量。

（3）开设博士课程的大学与学位型学院的数量占大学和学术授予机构总数的比重。

（4）每个教师获得的研究经费数额。

（5）为满足行业需求而开设的副学士学位课程数量。

（6）与国外一流大学联合开设的课程数量。

（7）从非政府机构获得的外部研究经费数额。

（8）每个学生可使用的国际互联网带宽。

（9）每个高等教育机构所订阅的国际期刊数量。

（10）每个高等教育机构参与的国际、国内会议的数量。

（11）具有影响因子的地方期刊的数量。

（12）在国家数据中心接受托管和管理服务的大学数量。

（13）产学研合作项目的数量。

(14)获得大学支持的产品研发数量。

(15)已建商业园区、企业孵化器的数量。

(16)已建技术园区的数量。

(17)向大学教师和学生发放的专利数量。

(18)巴基斯坦出版的国际书籍数量。

(19)大学教师受邀在国际活动中所做讲座的数量。

(20)大学商业化研究的年度总收入。

(21)受行业赞助的大学研究项目的数量。

(22)接受企业实习的大学生数量占大学生总数的比重。

(23)大学教师和学生获得的专利数量。

(四)促进教育机会平等

1. 宗旨要义

为巴基斯坦17~23岁适龄青年提供更多的接受优质高等教育的机会。

2. 简介

增加入学机会和提高学生对高等教育的参与度是我们的重要使命,自2005年以来在这方面已取得实质性进展。我们已经实现了《巴基斯坦高等教育中期发展框架Ⅰ(2005—2010年)》所确定的目标,即高校在校学生数占17~23岁适龄青年数量的比重从2002年的2.6%增加到2009年的5.1%。需要说明的是,这还不包括以自修方式参加大学考试的学生。如果将这些学生计算在内的话,2009年这一比重则达到了7.8%。此外,为确保专业的发展,我们还努力增加巴基斯坦优先发展学科的招生人数。由于新的激励措施以及投资力度的加大,农业和医学学科在校学生数占高校在校学生总数的比重分别从2005年的5.2%和2.0%增加到2009—2010年的8.0%和3.0%。除此之外,其他学科的招生人数也大幅增加。我们的目标:通过新建高等教育机构和新校区,提高大学的容纳能力,促进私立教育机构积极参与,增加高等教育供给;通过引入新学科、前沿科技和市场需要的基础技术,使高等教育的扩张与国家优先发展领域保持一致;通过远程教育和为贫困学生提供经济援助等方式,确保入学公平,消除区域、性别和经济需求差异。

鉴于高等教育学生的参与率极低,我们采取了双管齐下的战略。在供给方面,为提高高等教育机构的办学能力,容纳越来越多的学生,已累计提供148.656亿卢比的资金用于766个基础设施发展和网络扩展的开发项目。为解决地区差异,确保现有高等教育选择的灵活性,新建了16所大学和37个新校区,远程教育在学人数从2002年的89 749人增加到2009年的229 704人。

全国有30%~35%的人口生活在贫困线以下,他们甚至无力承担公立高等教育机构的相关费用。为确保公平,在捐助机构的合作下,高等教育委员会启动了财政援助计划,并提供了基于需求的奖学金。迄今已建立大约40个经济援助办公室,提供2 800个基于需求的奖学金。此外,经与银行和金融部门磋商,还启动了可持续的学生贷款计划。

没有私立教育机构的支持,公立教育机构根本无法应对社会不断增长的高等教育需求,因此应鼓励私立教育机构在提供优质高等教育方面发挥应有的作用。为此,我们正在采取果断措施,改革私立高等教育机构的监管和融资框架。

为了向上百万学生提供更多、平等的高等教育入学机会,选择传统的"实体"解决方案并不具有可行性,因此有必要利用信息通信技术,制订高质量的远程教育解决方案,如扩展信息通信技术和教育技术,在没有校园且人口分布不合理的偏远地区建立虚拟大学校园等。

考虑到人口构成及其指数级增长,高等教育系统必须对此做出回应并扩大高等教育自主权。目前,巴基斯坦18岁以下的青少年大约有8 000万人,而22~23岁的适龄青年则有2 200万人,这一事实既带来了挑战,也给经济发展带来了机会。截至2009年,这2 200万人中已有158万人接受高等教育(包括候选自修生)。鉴于高等教育系统的容纳能力有限,而且很多学生的家庭经济条件较差,甚至无力承担公立高等教育机构的学费,如果未来几年高等教育体系不进行大幅度扩张,青年群体将在很大程度上被排除在高等教育体系之外,这将对国家稳定和经济发展造成很大的影响,并有可能成为整个社会问题的根源。

但是,如果注重管理策略,则3 000万至4 000万劳动力带来的人口转型可产生巨大经济效益,能够在国家发展中发挥重要作用。研究显示,东亚"经济奇迹"中人口红利的贡献率为25%~40%。

为接受高等教育,巴基斯坦的大量学生传统上都是以自修生身份就读于附属学院,主要学习人文科学和社会科学学科,但这些大学一般都未能得到足够的学术支持。如果想提高这些自修生的学习质量,提高毕业率与就业能力,就必须解决学术支持不足的问题。

长期以来,附属学院一直是巴基斯坦备受忽视的高等教育部门。虽然其在校学生数超过35万人,但所需教师、设施、实验室的数量和信息通信技术支持水平均不理想。这些学院的课程讲授与评估是其所附属的大学的责任,因此,提高大学对其附属学院的支持力度和质量保障能力非常重要。信息通信技术可以发挥重大的变革作用,应在与相关政府的合作下,将学院与高速信息通道连接起来。

连接全国大学的信息通信技术基础设施,为促进使用技术辅助工具和学习工具、提高学习质量提供平台。这一信息通信技术基础设施正被广泛用于学术思想的交流。利用信息通信技术举办教育研讨会和讲座对教师的态度、意识和教学实践产生了重大影响。大学实施这一计划也有助于发挥提高质量保障措施产生的积极作用,并确保继续支持创新教学,避免常规化。

从本质上讲,教育和培训是提高人力资源生产力的重要途径。通过高等教育,可以产生一个有活力的中产阶级,增加巴基斯坦纳税的白领工人的数量,有助于解决长期以来巴基斯坦存在的税收占 GDP 比重较低的问题。

通过对巴基斯坦公私立大学、远程教育机构、附属学院和自修生实际入学情况的考察（表 1），我们发现，远程教育、互联网课程和其他非传统课程的入学人数似乎在急剧上升，这表明在知识型经济时代，非全日制学生有更好的受教育机会。对于大学而言，它也代表了学生对学习方式的认可以及对教学方式提出变革的需求。

表 1   2007—2009 年巴基斯坦不同类型高等教育机构在学学生的分布情况

类别	2007 年	2008 年	2009 年
公立大学（人）	276 226	331 664	348 434
私立大学（人）	91 563	103 466	115 369
远程教育（人）	272 272	305 962	339 704
附属学院（人）	342 042	352 303	363 415
自修（人）	350 944	374 300	412 883
在学学生总数（人）	1 333 047	1 467 695	1 579 805
17～23 岁适龄青年人数（人）	21 309 137	21 763 022	22 226 574
在学学生占适龄青年的比重（%）	6.26	6.74	7.11

非全日制学生需要根据其工作或家庭需要，在规定的时间和地点接受教育。此外，产业变化也要求员工不断学习以保持竞争优势，这就为继续教育创造了强大的市场需求，可依据学生的便利及学习内容定制教育。

根据 2007—2009 年巴基斯坦高等教育机构在校学生数的增长情况，我们可以对《巴基斯坦高等教育中期发展框架Ⅱ（2011—2015 年）》实施期间的入学率进行预测（表 2）。

表 2   2011—2016 年巴基斯坦不同类型高等教育机构在学学生的分布情况

类别	2011 年	2012 年	2013 年	2014 年	2015 年	2016 年
公立大学（人）	385 000	423 500	465 850	512 435	563 679	620 046
私立大学（人）	144 719	162 085	181 535	203 320	227 718	255 044
远程教育（人）	418 549	464 590	515 695	572 421	635 387	705 280
附属学院（人）	385 547	397 113	409 027	421 298	433 937	446 955
自修（人）	481 587	520 114	561 723	606 661	655 193	707 609
在学学生总数（人）	1 815 402	1 967 402	2 133 830	2 316 135	2 515 914	2 734 934
17～23 岁适龄青年人数（人）	23 183 510	23 677 319	24 181 646	24 696 715	25 222 755	25 759 999
在学学生占适龄青年的比重（%）	7.83	8.31	8.82	9.38	9.97	10.62

3. 战略目标

(1)根据《2009年全国教育政策》制订的目标,如果政策规定必要的财政资助到位,就应采取相应的措施,保证在2015年前将高等教育入学率从5.1%提高到10.0%。

(2)大幅度提高本科和研究生入学率,特别是农业、科技和工程领域。

(3)根据市场需求和对巴基斯坦未来需求的预测,在大学引入新的教学和研究领域。

(4)确保高等教育机构具备必要的基础设施与资源,以吸纳更多的学生。

(5)为学生提供校园住宿,以免有资格的学生失去接受优质高等教育的机会。

(6)以重点大学为试点,通过增加远程教育机构的招生人数,建立远程教育机构,拓展、支持、输出优质远程教育。

(7)扩大并加强IT基础设施的运用,促进教育机会平等。

(8)在家中或通过地方学习中心提供学习机会,打破学习时间和地点的限制。

(9)提高自修生的学习质量。

(10)提高附属学院学生的学习质量。

(11)为有才能的学生提供平等的受教育机会,无论其需求或社会经济背景如何。

(12)制订并实施可面向所有学生的且具有可行性的学生贷款计划。

(13)支持扩大高等教育机构公私合作的规模和范围,增加私立高等教育服务供给。扩大不同地位的高等教育机构之间的合作。

4. 主要计划

为满足日益增长的高等教育需求,确保最大限度地吸纳合格考生,优先创造与需求相适应的教育机会,我们正努力通过各种计划提高高等教育的容纳能力,最大限度地拓展外联活动,并提供财政支持以消除需求方面的障碍。为了利用有限的公共资源,正在采取多项措施,例如通过修改高等教育机构设立标准和提供发展补助金等举措,鼓励私立高等教育的发展。

我们计划采取以下主要措施来增加学生接受高等教育的机会:

(1)为实现高等教育入学机会平等的目标,我们将在二、三线城市建立新大学以及现有大学的新校区,促进高等教育的发展。

(2)建立更多的女子大学,特别是在二线城市,缩小性别差距。

(3)优质远程教育的学习方式更为灵活化,是增加学生(包括因经济原因而中断学业的学生)和成年人入学机会的有效途径,为此将促进大学通过建立远程教育理事会以增强远程教育能力。

(4)虚拟大学校园提供了接受成本-收益优质教育的机会。这将大幅增加高等教育入学机会,并将扩展到那些由于缺乏合格的教师和基础设施而无法建立常规实体校园的偏远地区。

(5)为学生特别是女生提供校园住宿。在过去七年中,高等教育委员会已为64所公立大学的约 1 万名学生提供了校园住宿。未来计划继续加强基础设施建设,特别是通过公私合作为学生提供便利。

(6)已在公、私立高等教育机构成功设立 40 个财政援助办公室(Financial Aid Offices),其数目将继续扩大,直至涵盖所有高等教育机构。

(7)高等教育委员会已修订和批准经常性补助金资助方式,规定向大学提供基于需求的奖学金。

(8)由巴基斯坦国家银行(State Bank of Pakistan,SBP)和巴基斯坦国民银行(National Bank of Pakistan,NBP)负责管理的学生贷款,目前已经向约 1 400 名学生发放无息贷款。为降低学生教育成本,应在与银行和高等教育机构协商的基础上制订并实施学生贷款计划。

(9)鉴于政府资源有限,仅凭政府的力量显然无法单独提供高等教育,因此,目前已为近 12 万名学生提供教育机会的私立高等教育机构将变得更为合理化,应鼓励它们提高办学质量,建立健全激励机制,提高学科专业设置与社会经济发展的相关性。

(10)鼓励高等教育部门实现财务自主,高等教育委员会支持在高等教育机构中建立公私合作伙伴关系,特别是在非核心服务的提供方面。

(11)要实现高等教育入学机会未来 5 年增加 10%、未来 10 年增加 15%的目标,需要将现有资源、物质以及技术基础设施的利用率最大化,使包括远程教育在内的现代技术充分发挥作用。

(12)有效利用信息通信技术,为高校校园和远程高等教育提供高质量的教学和研究支持,提供技术和学术信息资源,促进研究人员与教师之间的学术交流。

(13)扩大基于需求的奖学金计划。

5.关键绩效指标

(1)不同年级、不同学科的学士、硕士和博士的数量。

(2)不同级别获得奖学金的学生数占相应级别学生总数的比重。

(3)通过远程教育或外部学生教育(Directorates of Distance/External Student Education)新目录注册的自修生数量。

(4)参加远程教育计划的学生总数。

(5)有资格获得且实际获得公共资助的私立大学数量。

(6)新建高等教育机构数量。

(7)新建校区数量。

(8)虚拟大学新建校区数量。

(9)学生贷款计划可用资金数额。

(10)大学财政援助办公室的数量。

(11)提供的基于需求的奖学金数额。

(12)受益于学生贷款计划的学生人数。

（13）有资格获得公共补助的其他私立高等教育机构的数量。

（14）公立机构的私人投资项目数量。

（五）培养卓越的领导和管理能力

1. 宗旨要义

支持培养高等教育机构相关人员的领导和管理能力。

2. 简介

高等教育治理对学术和研究的质量、相关性及其对社会发展的影响、对公共补助的依赖、政策倡议和支持、社区建设等问题至关重要。现代和平环境下蓬勃发展的知识型经济、日益增强的公众意识与期望以及关于权利与义务的辩论所带来的挑战远超各方预期。高等教育工作组 2000 年指出，无效的治理、管理结构和实践是长期以来困扰巴基斯坦高等教育发展的首要问题，也是巴基斯坦高等教育标准下降的重要原因之一。

高等教育机构由公、私立大学和学位型学院、卓越中心、地区研究中心、巴基斯坦研究中心、全国各地的教育协会（chairs）等组成。因此，全面实现质量治理是一项不小的挑战。应对这一挑战必须认识到，几十年来管理问题一直困扰着高等教育部门，并且依然有可能使改革效果大打折扣。为此，高等教育委员会已经着手从多个方面采取措施来解决这些问题。这些措施旨在向高等教育机构引入问责机制，理顺行政程序，并为实施有效的质量保障机制奠定基础。已采取的创新举措将有助于改进财务管理程序，提高采购程序透明度。尽管高等教育机构和高等教育委员会所采取的措施已初见成效，但是高等教育机构的内部管理仍然效率低下。同样，在高等教育委员会内部，技能差距和繁重的工作也影响到机构效率。

现代技术工具和先进的通信基础设施是更好地管理大学资源的必要条件。它有助于保证学生记录的安全性，便于有组织地进行信息交流、财务检查、定义研究和知识共享。所有这些都是高等教育委员会通过大学内部的自动化系统来简化治理和过程管理，增强学术界和社会管理能力计划的一部分。

关于大学在校生数、教师实力、研究成果、认证等各方面信息的综合数据库的建立仍是较难实现的目标。因此，必须建立一个综合的高等教育信息管理系统（Higher Education Information Management System，HEIMS），以便大学管理部门和高等教育委员会进行决策并追踪政策实施。已尝试在国家和高等教育机构层面开发高等教育信息管理系统，以收集、分析和汇报有关高等教育绩效的基本数据。但是，需要一个系统提供关于高等教育系统绩效的可靠的、及时的数据和信息，以便进行可靠的预测，促进战略决策。

为了使大学具备可靠、及时的信息管理系统，在学科设置多元化的 8 所公立大学启动了高等教育信息管理系统试点计划。校园管理具备简化流程、减少人工处理和将信息整合到一个数据库中的能力，并且无须各部门维护子系统。该系统适合学生管理（校园社区、入学、学生记录、学生财务、咨询建议和成绩册）、校园自助服务（教职员工和学生)、捐赠方关系/校友会(Contributor Relations/Alumni)、学院网络资源管理和宿舍管理等。将进一步强化该系统,加入财务管理和大学教职员工管理模块,完善管理信息系统。未来将有必要在所有大学推广这项计划。

大学是企业机构,因此也应该实施 ISO 9000 标准,以确保机构所履行的职能具有可重复性,业务流程有文件记录可查,具有可追溯性。为此,一些大学已经开始主动采取行动,现在有必要在全国各地以及高等教育委员会推广实施 ISO 9000 标准。

为帮助员工发展,高等教育委员会启动了一系列短期课程(1~3 日),向大学管理人员(包括副校长、注册官和大学财务主管)介绍现代大学管理经验。鼓励大学建立持续专业发展中心,全年提供长、短期课程,确保教职员工发展计划的可持续性。

大学高级管理人员负责为各自机构制订战略规划以及长短期目标。要求大学制订 15 年的远景目标,内容涉及学生和教师数量、开展学术和研究活动所需的物质基础设施、教职员工发展、质量保障和研究推广。接下来,每所大学都必须编制年度综合报告,详细说明该年度每个目标的进展情况。这些大学还将制订商业计划,确定大学资源的生成机制,以支持大学增加收入,确定大学可以外包的"非核心"职能,如自助餐厅管理、交通管理等,并制订提高大学支出可持续性的目标。

为提高财务报告的透明度、质量、可靠性和及时性以及整个高等教育部门的财务管理水平,高等教育委员会制订了由财务报告审计改进计划(Project for Improved Financial Reporting and Auditing,PIFRA)引入的新会计模式(New Accounting Model,NAM)原则,并确保年度财务报表符合国际公共部门会计系统(International Public Sector Accounting System,IPSAS),在每个财年结束后的 4 个月内进行审计。所有学术机构都需要采取类似举措。

学术和研究是高等教育机构的主要活动,但为了培养具有高尚品格和较高道德价值观的公民,也应开设适当的课外活动。大学体育对于大学生的健康发挥着重要作用,同时也有助于培养体育人才,为体育人才达到国家和国际水平做好准备。由于高等教育委员会高度关注大学体育活动,高等教育委员会团队在国家赛事中获得的奖牌数量增长迅速,2011 年高等教育委员会团队在全国锦标赛获得的金牌数位列全国第四,这一成绩令人振奋。大学体育是体育系统的重要组成部分,高等教育委员会将尽一切努力确保所有大学持续、密切关注和支持体育事业发展。

大学是复杂的综合体,在某些情况下,其管理类似于小型城市的管理,它包括房地产管理、住房、道路基础设施、污水处理、供水、运输、电信、电力、信息通信技术以及大学学术机构提供的许多其他服务。复杂的实验室仪器、化学和医学研究单位以及相关化学品和易腐品的存在,更是为这些机构的管理增添了许多复杂性。世界一流机构要求其所提供服务的每个方面都是世界一流的。

3. 战略目标

(1)进行全面研究,了解高等教育机构的治理和管理问题。

（2）加强高等教育机构的内部治理、管理绩效和问责。

（3）培养年轻教师的教育行政和管理技能。

（4）加强高等教育机构管理，制订远景规划、战略，加大资金筹措力度。

（5）确保及时提交标准化的季度财务报告。

（6）协助高等教育机构向其教职员工推广继续教育系统。

（7）安排关于教育机构治理和管理的进修课程和实践研讨会。

（8）引入发达国家高等教育机构的工作方法和职业道德标准。

（9）提高大学根据各自愿景制订和实施计划的能力。

（10）在所有高等教育机构的师资队伍中执行基于表现的奖励和晋升制度。

（11）在增强利益相关者信心的基础上，与高等教育部门建立新的问责关系。

（12）帮助高等教育机构为员工营造更加公平的支持性环境。

（13）帮助改善高等教育部门的财务规划和管理。

（14）提升高等教育部门的采购绩效。

（15）在高等教育委员会和所有公立大学开发包括综合预算和支出系统在内的高等教育管理系统。

（16）为高等教育机构高级学术人员和行政人员，包括副校长、院长、部门负责人、财务主管和注册官等提供培训机会。

（17）确保高等教育委员会团队参加全国锦标赛和所有国家级比赛。

（18）为高等教育机构所擅长的关键体育学科提供重点支持。

（19）增加超过高等教育委员会体育标准（时间、体重与身高等）、参加国家和国际赛事的大学运动员数量。

（20）支持信息通信技术、图书馆管理、设施管理、财务管理、财政资助、学生记录、设备维护、公共事业管理、学生和教师住房以及高等教育机构有效运营所需相关人员的能力建设。

4. 主要计划

（1）举办副校长、院长、注册官和高等教育机构其他主要办事处负责人的区域研讨会，开展事实调查，查找基本治理和管理中存在的困难，具体包括改进高等教育机构的管理结构，审查高等教育机构各个办公室的财务和行政权力、授权及其有效性等。

（2）继续实施现代大学治理计划（Modern University Governance Program，MUGP），提高管理技能和领导技巧，拓宽视野，激发高等教育机构管理者的创造力。

（3）制定并实施培训模块，为实现高等教育机构愿景制订机构战略规划和相关文件。

（4）通过由知名学者、成功实业家和高等教育委员会代表组成的遴选委员会，根据制度化的选择程度遴选大学副校长。

（5）关于大学副校长的遴选，高等教育委员会制定了新的规则，其中包括一套精心制定的综合化程序。该遴选委员会的工作流程应该制度化,以公告形式向社会公开发布信息,所有顶级学术和行政职位都向社会公开招聘。

(6)通过标准化的、可交互操作的架构,在所有大学扩展校园管理解决方案,管理和实施学生信息和企业资源计划(Enterprise Resource Planning,ERP)管理系统。

(7)针对财务管理和内部控制方面的国际最佳实践(如 COSO 内部控制综合框架),在选定的公立高等教育机构中开展试点研究。研究主题主要包括资金流、组织结构、预算、会计政策和程序、财务报告和内、外部审计的有效性等;主要目的是确定为执行新会计模式原则需要采取若干干预措施的领域,最终编制符合新会计模式(国际公共会计准则)的财务报表。

(8)为提高采购透明度,高等教育委员会编制了一份关于货物、工程和服务的综合采购手册,同时还附带必要的标准招标文件。此外,高等教育委员会已开始在其网站上发布采购和奖励通知,使采购流程透明化。此外,还需要根据本手册实施开展最佳采购实践的培训计划。

(9)由独立审计员对由高等教育委员会资助的所有实体机构进行实质性的年度审计,并实现审计流程的制度化。

(10)为全面掌握并充分控制大学财务状况,完善辅助政策与决策的自动化机制,将在公立大学分阶段启动基于解决方案的企业资源计划,具体包括 ERP 模块,即财务、人力资源管理、采购、材料管理和项目工作流程等。

(11)在不同大学设立特定运动项目,建立高等教育委员会体育中心,并为这些体育学科提供全年训练中心(Year-round Home)。

(12)为高等教育委员会体育中心提供教练与物质支持。

(13)积极推进国际合作,共同制订和实施大学领导力特别计划。

5.关键绩效指标

(1)正在接受课程培训的大学管理人员数量。

(2)根据遴选委员会任命流程任命的副校长数量。

(3)实行终身教职制度的大学数量。

(4)发布标准化年度报告的机构数量。

(5)准备制订商业计划的机构数量。

(6)采用财务规划和管理系统的机构数量。

(7)根据国际公共部门会计制度发布年度财务报告的机构数量。

(8)通过 ISO 9000 认证的大学数量。

(9)大学正在实施的计划中被高等教育委员会监测小组评定为"良好"的项目计划数量占计划总数的比重。

(10)为实现管理自动化而采用高等教育信息管理系统的大学数量。

(11)采用网络电话设备的大学数量及其使用情况。

（12）进入泰晤士报高等教育排行榜的巴基斯坦大学数量。

（13）实施的采购培训计划数量。

（14）在全国体育锦标赛中获得的不同类别的奖牌数量。

（15）在国际体育赛事中获得的奖牌数量。

（16）为实现业务流程和日常活动自动化而采用有关设施和服务的大学数量。

（六）财务管理与可持续性

1.《巴基斯坦高等教育中期发展框架Ⅰ（2005—2010年）》分析

为制定《巴基斯坦高等教育中期发展框架Ⅱ（2011—2015年）》的实际预算，有必要审查2006—2010年的支出模式。按照名义价值计算，2009—2010年巴基斯坦高等教育总支出为400亿卢比，与2005—2006年相比增幅超过80%，但考虑到通货膨胀因素，实际仅增长了7%。2006—2010年，巴基斯坦高等教育经费支出情况见表3。

表3　　　　　　　　2006—2010年巴基斯坦高等教育经费支出情况

指标		2006年	2007年	2008年	2009年	2010年
高等教育总支出（经常性经费＋发展性经费）	高等教育名义支出（百万卢比）	21 443	28 741	27 926	32 183	32 750
	高等教育实际支出（百万卢比）	17 388	20 259	17 575	16 890	15 205
	实际支出年均变化率（%）	22	16	−13	−4	−10
高等教育经常性经费支出	名义经常性支出（百万卢比）	10 543	14 332	12 536	15 766	21 500
	名义经常性支出年均变化率（%）	35	36	−13	26	36
	实际经常性支出（百万卢比）	8 431	10 102	7 889	8 274	9 982
	实际经常性支出年均变化率（%）	27	20	−22	5	21
高等教育发展性经费支出	名义发展性支出（百万卢比）	10 891	14 409	15 390	16 417	11 250
	实际发展性支出（百万卢比）	8 957	10 157	9 686	8 616	5 223
	实际发展性支出年均变化率（%）	18	13	−5	−11	−39

在《巴基斯坦高等教育中期发展框架Ⅰ（2005—2010年）》实施期间，2006—2007年巴基斯坦高等教育支出占GDP的比重起初有所增加，但2008—2010年一直在下降，具体见表4。

表4　　　　　　　2006—2010年巴基斯坦高等教育支出占GDP的比重

指标	2006年	2007年	2008年	2009年	2010年
高等教育支出占GDP的比重（%）	0.29	0.33	0.27	0.25	0.23

在2006—2010年的5年内，巴基斯坦高校在校生数量增加了60%，年均增长率为10%。虽然入学人数显著增加，但高等教育实际支出总额仅有微弱增长，具体见表5。

表 5　　　　　　　　　2006—2010 年巴基斯坦高等教育生均经费支出情况

指标		2006 年	2007 年	2008 年	2009 年	2010 年
公立大学在校生数量(人)		231 601	263 414	316 278	333 966	370 052
高等教育总支出 (经常性经费＋发展性经费)	高等教育实际支出(百万卢比)	17 388	20 259	17 575	16 890	15 205
	实际生均支出(卢比)	75 077	76 909	55 568	50 574	41 089
高等教育经常性支出	实际经常性支出(百万卢比)	8 431	10 102	7 889	8 274	9 982
	实际生均经常性支出(卢比)	36 403	38 350	24 943	24 775	26 975
高等教育发展性补助	实际发展性补助(百万卢比)	8 957	10 157	9 686	8 616	5 223
	实际生均发展性补助(卢比)	39 499	38 558	30 624	25 799	23 211

　　每年向高等教育委员会提供的经常性补助金主要用于大学的经常性补助、面向所有大学的校际学术活动计划,如数字图书馆、巴基斯坦教育和研究网络以及研究发展处等。大部分资金用于大学的直接经常性补助(约 90％),大约 2％用于支付高等教育委员会的管理费用,研究和大学校际学术活动费用约占 8％(表 6)。

表 6　　　　　　　　　2006—2010 年巴基斯坦高等教育经费支出项目

经费支出	2006 年	2007 年	2008 年	2009 年	2010 年
高等教育经常性总支出(百万卢比)	10 543	14 332	12 536	15 766	21 500
高等教育委员会支出(百万卢比)	310	284	250	315	350
高等教育委员会支出占总支出的比重(％)	2.94	1.98	1.99	2.00	1.63
大学补助金(百万卢比)	9 356	12 808	11 228	14 019	19 525
大学补助金占总支出的比重(％)	88.74	89.36	89.57	88.92	90.81
大学校际学术活动费用(百万卢比)	535	590	517	706	825
大学校际学术活动费用占总支出的比重(％)	5.07	4.12	4.12	4.48	3.84
研究发展处费用(百万卢比)	342	650	541	726	800
研究发展处费用占总支出的比重(％)	3.24	4.53	4.32	4.60	3.72

2. 经常性经费预测

　　上述分析为当前正在实施的《巴基斯坦高等教育中期发展框架Ⅱ(2011—2014 年)》支出预算模型提供了有利的参考。支出预算模型主要包括以下三个方面:教师工资和津贴;其他工作人员的工资和津贴;大学其他支出。据观察,其他工作人员工资与教师工资的比率固定在 60％左右,而大学其他支出与工资支出的比率则一直稳定在 87％左右。为构建此支出预算模型需要做以下假设:

　　(1)在校生数量每年增加 10％。

（2）生师比从目前的 23：1 逐渐增加到 5 年后的 25：1。

（3）目前每位教员的年平均工资加上津贴是 78 000 卢比，为实现工资和津贴的增长以及年度增长率，每年应增加 8%。

（4）为提高大学效率，5 年期间将其他工作人员工资与教师工资的比率从 61% 降低到 59%。

为制作支出预算模型，有必要估算大学校际学术活动、促进研究开展和高等教育委员会秘书处的支出。随着持有国外博士学位的合格学者的回国和国内大学高质量博士培养数量的增加，为实现研究活动的预期发展，大学校际学术活动和研究发展两项预算支出也将快速增加。表 7 对这些核心计划的支出情况进行了预测。

表 7　　　　　　2011—2016 年巴基斯坦高等教育支出情况预测

项目	2011 年	2012 年	2013 年	2014 年	2015 年	2016 年
研究发展（百万卢比）	800	1 000	1 500	2 000	2 500	3 000
大学校际学术活动（百万卢比）	1 765	2 600	3 150	3 600	3 850	4 375
高等教育委员会秘书处（百万卢比）	370	400	440	500	575	650
终身教职（百万卢比）	1 150	1 250	1 350	1 450	1 550	1 650
合计（百万卢比）	4 085	5 250	6 440	7 550	8 475	9 675

现在有必要根据大学收入情况建立一个模型，具体包括学费（54%）、考试费用（32%）、用户收费（6%）和其他收入（8%）。2011 年大学总收入比 2010 年增长 15%，预计未来 5 年大学收入仍将以 15% 的年增长率继续增长。根据表 7 提供的信息，我们可以对政府向高等教育委员会的拨款情况进行预测（表 8）。

表 8　　　　　2011—2016 年巴基斯坦政府对高等教育委员会的拨款情况预测

	项目	2011 年	2012 年	2013 年	2014 年	2015 年	2016 年
支出	大学预估预算（十亿卢比）	47.17	53.37	61.72	71.86	83.17	96.90
	核心计划与高等教育委员会秘书处（十亿卢比）	4.09	5.25	6.44	7.55	8.48	9.68
	经常性经费合计（十亿卢比）	51.26	58.62	68.16	79.41	91.65	106.58
收入	大学学费及其他收入（十亿卢比）	22.20	25.75	29.87	34.65	40.20	46.63
	政府经常性经费与补助（十亿卢比）	29.06	32.87	38.29	44.76	51.45	59.95

3. 发展性经费预测

大学可用的发展性经费尚无法满足其发展需求。鉴于目前政府面临着一定的财政压力，未来一段时期也很难有足够的资金来满足公私立高等教育机构的需求。目前已有 200 多个项目计划正在接受财政资助，资助金额达到 1 250.1 亿卢比。在本财政年度结束时,预计将向这些正在实施的项目计划继续追加投入 571.1 亿卢比,此外还有其他获批的项目计划,本应给予 8.4 亿卢比的资助,但在本财政年度似乎已无暇顾及。在未来 3 年内,将对现有资助项目计划优先提供资助,新项目的启动会更加谨慎。

4. 经费预测总结

表 9 对未来几年巴基斯坦高等教育经常性和发展性经费进行了预测。

表 9 2012—2016 年巴基斯坦高等教育经常性和发展性经费预测

项目	2012 年	2013 年	2014 年	2015 年	2016 年
经常性经费(十亿卢比)	32.87	38.29	44.76	51.45	59.95
发展性经费(十亿卢比)	20.24	23.99	25.79	30.54	31.43
合计(十亿卢比)	53.11	62.28	70.55	81.99	91.38

5. 财务管理

为改进整个高等教育部门的财务管理和会计系统,提高财务信息的透明度、质量和可靠性以及财务报告的全面性和及时性,高等教育委员会已开始着手进行一系列改革。

为确保财政资源在高等教育机构之间的公平分配,高等教育委员会还计划审查高等教育支出,这将有助于提高高等教育机构的财务管理效率。

(1)宗旨要义。

①在选定的公立高等教育机构中开展研究,审查财务管理和内部控制体系,并提出改革建议,遵循国际最佳实践的一致做法。

②帮助高等教育机构根据世界银行资助的财务报告审计改进计划引入的新会计模式,设计并使用标准化会计系统。

③将大学支出体系与其生产力指标联系起来。

④委托开展公共经费开支追踪监测(Public Expenditure Tracking Survey,PETS),以确定资金来源与实际使用之间存在的效率低下、瓶颈和体制障碍等问题。

⑤强化内部审计绩效和高等教育机构的问责机制。

⑥为高等教育机构员工提供培训,加强能力建设,并由审计公司对多所选定大学进行独立审计。

⑦与所有利益相关者协调,启动学生贷款计划(Student Loan Program,SLP),以帮助来自低收入家庭的学生。

⑧敦促高等教育机构制订经费拓展计划和战略。

⑨为将手工簿记转换为自动化和企业资源规划解决方案,需加强对财务管理和会计等有关人员的培训,支持高等教育机构的能力培养。

(2)主要计划。

①提高财务效率的主要研究如下:

a.研究范围涵盖资金流、组织结构、预算、会计政策和程序、财务报告和内外部审计的有效性,主要目的是确定需要干预的领域。

　　b.将在选定的公立高等教育机构中开展一项研究,审查员工管理和内部控制体系,与国际知名企业资源(例如 SAP、校园管理)规划的国际最佳实践案例保持一致,确保预算执行及时、可靠以及会计信息的可获得性。

　　c.对高等教育支出制度,即招生记分卡、毕业生、人均成本、生师比、具有一定影响力的国内外出版物、研究及其实际应用等制度进行研究,设计并实施政策改革,完善相关监测体系。

　　d.为充分利用高等教育机构拨款,高等教育委员会将支持完成公共开支追踪监测,重点关注关键计划。

　　②培训:

　　a.开展一系列培训,促进采用新会计模式会计原则,及时编制符合新会计模式标准的财务报表。

　　b.为改进内部控制结构的会计程序与手册,对财务人员提供有效的培训。

　　c.为高等教育委员会和高等教育机构提供财务管理培训,加强能力培养,并安排审计公司进行独立审计。

　　③向选定的、首次由外部审计公司进行独立审计的大学提供一次性资助。

　　④增加高等教育机构收入。高等教育委员会将鼓励高等教育机构通过合同研究、商业收入、筹款、捐赠或慈善资金来增加收入。

　　⑤学生贷款计划。高等教育委员会计划与所有利益相关者协调,以设计和实施学生贷款计划,这是高等教育委员会倡议的一部分,旨在帮助来自低收入家庭的学生。高等教育委员会将与所有主要利益相关者及大学合作设计学生贷款计划,并鼓励高等教育机构建立助学贷款办公室,预计未来 3 年的将向公、私立合作院校的 10 000～15 000 名学生提供贷款。

　　(3)关键绩效指标。

　　①就高等教育机构财务管理系统政策改革而开展的研究数量和提出的建议数量。

　　②提供与财务管理和会计相关的培训的大学或高等教育机构的数量。

　　③采用基于会计系统的新会计模式的大学或高等教育机构的数量。

　　④编制会计程序和手册的大学或机构的数量。

　　⑤通过外部独立审计认证的大学数量。

　　⑥建立创收和收入来源多元化中心的大学数量。

　　⑦已设立捐赠基金的大学数量。

　　⑧已设立助学贷款办公室的大学数量。

　　⑨受益于学生贷款计划的学生数量。

6.财务的可持续性

　　巴基斯坦公立大学经常性预算的近 50% 来自政府以外的费用。然而,就发展性经费而言,除特殊情况外,资金几乎全都由政府提供。为了能够在社区建设和经济发展中发挥其领导作用,大学必须充分接触所有利益相关者,并让他们投资大学建设。巴基斯坦的大学发展尚处于起步阶段,在有组织的经费筹集方面仍有许多工作要做。

所有大学都必须对其资产和资产使用情况,包括资产营收情况进行战略审视。大学不仅应明确发展目标,还必须有相应的经费规划,即必须制订商业计划。

巴基斯坦的大学发展规划的合理制订,需要沿用成功国际模型所采用的系统方法。高等教育委员会和高等教育机构需要具有强大的领导力,为计划的成功提供广泛支持。为促进大学发展与进步,加强经费筹措能力建设,各级机构均做出了坚定的承诺,并培训了专业工作人员,与私人捐助者开展广泛合作。但是,为取得成功,所有机构必须建立正式组织结构。财政预算很紧张,许多机构难以为安置、培训员工提供启动资金。

校友、潜在合作伙伴及公众对公立大学对私人资金的需求缺乏认知和理解,这是首先需要克服的障碍,之后才能为大学引入私人资金。经验丰富、了解大学发展的专业人士的匮乏,以及对高等教育委员会及大学在发展方面的投资终将得到回报理解得不到位,是未来发展的主要障碍。若高等教育系统按照正确的方式运行,则假以时日,必将产生长期效益。

根据试点计划,目前 11 所参与合作的大学已设有专门的发展和经济援助办公室,而且其工作人员均已接受过有关大学发展的相关培训。就高等教育发展活动和能力而言,虽然它们处于不同的发展阶段,但所有的合作机构都在与校友建立良好关系,与地方合作伙伴加强联系,并开始筹集资金。该试点计划应成为将高等教育发展活动拓展至所有公立大学的典范。

(1)宗旨要义。

①在高等教育委员会设立发展办公室,由专职工作人员担任领导,并培养其社会资金筹措能力。

②为发展专业人员建立专业组织,传授知识,提供培训和宣传,以加强大学的社会资金筹措能力。

③为发展专业人员建立专业标准和道德规范。

④为公立大学制定绩效指标,对专职工作人员以及培训和相关活动提出要求。

⑤为从私人来源筹集的资金制定可行性标准。

(2)主要计划。

①制订并实施巴基斯坦大学发展的 5 年战略规划。

②建立一个永久性战略智囊团,以支持巴基斯坦境内大学的持续发展。

③将大学发展试点计划拓展至所有大学,包括发展专业人员的共享网站和在线奖学金计划。

④以大学发展为主题,组织全国性的巴基斯坦大学年度会议,采取研讨班和圆桌讨论等形式向公众分享信息,提高社会公众对这一主题的认识,并吸引潜在的私人合作伙伴以筹集社会资金。

⑤建立全国大学发展专业人员组织,并为其提供培训,以加强大学的社会资金筹措能力。国际组织——教育发展促进理事会(Council for the Advancement and Support of Education,CASE)可以为这项工作提供所需要的支持和框架。

⑥开展公众宣传活动,向公众宣传支持高等教育发展的必要性,不仅为了奖学金,还为了向大学的基础设施建设及大学所采取的特殊举措提供支持。这应包括有关高等教育给社会带来的积极影响等信息。

⑦在大学设立专门的发展办公室,并就员工聘用问题提出要求。

⑧制订培训计划,培养大学职工的工作能力。此外,还应包括行政培训,帮助副校长、院长和其他高级领导人员了解他们在机构发展工作中所应发挥的作用。

⑨为大学发展制定具有现实意义的标准,包括时间表、筹集资金数额以及大学为筹款所开展的活动。

(3)关键绩效指标。

①大学发展办公室运行良好的大学数量。

②高等教育委员会为发展和财政援助办公室而雇用的合格的工作人员数量。

③就共享大学设立专门的发展办公室和员工聘用问题提出要求。

④所有大学均设立发展专业人员共享网络和在线奖学金。

⑤关于大学发展和财政援助的全国会议的数量。

⑥已建立一个支持高等教育发展的全国性专业组织,且领导结构完备。

⑦为向社会筹集资金而提高公众认识的外联活动的数量。

⑧针对大学新进工作人员而开设的培训班数量。

⑨已制定大学经费筹措标准,包括时间表和筹集资金数额。

八、实际目标

本部分总结了计划实施 5 年后拟将实现的目标。

(一)教师发展

1. 新增 3 500 个外国研究生奖学金名额。

2. 新增 3 750 个本国研究生奖学金名额。

3. 新增 1 250 个联合培养研究生奖学金名额。

4. 新增 700 个博士后奖学金名额。

5. 根据终身教职制度新增 3 000 名博士。

6. 向 750 名工作人员提供员工发展课程。

7. 2 500 名教师完成专业的英语教师培训课程。

8. 新增 50 个职业继续教育发展中心。

9. 4 000 名新教师参加教师发展课程以提高教学技能。

(二)质量保障

1. 5 所巴基斯坦大学进入《高等教育时代周刊》评出的世界 500 强大学排行榜。

2.75 所大学设有质量提高小组。

3.对 100 个机构根据机构绩效评估标准进行评估。

4.对照记分卡系统,75 个质量提高小组的表现令人满意。

5.170 所附属学院(开设 4 年制学士学位课程)实施质量保障。

6.通过新设立的对外学生教育局,招收 50 000 名自修生。

7.开设 1 250 门培训课程,以改进考试制度。

8.50 所大学通过 ISO 9000 或类似认证。

9.高等教育委员会为 5 个新的学科建立认证委员会。

10.对 75 个 4 年制大学本科课程计划的课程进行修订,其中包括根据"2+2"模式修订的 25 门课程。

11.与国外一流大学联合开设 125 门学术课程。

12.90 个机构实施机构绩效评估。

13.150 个新计划获得认证委员会的认证。

14.500 名评估员接受内、外部质量保障和项目认证培训。

(三)研究和创新创业

1.2015 年,巴基斯坦研究人员在具有影响力的期刊上发表 12 500 篇论文。

2.30 个大学研究、创新和商业化办公室的表现令人满意。

3.国家数据中心(National Data Centers,NDC)向 70 所大学提供托管和管理服务。

4.启动 30 个产学研联合项目。

5.建立 60 个技术孵化器。

6.建立 5 个技术园区。

7.大学师生获得 45 项美国专利或国际专利。

8.大学商业化研究的年收入达到 1 亿卢比。

9.75 所公立大学设有运行良好的研究、创新和商业化办公室。

10.每个机构可用的平均带宽为 194 MB。

(四)促进教育机会平等

1.10% 的 17~23 岁适龄青年可以接受高等教育。

2.就读于公立高等教育机构科技专业的学生新增 85 000 人。

3.就读于公立高等教育机构的研究生新增 10 000 人。

4.新建 10 所大学或学位型学院。

5.新建 5 个大学校区。

6.新建 35 个虚拟大学校区。

7.35 所私立高等教育机构可获得财政资助。

8.新建 60 个财政援助办公室。

9.新增 5 000 个基于需求的奖学金名额。

10.1 万名学生可根据学生贷款计划进行贷款。

(五)培养卓越的领导和管理能力

1. 所有新任命的大学副校长都是根据遴选委员会任命程序任命的。

2. 每年有 200 名大学管理人员接受课程培训。

3. 为多所高等教育机构或研究机构提供 1 250 MB 带宽。

4. 50 所公立大学采用 ERP/HEIMS 软件,以实现业务自动化。

5. 高等教育委员会团队有能力参加全国锦标赛的所有活动。

6. 高等教育委员会团队在全国锦标赛中至少获得第三的名次。

7. 在团体赛中高等教育委员会团队每年至少赢得 5 枚金牌。

8. 50 所大学发布标准化年度报告。

9. 在 50 所大学设立就业咨询中心。

(六)财务管理与可持续性

1. 30 所高等教育机构采用了财务报告审计改进计划引入的新会计模式。

2. 开展公共开支追踪监测并提出建议,以消除高等教育发展中的瓶颈问题。

3. 高等教育机构 350 名员工接受财务管理和会计手册的能力培养培训。

4. 20 所大学通过外部独立审计认证。

5. 100 所大学拥有功能性校友会。

6. 50 所公立大学已制订并实施商业计划。

7. 15 所大学设立了捐赠基金。

8. 编制关于建立促进高等教育发展的国家性专业组织的提案,并提交政府审批。

9. 50 所公立大学发起外联活动,提高公众对社会资金投向高等教育的必要性的认识。

孟加拉国

孟加拉国国家教育政策(2010 年)

一、教育政策的目的和目标

《2009 年国家教育政策》的制定充分参考了《孟加拉人民共和国宪法》(以下简称宪法)的相关规定,对于强调保证每个成员儿童权利的联合国《儿童权利公约》也进行了深入的考量。国家教育政策的首要目标是以培养人的价值为导向,致力于以适当的方式方法将公民培养成惠民发展项目和社会进步的领导者;将公民培养成理性的、理智的、有道德观念的人,使他们尊重自己的宗教,也尊重他人的信仰;同时,帮助国民获得壮大孟加拉国所需的品质和能力,使孟加拉国以同等的能力和步伐参与国际社会的发展。国家教育政策作为教育系统的基础,应根据宪法的规定,发展亲民的、容易获得的、统一的、普遍的、有计划的、以科学为导向和高标准的教育,同时成为一种处理所有教育问题的战略。综上所述,该教育政策的目的和目标如下:

1.反映宪法对各级教育的保障,让学生意识到孟加拉国的自由、主权和领土完整。

2.提高学生的智力素质和实践能力,确立个人及国家层面的道德、人文、文化、科学和社会价值观。

3.以解放战争的精神鼓舞学生,培养其爱国主义、民族主义以及良好的公民品质(比如正义感、责任意识、人权意识、自由思考、有纪律、热爱积极向上的生活、接受集体生活、友善、有毅力等)。

4.通过传承,推进国家历史、传统和文化的延续。

5.通过包含国家传统精神和要素的教育体系来培养学生的创造性思维能力,从而引导学生以发展为导向的知识开发。

6.逐渐形成以创新力、实用性和生产性为导向的教育体系,促进国家在经济和社会领域取得进步,培养学生的科学思维及领导能力。

7.消除种族、宗教和信仰的社会歧视,消除性别差异;倡导友善、互助、理解和对人权的尊重。

8.根据个人的天赋和资质,消除地域、社会和经济地位的差异,为所有人创造无阻碍和平等的教育机会,建立一个无歧视的社会;抵制将教育作为商品攫取利益的行为。

9.发展民主文化,包容不同意识形态,帮助学生形成生活化的、现实的、积极的人生观。

10.发展每一个成长阶段的学生的能力,避免他们采用死记硬背的方式学习,要激发他们的思考力、想象力和好奇心。

11.确保不同地区和不同教育阶段的高标准,使学生能够成功地在全球范围内竞争。

12.重视信息通信技术、数学、科学和英语,建立以知识为导向、以信息通信技术为基础的数字化孟加拉国。

13.注重教育的扩展,重视中小学教育,激发学生对体力劳动的尊重,使学生获得职业教育技能,促进各种教育程度学生的自主就业能力。

14.在所有学生中,规定一些统一的基本思想;在所有国民中树立地位平等意识。在不同的教学体系下,在小学阶段,教授统一的基础课程,使用统一的教科书以达到上述目的;在中学阶段,在基础课程中引入一些教学方法,以达到类似目的。

15.为中小学生提供一个有创意的、良好的、快乐的学习环境,使他们得到适当的保护和适宜的发展。

16.通过学习各自的宗教教义或道德课程,帮助学生拥有良好的道德品质。

17.确保各级教育的质量,使前期所学(根据教育目的和目标)与下一阶段的学习内容相关联,以巩固获得的知识和技能;促进所学知识和技能的延伸,让学生能够获得这些技能;在小学、中学和职业教育中,激励学生参与教育过程,这对于实现教育目标有特别的作用。

18.将学生培养成专业人才,以应对气候变化和其他自然灾害威胁下的世界挑战,培养学生的社会环境意识。

19.确保所有学科的高等教育的质量,鼓励学生开展研究;通过知识的获取和科学探究能力的培养,在国内创造一个适宜且必要的研究环境。

20.为高等教育体系提供适宜的背景和环境,为理想的学术研究提供便利。

21.在各级教育过程中推广、应用信息通信技术。

22.对包括流浪儿童在内的国家弱势群体的教育采取特殊措施。

23.促进与发展原住民族和少数民族的语言和文化教育。

24.确保对身心有障碍的学生进行教育。

25.创造一个没有文盲的社会。

26.在教育落后的地区采取特殊措施提升教育水平。

27.确保高效、准确的孟加拉语教学。

28.为了促进学生的身心健康发展,在所有教育机构中,采取必要措施,增设运动、游戏和体育锻炼的场地及设施。

29.采取多种措施培养学生的卫生意识。

30.提醒学生,使其意识到服用毒品或类似物品的危险性。

二、学前教育和小学教育

(一)学前教育

1.目的和目标

在儿童正式开始接受教育前,我们需要创造有利于儿童发展的环境,以满足存在于儿童内心深处的无穷的怀疑、无尽的好奇心以及无限的热情。有利的环境能够使他们在精神及身体上做好接受学校教育的准备,因此,学前教育尤为重要。为了实现这个目标,必须为 5 岁以上的儿童提供一年的学前教育。之后,会扩展至 4 岁以上的儿童。该阶段课程设置的特点是:

(1)旨在鼓励儿童入校学习,培养他们的认知能力,让他们对学习产生美好的感觉。

(2)使儿童学会对人宽容,并给他们灌输后续正规教育所需要的纪律观念。

2.策略

(1)学前教育主要通过图片,有吸引力的、简单的教材,模型,歌曲,游戏和手工活动等进行教学。

(2)学前教育应在一个愉快的、充满爱和关怀的环境中进行。在这个环境中,儿童的活力、精神和他们爱提问的天性与好奇心都会得到欣赏。必须保证儿童的安全,避免给儿童造成任何身体或精神上的伤害。

(3)增加每所学校教师以及教室的数量,以促进学前教育。因为资金投入较多且需要较长的时间,所以这项计划将分阶段实施。

(4)学前教育包括目前由宗教事务部负责宗教教育教学计划,用字母知识传授宗教教义,并通过道德课程传授现代教育内容。

(二)小学教育

小学教育在孟加拉国国家生活中占据极其重要的地位,是培养优秀公民的基础,是将全体公民纳入教育体系的途径。所以,国家将会创造平等的机会,确保所有儿童,不论种族、经济条件、身心素质和地理差异如何,都能接受小学教育,这是国家宪法赋予公民的权利。小学教育为后续教育奠定了基础,所以必须提供高质量的小学教育。

因为很多学生在这一阶段之后就开始工作,所以在小学教育阶段打下的坚实基础,将使学生在就业市场上具备更有利的条件。为了在国家层面上重视小学教育,学校在基础设施、教师数量以及师资培训等方面存在的问题将得到更好的解决。小学教育对所有儿童都将是普及的、义务的、免费的和统一的。目前,由于经济条件、地理差异以及对教育的理解等因素的影响,不能保证所有儿童进入小学学习。2010—2011 学年,将确保小学教育入学率达到 100%,并在那些没有学校的村庄里,至少会建立一所小学。

1.目的和目标

(1)设置具有民族精神的课程和教材,培养人文价值观。学校要营造和谐、快乐的氛围,促进儿童身心健康发展。

（2）制订一套统一的、强制性的教学大纲，让不同类型的小学教授一些统一的基本课程。

（3）帮助学生树立正义感、责任意识、纪律性、礼仪性、人权意识，接受集体生活，培养好奇心、友善、毅力等道德和精神价值观，鼓励学生学习科学、文化和人文知识，远离迷信。

（4）激发学生心中的民族精神，鼓励他们满怀爱国主义精神投入国家建设。

（5）确保学生在不同阶段的学习中仍有足够的余力，使他们有动力、有能力接受下一个阶段的教育。为此，学校应聘任足够数量的高素质教师。此外，还必须确保基础设施的建设、良好的社会氛围、能够胜任的教学能力、和谐的师生关系以及受人尊敬的妇女地位。

（6）采取有效措施，保证学生获得学科基础知识、生活技能、价值观和社会意识等，以满足他们的基本学习需求，使他们能够进入下一个阶段的学习。

（7）对 6～8 年级学生进行职前教育，培养他们对体力劳动的尊重意识，并使他们对职业教育有一些了解。

（8）加强原住民族和少数民族在小学教育阶段的母语学习。

（9）建立特殊的小学教育监督机制，尤其在经济落后的地区。

（10）保证各类残疾儿童和贫困儿童享有平等的受教育机会。

2. 策略

（1）国家责任。宪法规定国家必须为所有人提供基础教育。因此，国家对小学教育的管理完全负责，国家必须履行其职责。

小学教育的国有化进程将继续加深。小学教育的责任不能下放给私营部门或非政府组织。任何个人或非政府组织如有意开办小学教育机构，必须按照国家的规章制度向有关政府部门申请许可。

（2）小学教育的持续时间和实施。小学教育的持续时间将从现行的 5 年延长到 8 年。要实现这一目标，需要关注两个问题：一是发展基础设施；二是招聘足够数量的合格教师。

国家将立即采取下列步骤，从 2011—2012 学年起将 6、7、8 年级纳入小学教育结构：

①为 1～8 年级准备新课程、教材和教师指南。

②为应对教育年限的延长，组织教师进行有效的教学实践培训。

③对教育行政管理部门进行必要的整顿。

为了对初等教育进行改革，必须增加体育设施和教师人数。到 2018 年将通过实施适当的方法，确保全国所有儿童，不论其性别、经济条件和种族，都能够接受 8 年制的小学教育。

（3）不同学校的整合。根据宪法，国家致力于确保所有人接受统一的基础教育。宪法规定,为了引入非歧视教育制度,全国所有学校的部分基础学科将使用统一的课程和教学大纲,其目的是整合不同属性的教育机构。如果获得教育局相关部门批准,这些学校就可以教授除了特定学科之外的一些额外学科。

为了培养学生的能力和提供优质的教育,伊斯兰学校和其他各类学校将实施八年制小学教育计划,实施新整合的小学教育体系。

国家将采取措施消除在不同的初等教育机构设施方面的差别。所有这类机构,包括英语学校以及各类伊斯兰学校,都必须按规定在相关部门进行登记。

(4)课程和教学大纲。孟加拉语、英语、伦理学、孟加拉研究、数学、社会环境等学科以及关注气候变化的自然环境、科学和信息通信技术等专门学科,将作为必修课程出现在教学大纲中,面向各类小学的所有小学生进行讲授。成立专家委员会,为小学教育的所有学科开发课程和课堂内容,该委员会将对其进行持续关注并严格审查。在基础设施开发不足、计算机和教师数量供应不足的情况下,有关信息通信技术的教学将通过书籍进行。在学习之初将采取适当措施确保学生的英语写作及口语能力,并根据需要在接下来的课程中进行强化。适合辅助课程计划的学科可以在1年级教授。将宗教研究和伦理学作为一门必修课,在初级阶段开始教授。在6～8年级,学生将接触职前教育和信息通信技术课程,使小学毕业终止学业的学生获取较好的工作机会。

(5)入学年龄。现行规定强制入学年龄为6岁以上。

小学教育的生师比应是30:1。该目标将在2018年前分阶段实现。

(6)学校环境。小学教育阶段,教师的教学重点应放在吸引学生入校学习上,采取快乐的、有吸引力的对学生有利的教学方法。在校园里,为教学营造一个安全、友爱和良好的环境。

(7)教育材料。国家课程和教材委员会应根据小学教育设定的目标,准备以学科为基础的教材,补充文本材料、练习册和教辅材料(包含分析、练习和例题的书),以满足各学科和各年级的需求。所有教材必须准确无误,用简单和清晰的语言编写,以提高学生的兴趣。盲童的教材按照盲文方法编写。

(8)辍学解决方案。

增加贫困生的助学金数额。

营造快乐而有吸引力的学校环境。为此,学校应采取有效措施,例如增加适当的游戏、体育和文化活动设施,增加师生之间的热情互动,鼓励教师关心学生以及维护干净的校园环境,为男、女生建造独立的现代卫生间,杜绝体罚,等等。

校园午餐供应问题亟待解决。农村及落后地区所有学校午餐供应须分阶段实施。要特别注意为丘陵和偏远地区的学校修建住宿设施。

位于湿地和自然灾害多发地区的学校,可根据需要改变上课时间并重新安排假期。在这方面,基于社区建议,当地可自行决定。

应特别注意改进女生辍学率高这个状况。要严格处理校内戏弄女生的行为。

当前,完成5年级教育之前的辍学率大约为50%,剩下大约40%的学生在完成

8年级教育前也会辍学,因此降低辍学率迫在眉睫。所以,需采取适当措施,确保到2018年,所有的学生都可以完成八年教育。

(9)少数民族的儿童。国家将采取措施确保学校配备少数民族教师,并以本民族的语言编写教材,以便学生可以学习他们本民族的语言。在这些措施中,特别是在准备教科书时,要确保涵盖各个原住民族。

向边缘化的原住民族儿童提供特别的援助。

有些地区在少数民族聚居的平原或丘陵地区建立小学。有些地区少数民族人口稀少,学校可能招不到学生。因此,需要建设一些教师和学生的住宅设施以招到足够的学生。此问题应给予必要的关注。

(10)残疾学生。特别关注并设计卫生间设施及无障碍区域,以满足身体残疾学生的特殊需要;优先考虑残疾儿童的需求;在每个小学至少招募一名培训师,以满足不同类型残疾学生的特殊教学需求。

(11)流浪儿童和其他贫困儿童。通过特殊规定,比如安排免费入学,免费发放教育材料,提供免费校园午餐和奖学金,来吸引这些孩子。学校采取有效措施保护其安全。

(12)不同类型和不同地区的小学差异严重问题。分阶段缩小现存的差异。为了达到这一目的,将实行特别计划,以增加对农村和落后地区学校的特别援助,使这一情况在几年内得到改善。

(13)教学方法。将采用互动教学方法,培养儿童的创新能力,并帮助他们通过个人或小组进行练习。鼓励和支持教学研究活动,寻找有效的教学、评估和实施创新的方法。

(14)学生评估。在1、2年级将持续进行评估,从3年级起,将按季度、半年度和年度进行适当的考试。5年级结束时,将在乡(Upazilla)、市政府(Pourashava)、警管区(Thana)等举行期末统考。完成8年级教育时,将举行一场公共考试,即初级中学入学资格考试。有关考试的教育委员会负责组织这些公开考试。

(15)学校发展、教育质量监测与社区参与。为了确保社区参与学校的发展活动,必要时将扩大社区管理委员会的权力,使其更积极参与活动。社区管理委员会由一些常委和选举出来的代表组成。同时,必须保证社区管理委员会的问责制度的实施。

通过主动建立家长教师委员会,听取家长对学校和子女教育的期望。

(16)教师的招聘和晋升。1~5年级教师招聘的最低资格是高中毕业或同等学力。6~8年级的教师则是拥有二级学士学位的男、女教师。在低年级阶段,女教师优先。对新入职教师进行培训并在3年内取得初级教育资质。直接委任的班主任岗位,最低资格为二级学士学位,并需要在3年内获得初级教育资质。将一系列措施和薪资等级(比如助教、助理班主任、班主任)等作为激励,并且为教师提供晋升机会。尊重教师,肯定他们在国家建设中的重要作用,保证教师薪资稳定。教师也必须认真履行职责。

为教师提供培训,扩大其在职培训的范围。根据实际需要和可行性安排教师进行海外培训,提高国家教师培训机构的能力。

有必要将晋升与教师的培训相联系。空缺的高级职位将通过直接任命或晋升培训合格的高学历教师来填补。必要时，职位晋升将通过适当的规章制度来实现。

（17）教师选拔。在政府批准并支持的民办小学及伊斯兰学校成立独立的私立学校教师选拔委员会（其性质类似于公共服务委员会），进行教师选拔。该委员会由与教育和行政有关的人员组成。教师选拔方式为笔试加口试，将在县或乡举行。各招聘学校将从私立学校教师选拔委员会选出的候选人当中选拔教师。乡、警管区共同协商决定每年所需的教师人数，委员会将据此提出建议。在此基础上，对学科教师招聘目标进行修正。中学和政府支持的具有学位授予权的私立学校的教师选拔的责任将委托给该委员会。

（18）学校内的教育监督和监测。学校内的主要监督责任在于班主任。所以，应当为班主任安排特殊的培训，以便他们更好地履行职责。外部监督和学校监督将尽可能分开。必须为负责这项任务的教育监督者分配固定数量的学校，以便让他们顺利开展工作。

（19）其他。为了普及小学教育，建立所需数量的学校，并增加各种设施。进行实地调查统计，以确定没有学校或需要兴建更多学校的村庄。

提升国家基础教育研究中心的地位，使其成为国家顶级研究中心，为基础教育的发展提供新方法。为了实现这一目标，需要采取一些必要的措施。例如，对负责不同项目的小学教育机构的学术人员和相关领域的教育监督者进行培训；对教学大纲进行统一编制和审批；加强培训与监督，并为学员组织考试、授予文凭；为小学教育的发展举办适当的研究活动，组织研讨会和讲习班。

国家必须全力保证全民优质基础教育。

采取措施使学生树立基本的卫生意识（如修指甲、洗手、刷牙等）。

三、成人教育和非正规教育

（一）目的和目标

成人教育和非正规教育的目标是，到2014年使全国所有的成年公民都能接受教育。孟加拉国是世界上文盲人口较多的国家之一。目前，只有49%的15岁以上人口是有文化的，这意味着该年龄段中51%的人口仍然是文盲。在全国范围内，大量文盲存在，一方面是由于正规教育的限制范围和刻板性，另一方面是由于人口爆炸和贫困。因此，迫切需要按照学生年龄和学习领域，通过成人教育和非正规教育实施有效的大众教育计划。

1. 成人教育

成人教育的目的是使人摆脱文盲，使他们掌握最基本的阅读、写作和算术能力，给他们讲述一些人文价值观，让他们意识到健康和环境的重要性，并提高他们的专业技能。成人教育致力于使所有的成年人摆脱文盲。

2. 非正规教育

非正规教育是正规教育体系的一种补充。在小学教育达到100％入学率这个目标之前,为不能入学或中途辍学的孩子通过非正规教育体系提供日常生活可以用得到的基础教育和职业培训。

(二)策略

1. 成人教育

(1)成人教育关注学生读写算能力、人格品质、社会意识和专业技能的发展。

(2)成人教育面向所有文盲,15～45 岁的人享有优先权。

(3)为从事成人教育的教师提供特别培训。除了规定的读写算能力外,课程内容会根据课程时间、教学方法、教师资格、学习方法、当地和外地人口的需求、资源的可用性和人们的职业性质进行调整。国家大众教育课程发展委员会将适当整合其他领域的学习,例如职业技术教育、营养与健康、家庭福利、农业、林业和环境、渔业、畜牧业等,并设计课程内容,把握向国外输出技能人才的机会。

(4)为了能持续运用获得的知识和技能,创造继续教育的机会,将会在每个村建立学习圈和社区学习中心。

(5)所有的政府和非政府组织及民间团体应采取措施,通过协调各种方法和资源及目标人群的共同努力,在全国范围内扫除文盲。鼓励务实的做法,筛选出最有效的措施并组织由对教育感兴趣的社会重要人士组成的评价委员会。

(6)要求当地受教育的个人和假期中的大学生从事短期的成人教育项目。在这种情况下,可以借鉴目前正在使用的一些实用、有效的方法,以便迅速实施。

(7)将广播或电视等的远程学习方法用于扫盲计划。

2. 非正规教育

(1)非正规教育的入学年龄为 8～14 岁。

(2)非正规教育的教材将按照国家基础教育课程的要求进行安排,反映国家需求。教材需确保教育质量。国家大众教育课程发展委员会在批准使用之前要对教材进行评估。

(3)鼓励非政府志愿组织根据国家基础教育课程的要求,实施非正规教育项目,努力使落后、偏远地区的贫困人群获得教育。

(4)对非正规教育教师的培训是很重要的,应使教师掌握以学生为中心的教学方法。

3. 大众教育部门的协调措施

(1)采取所有必要措施,协调大众教育部门的所有活动。

(2)协调不同国家媒体和国家各部门,以实施大众教育。

4. 大众教育相关法律

制定相应的法律框架,以履行成人教育和非正规教育的宪法义务。

5.民族觉醒和志愿者

(1)促进全国性的民族觉醒,完成扫盲目标。采取措施,使每一个受过教育的人为扫盲目标做出力所能及的贡献。

(2)为了扫盲行动的成功,组建志愿者队伍。

(3)大学生也将参加这项行动。

四、中等教育

(一)目的和目标

在新的教育结构中,中等教育将包括 9~12 年级。该阶段的教育结束时,学生可以根据他们的能力选择接受不同的高等教育,或者通过获得的技能去谋生或进一步寻求职业技能。

中等教育的目的和目标:

1.帮助开发学生的潜在智慧和综合能力。

2.培养学生的职场竞争力,尤其是在国家的经济领域。

3.提供优质的中等教育,增强和巩固学生在小学教育中所获得的知识,帮助学生为将来接受优质高等教育打下坚实基础。

4.努力消除不同中等教育机构、不同经济状况、不同种族间的差异以及对社会落后群体的歧视,采取必要措施支持落后地区教育的发展。

5.对不同类别的中等教育机构选定的科目进行设计并继续实施统一的课程和教学大纲。

(二)策略

1.教学语言

在这一阶段,教学语言为孟加拉语,但是根据教育机构的能力,也可以使用英语。对外国人提供简单的孟加拉语教学。

2.课程、教学大纲与教材

(1)在中等教育阶段,主要有普通教育学校、伊斯兰学校和技术学校且各有多个分支机构。对于所有类别的学校规定必修课程,如孟加拉语、英语、孟加拉研究、普通数学与信息通信技术等,以保持统一性。所有学校采用相同的试题对上述课程进行考试。各类学校也可开设一些其他的必修课和选修课。

(2)为了在相关课程中取得优异成绩,应根据需要制定教学大纲。

(3)组建一个专家小组为所有学校编制课程和教学大纲。

(4)国家课程和教材委员会负责设计统一的课程,为各类中等教育学校编写必要的教材,伊斯兰学校和技术学校的特殊学科除外。孟加拉国伊斯兰学校教育委员会和孟加拉国技术教育委员会将负责为伊斯兰学校和技术学校的特殊学科编制教材和课程。

3.基础设施、教师和职员

（1）在高中阶段增加 11、12 年级，技术学校增加 9、10 年级。为此，将相应增加教室和教育设备。在高中，任命相关学科的教师（包括英语教师）在技术学校教学。应为以上举措的实施提供特殊的资金支持。

（2）应保障教育机构的基础设施建设和教育材料的可用率，丰富图书馆和体育器械设施，以提供较好的教育。设立图书馆管理员岗位，对图书馆进行妥善管理。

（3）每一所开设科学课程的学校都必须设立一个实验室，配备必要的工具和仪器，并确保仪器及工具的正确使用和维护。

4.贫困及欠发达地区学生的教育

实施在小学教育部分提到的类似措施，以确保受到一些限制的学生能享有平等的受教育机会。对地域差异问题进行相应处理。

5.优先支持与经济活动和技术发展密切相关的学科

政府将采取措施对开设社会科学及经济研究相关学科（如经济、会计、计算机技术及其他技术教育课程）的学校提供优先支持，如提高教师薪资福利、完善教学资料及设备等。所有这些学科应与经济活动和技术发展密切相关。

6.生师比

到 2018 年，生师比将逐步提高到 30：1。

7.教师招聘

每年由私立学校教师选拔委员会为各类别的学校选拔足够数量的各学科教师。该委员会的职能类似于公共服务委员会。由相关部门将选定的教师委派到不同的教育机构。

8.教师培训

安排所有学科的教师进行培训，未经培训的在职教师需要立即接受培训，新任职的教师在参加工作之前要接受初级培训。填补空缺职位时，优先考虑培训过的教师。

9.学生评价

在完成 10 年级教育后，将举行一次全国性的公开考试，称为中学考试。基于本次考试的成绩在 12 年级时颁发奖学金。在 12 年级教育完成后，将举行另一次公开考试，称为高级中学考试。将根据高级中学考试的成绩颁发高级阶段学习奖学金。两种考试全部应用创新的方法，并在评分系统中进行评估。（详见"二十一、考试和评估"）。

10.监督和监测

政府将定期对中等教育机构进行有效的监督和监测。

11.其他

（1）所有预备学院的基础学科执行统一的课程体系，并参与公共考试系统。

（2）由于"O"级和"A"级教育的课程内容、课程设置及考核都是根据国外政策开展的,因此均被视为特殊的体系。但这两个级别都必须与普通中学一样,开设孟加拉语和孟加拉研究课程。满足以上条件,"O"级将被视为等同于初级中学认证,而"A"级等同于高级中学认证。

（3）将通过统一课程科目,如孟加拉语、英语、孟加拉研究、普通数学等,并将信息通信技术与必修的梵文和巴利语进行整合,设计现代课程并投入使用。

（4）根据大学资助委员会的建议,为传统的梵文和巴利语教育颁布同等学历证书。

五、职业技术教育

（一）目的和目标

技能型劳动力是国家发展的重要条件。随着科学的创新和发展,世界范围内的发展方向和战略发生了变化。在商业、运输、产品营销、技能型劳动力输出和通信等国际市场上,发展中国家时刻都面临着不平等的和激烈的竞争。对于像孟加拉国这样的发展中国家,需要在这种不平等的状态下创造经济发展机遇,提升劳动力的价值。因此需高度重视职业技术教育,通过职业技术教育,尤其是科学技术和信息通信技术教育,把学生培养成具有专业技能的人才。值得注意的是,目前在孟加拉国农村,科学技术正在甘蔗破碎机、磨米机等农业机械以及通信、供电、发电等领域快速推广。国家要发展这些领域,包括信息通信技术,需要有能力的人来满足内部需求。此外,国外对技能型人才需求旺盛,且在未来几年内还将继续增加。输出技能型人才可以提高我们的外汇收入。着眼国内和国际需求,国家将开展技能型人才培养计划。

职业技术教育的目的和目标:

1.根据国内和国际需求,快速培养不同行业,包括信息通信行业的技能型人才。

2.快速培养技能型人才,创造经济发展的机会,提高劳动价值。

3.通过技能型人才输出,创造广泛的就业机会,增加外汇收入。

（二）策略

1.在不同类别的小学教育中引入职前教育和信息通信技术教育,以培养技能型人才。初等教育阶段的学生必须完成 8 年级教育,完成包含在 6～8 年级课程中的职前和信息通信技术课程。

2.完成 8 年级教育后,学生可进入职业技术教育阶段的学习。为学生配备设施,使其能在他们感兴趣的技术学科领域追求更高层次的教育。

3.完成 8 年级教育后,一些学生可能会退出正规教育。但他们会参加 6 个月的职业培训项目,此时他们获得 1 级国家标准技能证书。完成职业技术教育的 9、10 和 12 年级,学生可分别获得 2、3、4 级国家标准技能证书。

4.完成 8 年级教育后,学生可以参加位于乡和区内由工厂、政府技术机构或非政府职业培训机构组织的为期 1、2、4 年不等的职业培训,从而获得 2、3、4 级国家标准技能证书。

5.通过中等学校认证考试的毕业生和具有 4 级国家标准技能证书的学生有资格依照学分参加各种文凭课程。这些课程包括工程学位、商务管理（Ⅺ～Ⅻ）学位、商业学位课程（Ⅺ～Ⅻ）和类似等级的课程。优先考虑有职业教育学位的学生。

6.获得国家标准技能证书的学生，通过测试或者计算学分，有资格参与如工程、纺织、农业等相关学士学位课程的学习。

7.职业技术学院的生师比应为 12∶1。

8.职业技术教育的每门课程，最重要的是让学生获得适当的能力。计算机和信息通信技术将作为职业技术教育的必修课程。

9.在全国范围内推广学徒计划，修订更新 1962 年制定的《学徒法案》。

10.特别关注残疾学生，确保他们能参加职业技术教育。

11.各级教师必须进行所研究课程的作坊或工厂的实操培训。增加职业技术测评机构及测评委员会的职位与席位，必要时增加这些机构的数量，以保证每一位职业技术教育机构的教师获得培训。

12.撰写、翻译和出版相关的孟加拉语书籍，以促进职业技术教育的发展。

13.每个乡建立至少一个职业技术教育机构以扩展职业技术教育。同时增加工艺院校、纺织工程学院及皮革技术学院的数量。

14.进行中级职业教育的职业技术学院将设置技术、农业和商业的相关课程。

15.国家所有的职业技术学院统一由职业技术教育局监管。将进一步扩大职业技术教育局的权力，并提供必要的资金和人力支持。

16.政府预算首先要分配到职业技术教育这一领域。

17.采取适当措施填补职业技术教育机构教师的职位空缺。

18.鼓励公私合作，建立、整合新的职业技术学院。贫困家庭的子女将有机会在这些职业技术教育机构中学习。

19.职业技术学院可以对工程学位及其他学位课程实施两班制以充分利用基础设施及其他设备。但要注意保持质量，并确保标准的面授时间。

20.利用职业技术学院的设施，开设晚间和短期的职业技术培训或学位课程，将毕业生和年长者培养成为技能型人才。

21.鼓励未能接受 8 年级教育或那些在中等教育任何年级由于各种原因（经济的或家庭的原因）辍学的学生，接受职业技术教育，完成学业。给予他们必要的津贴作为经济上的帮助，让这些学生在合理的、可接受的时间期限内完成职业技术教育。

22.鼓励私营企业建立高质量的职业技术学院。这些院校的教师将优先纳入总体规划组织（MPO），并为此类学校提供必要的资源、材料、仪器和财务支持。

23.开展专项调查，了解从孟加拉国引进人力资源的国家的需求，据此对职业技术教育课程进行相应调整，并为学生提供对应国家语言的基础培训。

24. 根据国内外就业市场的需求,不断审查和修订职业技术教育课程。

25. 未来将采取措施,建立一所职业技术大学。

六、伊斯兰教教育

内容略。

七、宗教和道德教育

内容略。

八、高等教育

(一)目的和目标

高等教育的目标是创造和创新知识,同时培养高级专门人才。大学等高等教育机构必须拥有自治权,但需要在一定的规则下运行。政府监控系统需到位,以监督分配的资金是否使用得当。

高等教育的目的和目标:

1. 帮助学生获得世界级的优质教育,培养其好奇心和优秀的品质。

2. 帮助学生获得优质的教育,养成独立思考的能力。

3. 在所有可想到的领域,将高等教育与国家现实相关联;认清社会和国家的问题,并找出解决方案。

4. 通过不断的知识培育以及多维和实践的研究来扩大学生的知识面。

5. 有效地将现代高速发展的世界知识展现给学生。

6. 培养具有科学的、自由的、人性化的、进步的和前瞻性思维方式的公民。

7. 通过培养、研究和创造,开发新的知识领域。

8. 培养拥有智慧、创造力、全人类共同价值和爱国主义的公民。

(二)策略

1. 成功完成不同体系的中学教育后,学生可以根据自己的特长、兴趣和能力,接受高等教育。

2. 为少数民族和因各种原因落后的社会群体的学生提供住宿方面的帮助和奖学金支持。

3. 确保高质量教育的学术机构(如学院和大学)能够开展高等教育。不能因配额制度或任何其他原因放宽学术机构最低资格的限制。

4. 采取一切措施,提高高等教育标准。

5. 4 年制的荣誉学位将被视为最高学位,符合高等教育机构教师之外的所有行业工作的任职资格。

6. 4 年制的荣誉学位课程将会逐渐引入学院课程,以代替其现行的 3 年制学位课程。

7.硕士或博士阶段的教育将作为专业教育。只有对研究和大学教学岗位感兴趣的人才可申请硕士或博士研究生学位。为了确保对研究的追求,将在所有大学的各个专业引入研究生课程,提供硕士或博士学位常规课程。通常,硕士学位课程修业年限为1年,哲学硕士和博士学位课程修业年限为2年,即自大学入学起共6年。

8.提供硕士学位的国立大学、学院将继续推行。但是,这些院校的图书馆、实验室和基础设施必须加以改进。这些院校的教师必须有广泛的参加培训的机会。即将引进4年制的荣誉学位课程的学院将确定在以上领域进行类似的改进。

9.在高等教育阶段,英语要作为必修课程。满分为100分,计3个学分。

10.教师和学生必须一起参加研究工作。在大学,要特别强调原创研究。为优秀的学生提供充足的和有吸引力的奖学金,使其进行创新研究。除了最近推出的邦格班杜(Bangabandhu)奖学金,还将引入大量的奖学金。同时,将采取措施为具有学位授予权的院校提供必要的研究设施。

11.高等教育的课程和教学大纲将更新,使其符合国际标准。为了扩大高等教育规模,有必要将现代的知识和科学翻译为孟加拉语标准教材。此计划对国家非常重要,将采取紧急措施尽快实施。英语和孟加拉语都是高等教育的教学语言。

12.高等教育将包括国防研究、和平与冲突、气候变化等科目。

13.确保对高等教育的必要投资,以促进其达到国际标准。除了政府投资外,高校将利用学生的学费及社会捐赠以满足支出需要。目前,公立学院和大学的入学人数和学费数额是固定的,今后学费及其他费用将考虑学生的家庭经济状况,贫困家庭的学生将从中受益,但其监护人必须出示他们的财务状况证明。将对此制定适当的规则和条例。

14.根据学生的资质及父母的财务状况向学生发放助学金。此外,将为表现突出的学生提供银行助学贷款。

15.将采取措施加强麻纤维研究所、纺织工程学院和皮革技术学院的建设,因为黄麻、服装和皮革在孟加拉国这样的发展中国家是较有前景的行业。

16.教师进修培训是一个迫切需要解决的问题。有鉴于此,在长假中,将在大学举办研讨会或学科培训会,高校教师可以通过这样的平台进行沟通与交流,共同进步。

17.每所大学和学院都会遵循一个有计划的和固定的学术日历。学术日历包含新课程考试和所有的年度活动及其开始的日期。学术日历将在学年开始之前,以印刷形式出版。

18.提高高等教育质量,提出申请或已经批准的民办大学必须在教师的招聘、课程和教学大纲等方面与公立大学保持相同的标准。大学不能因学生的种族、宗教、社会经济地位和身体残疾等歧视学生。大学的建立和运行不以牟取暴利为目的。教师不能主张任何反对自由、民族解放战争精神和孟加拉文化精神的观点。

19.在高校,鼓励教师在他们自己的学院进行研究。为了鼓励研究,将采取措施设立以学校为基础的咨询机构。教师参与这样的研究项目将获得一定的酬金。将制定一个政策大纲,对这些研究项目进行评估。

20.为更好地发挥开放大学的作用,将采取措施引入无线传输、多信息系统,分配更长的电视频道时间,如开放孟加拉国电视台的第二频道。

九、工程教育

(一)目的和目标

现在是科学技术的时代。不仅在发达国家,在发展中国家的社会生活中,科学技术在每一个领域中的应用也已经非常普遍。其结果是社会生活和社会活动不断发生巨大变化。因此,工程技术课程在21世纪也需要做出相应改变。

工程教育的目的和目标:

1.培养具有经济头脑和科学思维的优秀工程师,为获取资源、消除贫困、社会发展及经济进步做出贡献。

2.重视信息通信技术在各个领域的应用,建立一个以信息通信技术为基础的孟加拉国,培养有助于实现这一目标的工程师。

(二)策略

1.目前国内外对技能型工程师都有较大需求。需要现代技术,以应对不断变化的社会经济环境。如有必要,将采取措施增加工程技术大学的数量。

2.关注大学阶段的研究和研究生课程,开发国家资源,解决各种技术问题,并培养高技能的工程师。地方产业的工程问题将作为研究的主要领域。

3.课程设置将紧跟现代科技的发展速度,教育应与科技的发展联系在一起。

4.在工程技术大学中引入新的研究学院,培养信息通信技术、工程、化工、纺织、黄麻、皮革、陶瓷和天然气等工业领域所需要的优秀工程师和技术专家。必须按照大学资助委员会的规定进行决策,若涉及进一步的财政援助时,仅在有适合的组织保证资金支持的情况下才可以实施。

5.工程技术、信息通信技术课程将着重于有效满足国内外需求。课程和课程内容需要根据社会发展不断更新。工业组织应为学生提供补充学习的机会。

6.工业组织和服务供应商将与提供工程技术教育的机构相互沟通,开展实践类研究工作。同时,将采取适当的措施促进工程技术教育机构和工商企业协会之间的合作。

7.在准备工程技术教育课程和教学大纲的同时,将重点放在经济学、社会学、消除贫困和管理等方面。

8.在科学技术的生命周期缩短和信息通信技术不断发展的大背景下,必须广泛实施专业工程师的持续培训、教育和专业发展计划。

9.已取得文凭的工程师们有机会在工程技术大学继续更高水平的研究。他们将有资格根据其优势和才能,并通过适当协调他们的学分数,获得定期入学考试资格。

10.借鉴其他国家现有制度制定一套评估体系,对不同级别的工程技术教育进行评测。这项工作将由工程技术方面的高级专业人员和专业组织完成。

11. 加强纺织工程学院、技术师范学院和皮革技术学院等的建设。

12. 政府将引导、鼓励工程技术领域的深入研究。大学资助委员会将承担协调、监督和财政援助的责任。

13. 在每个学年年末会发布新学年日历。

十、医疗、护理和健康教育

(一)目的和目标

健康的、高素质的人口是一个国家发展的必备条件。为实现这一目标,需要健康意识、预防疾病的措施、适当的治疗和医疗设施。因此,适当的教育是必要的,用以培养足够的医生、护士、卫生技术人员和专家。医疗、护理和健康教育专业的学生必须取得专业能力,同时,他们必须成长为具有观察能力和责任心的人。

医疗、护理和健康教育的目的和目标:

1. 培养高标准的、优秀的医生、护士、专家、高级顾问、健康助理、卫生技术人员等,以保证整个国家必要的医疗设施与服务,保证所有人的健康。

2. 培养有能力的人才,以确保政府为所有人提供基本医疗服务。

3. 由于医疗行业与身体和心理疾病有关,关注的是生命和死亡问题,需对专家、医生、护士、健康助理、卫生技术人员进行激励和培训,使其具有较高的专业素养和较强的责任心,并致力于为人类健康事业服务。

4. 医学的进步将惠及所有人,特别是农村人口。要做到这一点,以培训和研究的形式扩展对专家、医生、护士、健康助理、卫生技术人员的教育是很有必要的。

5. 确保医疗、护理和健康方面的高级别培训,使用现代技术,培养合格的医学教育家以应对国家人口的疾病问题。

6. 开展医学研究,发明或发现新的治疗疾病的本土方法。

(二)策略

1. 完成高级中学认证考试后,将举行入学考试招收新的医学院校学生。学生最多可以参加两次/两年入学考试。

2. 医学院学制为 5 年,另加 1 年的实习期。

3. 研究生医学研究的延伸和发展需要大量的医学学者和专家,将采取措施解决此问题。同时各医学院现行的研究生课程将继续延用。

4. 必须保证各高等医学院校的教育水平并保证实验室有足够的设备和仪器。采取措施满足其他教学方面的需求。

5. 国内外对护理专业人才的需求日益增长,因此,需要加强优质的护理教育和培训。

6. 在护理专业引进护理学学士和硕士学位课程。

7. 在医院增设护理培训中心,并由医院负责管理。

8. 扩大健康助理的教育和技能培训范围。

9. 增加标准辅助教育设施。医学院学生的最低录取要求为通过中等学校认证考试或其同等学力。为培养大量人才,所有医学院所属医院将为护理和医辅人员提供相关培训课程。

10. 除了发展现代医学教育,将采取措施改进传统的顺势疗法、尤那尼(Unani)医学和阿育吠陀医学(印度传统医学的主要部分)。

11. 必须建立合适的评价和监控体系,以保证民办医学院校的优质教育和培训质量。在批准新的民办医学院校时,要对其进行细致的评估:组织权威的医疗鉴定委员会,配备权威的有资质的专业人员对其进行评估,合格后方可颁发合格证明。

12. 此外,将建立理疗、临床心理学、物理医学和精神病学学术研究机构。

13. 鉴于卫生服务日益增长的需求,将采取措施,组织电子医疗、生物医学工程、生物物理学、医疗信息科学和理疗方面的培训。

14. 为持有医学技术文凭的医辅人员提供高等教育。

十一、科学教育

(一)目的和目标

科学教育的主要目标是理解自然。科学一直在通过实验、观察和数学推理解开自然的奥秘。科学教育的主要作用体现在以下两个方面:一方面,满足了人类的好奇心;另一方面,通过运用源自科学知识的不同技术,推动人类文明不断进步。只有恰当的科学教育与研究才能帮助国家快速实现它的目标。

科学教育的目的和目标:

1. 为学生开发自身天赋及创造性实践打好基础。

2. 给学生提供科学教育,使他们明白科学与人类社会之间存在紧密联系,两者相互补充。

(二)策略

1. 小学教育

(1)在小学教育阶段引入科学教育。不向学生灌输大量信息,而是让他们通过对周围自然、环境和事实的恰当介绍来学习科学,养成一种科学的思维方式。

(2)课堂教学需要向学生展示图片、影像等,以充分运用他们的观察能力,并使用一些触手可得的材料进行实验。

(3)教师将不断鼓励学生的好奇心和独立思考的能力,并帮助他们利用生活中的事实和信息来学习,而不是要求学生死记硬背。

(4)在6~8年级开设涵盖所有科学分支的综合科学课程。教材必须有吸引力、容易理解、内容丰富。

2. 中学教育

(1)因为科学学科和数学学科紧密相连,所以中学教育将重点关注数学的学习。

(2)利用教材和教学帮助学生获得不同分支科学的基础知识,并能够在现实生活中灵活应用所学知识,解决实际问题。

(3)没有实践课程,科学教育将难以进行。因此,将为科学和数学这样的学科安排定期的实践课程,并确保实践课程评估得当。

(4)为了向学生普及科学和数学知识,在每个学校都将举办科学展览和奥林匹克数学竞赛,与学校年度运动会或文化周协调一致。将举办全国性的科学展览和奥林匹克数学竞赛。

3. 高等教育

(1)4年制的荣誉学位为最高学历,可以满足大学教师和研究岗位之外所有行业工作的任职资格。修业期间将相应地安排科学课程。

(2)科学研究工作只能通过硕士和博士学位课程在研究生院进行。这些课程会在所有大学研究生院开设。针对国家目前存在的问题开展研究,寻找解决方法。国家将为以上研究提供资金。

(3)将增加科学研究的经费投入,努力建立大学和工业组织之间的合作关系。

(4)出版研究期刊促进研究成果共享。同时,采取措施让研究人员可以阅览所有的研究期刊。国家所有的图书馆之间将通过信息通信技术来沟通交流、共享资源。

(5)将定期举行国家和国际会议,创造良好的研究环境。

(6)建立优质的研究中心和机构,吸引优秀的学生参与到科学研究中来。

4. 其他

(1)形成完备的培训体系对小学至大学的科学任课教师进行培训,使其掌握应用现代科技教学的方法和能力。

(2)为确保科学的实践教学,在政府的监督和财政支持下,所有街道都要建立科学实验室以保证所有学生都有机会轮流进行科学实验。

十二、信息通信技术教育

(一)目的和目标

18世纪,工业革命创造了巨大的生产力,使社会发生了根本性的转变;21世纪,信息通信技术革命引起了一场新的技术变革,带来了社会经济结构质的飞跃。作为一个发展中国家,孟加拉国在这场变革中,找到了改善贫困状况的绝佳机遇。信息通信技术的恰当运用有助于预期目标的实现。孟加拉国将对软件、数据处理、呼叫中心服务行业、熟练信息通信技术人才培养等领域给予更多关注。

信息通信技术教育的目的和目标：

1.通过信息通信技术培训和教育,培养符合国际标准的人才,使其能够在相关领域高效工作。

2.信息通信技术不仅限于计算机科技,移动电话、广播、电视数据的采集和信息的处理也包括在内,并强调其多角度学习的必要性。

(二)策略

1.小学、中学和职业技术教育

(1)从小学教育阶段开始,将计算机作为教学工具使用。

(2)所有学生升入中学前要能学会使用计算机。

(3)具有中学教育水平的学生除了学习数学和科学以外,还应该学习计算机科学。

(4)在职业技术教育阶段,学生必须要有机会学习图标设计、多媒体、动画制作、计算机辅助设计等。

(5)为激发学生学习信息通信技术的兴趣,举办全国或国际性的信息通信技术奥林匹克竞赛。

2.高等教育

(1)所有大学都要开设国际标准课程的计算机科学系和信息通信技术系。

(2)在大学阶段,定期更新计算机科学和信息通信技术的教学标准。为学生提供必要的培训,把他们培养成技术熟练的信息通信技术人才。

(3)科学和其他专业的学生将有机会参加国家水平等级考试,以便他们能成为信息通信技术人才。必要的话,将为他们安排培训课程。

(4)建立大学和工业组织之间的密切联系。

(5)加强信息通信技术基础设施建设,建立开放式大学,使其成为真正的数字化大学。

(6)2013年以前建立完善的信息通信技术教育体系,使所有毕业生都掌握使用计算机的基本技能。

(7)建立一所信息通信技术大学,目的是培训从事高等教育信息通信技术教学和推进该领域研究的教师。

3.其他

(1)采取协调措施,在普通大众中扩展信息通信技术教育和计算机科学,并在地区和街道中建立信息通信技术训练中心和远程教育中心。

(2)组织培训以提高政府和非政府机构管理者以及决策者的计算机技能。

(3)政府及非政府机构三级及以上职位招聘时,计算机技能将作为一项必备条件。

十三、商业研究

(一)目的和目标

在国家的经济发展中,工业、贸易和服务组织的贡献至关重要。在当前教育政策下,商业研究已经成为开展工业、贸易和服务活动不可缺少的一部分。学习商业知识,也有助于学生高效就业。

商业研究的目的和目标:

1.确保商贸基本知识的获得。

2.建立商贸领域的道德价值观。

3.传授必要的知识,培养成功的企业家。

4.协调获得有关财务、商业和人力资源管理的必要知识,从而最大限度地发挥工人的作用,并进一步培养有效率的管理人员。

5.使任何一个阶段辍学的学生有自主就业的能力。

6.培养技艺熟练的人力资源,如各技术级别的工人、管理者、财务人员等,以满足各种规模组织的需要。

7.选拔并对工人进行培训,帮助他们获取知识,以提高他们的生产力。

8.鼓励学生获得会计、金融、银行和保险等方面的专业学位。

(二)策略

1.在国内外需求的基础上,采取措施扩大、修改和协调商业研究内容。鉴于此,有必要在教育机构和商业企业之间架起沟通的桥梁,这将是一项持续性的活动。

2.商业研究从中学阶段即 9 年级开始讲授。

3.将计算机的使用作为所有商业研究专业学生的必修课,为他们获取各类信息提供便利。为此,所有学院和大学的商业研究部门必须建立计算机实验室。

4.将建立各种设施,以加强各阶段从事商业研究教育教师的培训,并鼓励建立一个商业研究培训机构。

5.涉及工业、银行、保险和贸易组织的实际问题,鼓励从事商业研究的教师采取正式的措施协助进行研究,以找到解决问题的方法。

6.以工业、贸易和服务型组织的需求以及它们的繁荣发展为基础,为各个阶段的商业研究教育制定课程,编写教科书。不同阶段的课程和教科书将充分考量各教育阶段的学习目标。

7.基于现状和需求,在国家课程和教材委员会的监督下,编制中学的商业研究课程大纲和教科书。

8.大学和学院在设计商业研究教学大纲和课程时,有必要与产业界或商业界交换意见。组织大学教师、企业家和管理人员的代表组成联合委员会编制大学的商业研究课程和课程内容,并组织各大学教师都参与的交流分享会。

9. 将在工业、贸易和服务业中的短期实习作为本科毕业生和研究生的必修课,以便他们能获得实践工作经验。

10. 为了更有效地利用本国各商业机构的基础设施,将提供最新的贸易课程并招聘必需的人才。

11. 有必要鉴定前景良好的产业,例如旅游、酒店管理等,有针对性地培养人才以发展这些产业,并为这些产业的在职人员提供教育和培训。

十四、农业研究

(一)目的和目标

孟加拉国是一个农业国,经济发展以农业为基础。因此,社会经济的发展与农业发展有着密切联系。农业研究是一门应用科学,主要是对孟加拉国的农作物、牲畜、渔业、林业进行有计划的发展和管理。高等农业研究指本科生、硕士生及博士生在农业、兽医学、畜牧业、农业工程、农业经济和渔业等领域的学习与研究。

农业研究的目的和目标:

1. 增强对国家土壤、水等自然资源的开发和利用,树立环保意识。

2. 完善以农业为基础的国家经济发展机制。

3. 通过科学知识和机械设备的合理使用,促进农业经济的发展。

4. 提高农业在国民经济中的重要性,把发展农业作为一种责任,也作为科学研究的一个领域。

5. 关注自然环境保护,提高以土地和水为基础的自然资源的生产能力。

6. 通过农业研究,促进自主就业。

7. 在气候变化威胁的环境下对农业发展进行更广泛的研究。

8. 改变社会思维模式,把农业作为社会经济发展的关键。

9. 激发和增强利用现代农业技术的意识。

10. 实现食物自给自足,与营养不良做斗争,缓解贫困现象。

11. 在农村创造更多的就业机会。

(二)策略

1. 在农业研究机构、兽医培训机构、牲畜饲养培训机构以及相类似的培训机构组织大量的培训,加强小学和中学农业学科教师的专业技能,通过切实可行的方法组织教学过程,使其具有吸引力。

2. 以必修课、选修课的形式将实地考察、农村活动经验以及社会学、语言学等基础学科合理纳入本科生阶段的课程,充分重视实践学习。

3. 因为课程体系有时间限制,所以课程效果是否良好取决于教师的专业知识、教学技能以及责任心。因此,为了吸引高效卓越的人才从事农业研究,应创造适宜的环境和激励机制,并为教师提供培训和更新知识的机会。

4. 对教师的教学、研究和其他职责进行评估。

5. 继续在孟加拉国农业大学、其他农业大学和开展农业研究的大学开设学制为3个学期的研究生课程。博士学位课程将基本以研究为导向，但是，如有必要，也可以采取课堂教学的形式。

6. 加强对高产农作物品种、气候变化、生物技术的研究。

7. 根据科技进步和国家发展的需要，在开设传统农学课程的同时，引进新课程（例如，环境科学、有机技术、基因工程、资源经济、生物多样性管理、土地储备与管理、营养科学和社会科学等），以提升农业研究。

8. 扩大农学、渔业、牲畜、家禽和林业方面的学位教育。为此，将建立新的政府和非政府级别的教育机构，并增强已有教育机构的实力。

9. 孟加拉国农业大学将有效利用其已有土地和其他资源进行新领域研究。

10. 在农业研究的本科生阶段，计算机科学将作为必修课，而在研究生阶段开设选修的和专业的计算机课程。

11. 组建技术委员会进行协调、评估和监测，确保高等农业研究的高标准和等效性。大学资助委员会将在这方面积极作为。

12. 在所有农业大学和开设农业研究的学院的学位课程中，总分为100分、计3学分的英语课是所有学生的必修课。

十五、法学研究

(一)目的和目标

享有法律的保护和特权是所有本国国民和所有定居在孟加拉国的人们的基本权利。法学研究对于培养有责任感的公民、建立社会公平正义、确保社会和经济平等极其重要。该学科有两个方面的特征：专业性和实践性。我国传统法学并没有充分体现这两个方面。一方面，由于多种的原因，法学研究的质量正在恶化；另一方面，法学研究的实践可能会产生负面影响。因此，有必要对法学研究进行整体重组并应用现代方法。

法学研究的主要目的和目标：

1. 帮助保护人民的法律权利，培养专业的教师、律师、法律专家，以确保法律制度。

2. 培养合格的、道德高尚的、谨慎博学的公民，使他们能拥护法律规则和正义的理想；能了解国内和国际的法律知识；建立专业技能和伦理标准；能够改革完善法律和公正体系；能够在不断变化着的社会需求中，在法学研究和实践之间努力追求平衡。

(二)策略

1. 目前，仅大学开设4年制的荣誉学位法学课程。但在学院里，普通法学学士课程的期限是2年。未来法学研究的学制将改为3年，最后1年将重点进行实践。在所有教育机构逐渐实施4年制的荣誉学位法学课程，取代现有3年制的法学学士课程。所有大学和学院的教学大纲和课程应相似或相同。

2.激励对法律的深入学习和研究。因此,在未来几年内,至少将建立一个优秀的法律中心。

3.法学专业硕士研究生学位课程的修业年限为 2 年。硕士研究生需完成课程学习和论文撰写,两项均合格者可以获得硕士学位。博士学位课程仍保持传统规则。

4.为提高法学研究的标准,要确保法学院拥有良好的基础设施、正确的管理、合格的教育资质以及优质的师资。

5.法学院的开设将受到大学建设、图书馆规模、教师招聘、学院管理和管理机构组成等方面的严格约束。

6.目前法学院里的兼职教师和兼职学生以及夜校已经创造了一种业余传播法律知识的氛围,但这还需要进一步改善。采取措施,确保这些学院中的常规教育和全面教育的正常开展。

7.法学院必须保证至少有三分之二的全职教师,兼职教师不得超过三分之一。

8.法学课程必须反映跨学科的研究法,以便学生可以接触到社会问题并进行综合分析。课程包括历史、经济、政治、社会科学、逻辑学等。

9.法学研究必须理论与实践相结合,以便于学生获取法律及其他专业方面的知识和能力。在法律教学中有必要运用更多实践的方法,如苏格拉底法、问题法、案例研究、虚拟法庭、模拟审判、诊所式法律教育等。

10.法学院将实行入学考试,以提高学生的入学水平,促进法学研究的发展。

11.对法学院进行有效监管。组织一个由法律委员会代表和教育家组成的特别监督委员会,以确保法学院优质教育的实施。

十六、女性教育

(一)目的和目标

教育是国家和社会发展的基石。大量的女性由于各种社会、经济和文化的因素而被剥夺了受教育的权利,其工作范围通常被限制在家庭福利、儿童保健和家务劳动等方面。要改变这一现象,就必须重视女性教育,确保女性的综合发展和社会认可度,使其平等地参与社会各项事务与活动。

女性教育的主要目的和目标:

1.增强女性自信心,树立女性争取平等权利的观念。

2.激励女性学习知识与技能,以参与国家事务的管理。

3.确保女性参与扶贫以及其他促进社会经济发展的项目。

4.提高女性能力,通过自主创业或在各岗位就业使她们能在国家社会经济发展中发挥自己的作用。

5.改变女性目前较低的社会地位,使她们能够采取有力措施确保权利平等,反对暴力侵害妇女的行为,抵制陪嫁习俗。

(二)策略

1.要在预算中为女性教育划分特别配额。调动特殊基金发展各个阶段的女性教育。鼓励私人资本参与女性教育。

2.采取措施把女性辍学率降到最低,想方设法使她们回归到主流教育中来。为不能参与正规教育的女性提供职业技术教育。

3.要注重创造机会让女性接受业余的、非正式的职业技术教育。

4.将更多的女性纳入学校教育,激励她们接受高等教育、职业教育。因此,要积极地在各个教育机构为女性教育创造机会。采取适当措施,增强人们男女平等的意识。

5.小学阶段课程内容将体现女性积极和进步的面貌及男女权利平等问题等,以帮助所有学生在社会行为和思维模式方面有所改变。

6.初等和中等教育阶段的课程内容将包括大量的伟大女性传记以及女性创作的文章。

7.中等教育阶段最后两年的课程将包括性别学习和生殖健康问题。

8.所有学生不论其性别,在中学阶段享有同等的自由选择学习课程的权利,而且所有科目都要同等重视。不劝导女生学习一些如家庭经济学的特殊课程。

9.保证女生往返学校的安全。将安排必要的车辆,而且在必要的地方建立安全的女生宿舍。

10.鼓励女生学习科学和专业科目,如工程、医疗、法学和商学等。

11.目前国内有4所女子理工学院。为将更多女生纳入职业技术教育网络,如果有必要的话,将设立更多女子理工学院。鼓励女性在被推荐的社区技术院校学习。要为她们创造足够多的学习机会。

12.为来自贫困家庭的女生和优秀女生提供特殊助学金,让她们有机会接受高等教育,从事研究工作。为女性教育提供无息或低利率银行贷款。

13.必须确保与小学、中学和高等教育有关的各级政策和决策都有女性参与。

14.在教育机构严格执行对女性性骚扰等的惩罚规定。

十七、艺术教育

(一)目的和目标

艺术教育是以音乐、绘画、朗诵、舞蹈等为艺术手段和内容的审美教育活动,能开发学生的思想品质,提高智力水平。艺术教育既为学生提供本国绘画、雕刻、音乐、戏剧、民族表演等知识,也能使学生了解他国艺术和文化的历史。艺术教育不仅有助于学生审美趣味的丰富,而且还能帮助学生自主就业。

艺术教育的主要目的和目标：

1.丰富学生的思想，提高他们的智力水平，端正他们的生活、学习态度，教导他们遵纪守法。

2.鼓励学生拥有审美的生活情趣；激励他们追求艺术，培养艺术专业人士必需的能力。

3.当今世界，青少年中吸毒成瘾的危险程度越来越高。艺术教育会通过训练有素的实践活动，在抵制毒品危害中发挥作用。

(二)策略

1.采取必要措施发展专业化的艺术教育。

2.为来自贫困家庭的学生和少数民族学生创造接受艺术教育的机会。

3.在小学与中等教育阶段，以选修课的形式开设艺术类课程。所有教育机构应逐步教授不同形式的艺术课程。

4.聘请高素质的教师，配备教材、设施完善的教室、教学工具和其他材料，创造必要的教学环境。

5.促进不同艺术领域高等教育的发展，为教师提供培训机会。

6.利用政府资源成立国家艺术馆、音乐舞蹈学院和剧院。

7.在城市和乡村地区举行美术、工艺作品的流动展览，利用政府或私人资源组织音乐、舞蹈和戏剧演出。

十八、特殊教育、健康和体育教育、童子军、女生指导、孟加拉国家少年团和布拉塔卡里

(一)特殊教育：残疾学生教育

1.目的和目标

残疾儿童指失明、失聪、有语言障碍等身心有缺陷的孩子。这些孩子根据残疾程度被分为轻微、中度和严重残疾。

特殊教育的目的和目标：

根据残疾类别和程度，为残疾儿童提供相应的教育。通过必要的措施，保障大部分残疾儿童可以进入普通学校学习。为严重残疾不能进入普通学校学习的孩子提供特殊教育，并为其制定特殊的政策。

2.策略

(1)要调查、确认残疾儿童的数量和类型，并根据残疾程度对残疾儿童进行分类。

(2)根据实际需要，将在一些选定的学校对残疾儿童的教育制度进行改革，以便他们能够在正常儿童的陪伴下快速接受学校教育。

（3）在全面教育计划之下，每个学校至少要有一名教师接受培训，以便对残疾儿童进行正确教导。

（4）将聘用受过正规训练的教师来指导残疾儿童的体育教育和运动。

（5）目前社会福利署指导下的 64 所中学已经为视力障碍儿童提供全面、具体、完整的教育计划。需要改善上述学校的分配制度。对待聋哑等身心残疾的儿童也要采取同样的措施。

（6）将在社区、乡镇层级开展盲人、聋哑人等身心残疾儿童的小学教育。

（7）将根据残疾儿童的特殊需要和不同特点建立专门的学校。

（8）对于无法学习一门及一门以上科目的残疾儿童，为他们进行灵活的课程安排。

（9）为残疾儿童免费或低成本提供教育素材。

（10）体育训练教练员将对实行全面教育计划的有残疾儿童的学校的教师和从事特殊教育的教师进行培训，并成立专门的教师培训学院或机构。

（11）为了在普通学校实行已提议的全面教育计划，教师培训学院或机构将提供与残疾儿童特殊教育相关的课程。鼓励教师在普通课堂接纳这样的学生。

（12）从小学阶段开始将残疾儿童有关的问题纳入教学大纲，以增强人们对此的了解和认知。

（13）在就业市场，为符合要求的残疾应聘者创造平等的就业机会。

（二）健康和体育教育

1. 目的和目标

健康和体育教育是被孟加拉国教育忽视的一个方面。像普通教育一样，健康和体育教育对于建设一个教育大国的重要性从来不能被低估。没有健康和体育教育，普通教育是不完整的。

不论是男生还是女生，如果从小就接受健康和体育教育，那么他们会通过体育锻炼更加关注自己的健康。他们将开始了解纪律和规则。守时是健康和体育教育的要求之一。通过健康和体育教育，学生能展示他们运动的能力。未来，也许一个运动健将就从他们中间诞生。如果学生在教育机构有足够多的机会接受健康和体育教育，那么他们在青少年时期误入歧途的可能性就会降低。如果学生有合适的运动环境，他们就可能免受毒品的引诱。

健康和体育教育的目的和目标：

（1）鼓励学生参加体育锻炼，保持健康，帮助学生遵守纪律，注重时间观念。

（2）在小学和中等教育阶段，健康和体育教育将作为一门必修课。

（3）提供合适的运动环境使学生远离毒品的诱惑，鼓励大学阶段开设健康和体育教育课程。

2. 策略

(1)体育在任何教育阶段都不进行公共考试。但小学和中等教育阶段想取得公共考试合格,学生必须在体育方面达到一定的标准,这将通过连续评估来判定。因此,将根据不同年级学生的年龄和能力制定灵活的、标准的、现代的、科学的健康和体育课程教学大纲。

(2)将聘用接受过正规培训的教师教授健康和体育课程。

(3)拥有操场作为新成立学校的必要条件。

(4)把健康和体育教育器材低价出售,并分配到各学校。

(5)引进本土运动项目,特别是在小学和中学。

(6)将提高健康和体育教育的预算份额。

(三)童子军、女生指导和孟加拉国国家少年团(Bangladesh National Cadet. Corps,BNCC)

1. 目的和目标

帮助儿童和青少年成长为自尊、独立、正直、有道德、有进取心、有爱心、健康的优秀公民。

通过实行童子军和女生指导项目培养他们的个性,帮助儿童和青少年成为有责任担当(在国家和国际层面)、有自我意识和博爱的人。

通过孟加拉国国家少年团的锻炼帮助学生学会高效做事,树立健全的道德意识和纪律意识。

2. 策略

(1)童子军在全国非常普遍(在学院、大学和伊斯兰学校),还将扩大并组织更多的童子军。各级教育机构必须加强童子军训练,没有这些项目的教育机构将引入这些项目。

(2)纵观全国,女生指导运动已经成熟,而且将会进一步扩大和组织。为此,必须加强各级教育机构的女生指导(如果已经实施)。

(3)教师培训机构将提供对幼童军、童子军和女生指导方面的培训。

(4)在全国各院校开设孟加拉国国家少年团分支机构。

(5)每周将分配一节课用于专门训练。

(四)布拉塔卡里(Bratachari)

1. 目的和目标

从其对象的固有背景来看,布拉塔卡里与童子军和女生指导有某些相似性。但是布拉塔卡里是在孟加拉国本土发展起来的。这是一个以歌曲和舞蹈为基础的、具有较强纪律性的项目,也可以成为学生的娱乐项目。布拉塔卡里通过旋律和歌词来进行表演,阐述这场运动的目的。表演以蕴含的社会和道德价值吸引观众。布拉塔卡里在锡尔赫特市、达卡市、库尔纳市、朗布尔市、迈门辛市和焦伊布尔哈德市的小学和中学里已经大规模进行。

布拉塔卡里的目的和目标：

（1）展现体力劳动的尊严，培养学生务实精神，使其勤奋并成为良好公民，以共同建设国家，服务大众。

（2）培养学生热爱体育锻炼和慈善事业，努力工作，积极思考。

2. 策略

（1）认可在教学体系中引入布拉塔卡里。

（2）可以对现有学校的做法进行回顾，做出项目评价，并制定标准。

（3）鼓励全国中小学开展这一项目。

（4）中小学安排合适的时间组织布拉塔卡里项目，每周两次，每次半小时。

（5）在中小学引入与布拉塔卡里相同的其他组织的儿童和青少年项目。

十九、运动教育

（一）目的和目标

身体健康和运动是青年学生全面发展的一个必要因素。教育、培训、创造、生产以及其他相关的技能只有与身心健康结合才能产生优质的效果。思想、身体和智力的结合带来生活的满足。长期以来，孟加拉国一直对运动和体育教育非常重视，但是这方面的成就却不尽如人意。目前，孟加拉国体育学院是唯一一所依据目前达卡教育委员会的教学大纲和国立大学的学位课程实施中等学校和高级中学认证考试计划的学校。这还不足以形成完整的运动教育，远远落后于国际标准。在这样的背景下，必须重视运动教育在国家教育体制中的地位，并采取实质性措施。

运动教育的目的和目标：

1. 鼓励学生参加体育运动。

2. 为全国男生、女生提供运动设施，使他们能拥有平等的机会为体育事业做贡献。

3. 鼓励学生成为职业运动员。

4. 提升运动教育，提供专业培训，培养具有国际水平的运动员。

5. 通过系统的运动教育，运动员有机会成为国内外知名的专业运动员。

6. 通过体育领域所取得的成就，树立良好的国家形象。

（二）策略

实施以下措施扩大高质量的运动教育：

1. 每个行政区成立至少一所体育学校，拓展中小学阶段的运动教育。

2. 体育学校的教育不会对主流高等教育产生任何不良影响，因此小学和中学阶段的统一课程所包含的科目也将作为体育学校的必修课来教授。

3. 由一个教育委员会负责所有体育学校的中等教育阶段考试。

4. 政府及非政府组织均可以获批注册成立独立的体育学校和体育学院。

5. 运动教育将随着现代运动的发展而不断更新。将孟加拉国体育学院发展成为一所成熟的体育大学,培养出达到国际标准的运动员。运动教育计划将在孟加拉国体育学院的监督下进行,并设立县级体育学校和体育学院。

6. 在孟加拉国体育学院成为一所体系成熟的体育大学之前,将由国立大学颁发体育学士学位证书。

7. 组织校际或国家级年度体育赛事,普及和扩展运动教育。

8. 运动教育需要完全住校,因此每个体育教育机构都要制定住宿规定。

二十、图书馆

(一)目的和目标

图书馆被视为文明的镜子,是衡量文化总体水平的主要指数之一。另外,它还被视为是教育机构的灵魂。图书馆使用的活跃度反映了教育机构的教育质量和环境。图书馆和信息中心在正规教育或终身教育的研究、决策、规划等方面的重要性是不可否认的。图书馆和信息中心的角色是通过国内外的沟通交流,获得更多的信息。因此,国家将建立多个图书馆和信息中心,有必要将文化事务部主管的国家图书馆、公立大学和不同学院的图书馆纳入数字信息交流技术系统,而且必须从一开始就采取措施来实施这一进程。

图书馆的主要目的和目标:

1. 通过创造读书机会让学生养成良好的阅读习惯,并为全民创造适宜的教育环境。

2. 通过建立各级藏书丰富、管理精细的图书馆,丰富学生的知识,开阔学生的视野。

3. 使用信息通信技术,分阶段实现图书馆的信息化,并进而打开通往全球知识的大门。

4. 丰富图书馆的图书、期刊、报纸等适合学生的读物。

5. 收集反映国家历史的基本文件及文章,并妥善保管以用于研究。

(二)策略

1. 保证每所学校都有一所图书馆,存有学生所必需的书籍。

2. 每个乡的总部将配备一所公共图书馆,其职责之一就是为小学和中学学生提供书籍,应用信息通信技术对图书进行管理。

3. 每个村都要选定一个或多个学校作为移动图书馆并确保图书馆的合理利用。后期将在村级建立与县级公共图书馆相似的图书馆。欢迎私人力量参与到图书馆的建设中来。

4. 将实施合适的计划培养学生的阅读习惯。

5. 采取措施使体育学校、全国专业教育家协会和各种理事会的中心图书馆实现现代化。

6. 有必要在中学和大学建立先进且现代的图书馆,设立图书管理员职位,并制定合理的薪资标准。政府每年将向图书馆投入一定数量的资金。

7.在大学建立馆藏丰富的图书馆。通过电子订阅收集学术期刊。国家所有的图书馆都通过网络相互连接,以便每一个学生都有机会接触其他图书馆的资源,并逐步提供图书期刊的电子版。

8.对国家图书馆和档案馆的结构形式进行重组,并纳入数字系统。国家图书馆将设立一个研究和培训部门,并应用信息通信技术对该部门进行强化。

9.逐步在所有专区城市和县首府成立国立图书馆。当地政府将建立市级图书馆。

10.组织教育部、文化部和当地政府部门的代表成立图书馆委员会,寻求与政策制定、计划和协调有关问题的解决方案,并实施发展规划。

11.各主管部门将根据图书馆委员会的建议,促进图书馆和信息中心的发展,并为新建图书馆制定政策和规划。

12.在每个教育机构将设立图书管理员、管理员助理和其他职位。

13.增加图书馆管理者和员工的晋升机会。

二十一、考试和评估

(一)目的和目标

考试和评估是一个监管体系,对学生综合教育目标的完成情况进行评估。对学生个性有重要影响的品质都与知识获取、情感态度和智力能力息息相关。目前,国内中小学及大专院校的现有或传统考试和评估体系仅对知识获取进行评估,今后将关注学生的全面发展,并制定出必要的监管措施。

考试和评估的目的和目标:

1.启用一种创造性的方法,旨在评估学生课程目标的达成,而不是评估需要死记硬背获取的学习内容。

2.制定监管措施,制定统一策略,确定考试和评估的方法与水平。

3.制定教材编写和考卷编制的规则,以方便进行适当的评价,并提出易于理解的方法,既适用于考卷编制者,也适用于考生。

(二)策略

1.重视所有教育阶段知识获取情况的评估,制定更加高效的考试制度。

2.整改、实施能够反映学生情绪和智力持续增长的评价方法。

3.在现有考试和评估体系中,主要评估的是死记硬背的学习,这不是一种正确的评估方式。事实上,正确的方式应该是对学生内化的知识进行评估。创新考试和评估体系正是针对此目的提出的。该制度的正确实施与教科书的编写、命题规则的制定、学生对考试和评估体系的理解密切相关。因此,我们将致力于编写正确的教科书,制定适当的命题规则,提高相关方对考试和评估体系的认知和理解。

(三)小学和中学教育

1.目前学校实行的针对1、2年级的连续评估制度和3年级学生的期中、学期和学年评估制度将继续实施。将在每个年级实行高效的连续评估制度,包括体育和运动。

2.5 年级实行县或市统一考试。

3.8 年级期末将举行公共考试。由相关的教育理事会组织初级中学认证考试。所有考试中将不再鼓励死记硬背的学习,而是将由创新性的考试与评估体系来代替。根据公共考试的结果,为学生颁发不同等级的奖学金。

4.未参加公共考试的学生可以在 8 年级学业完成时取得由学校颁发的证书,证书中包含内部考试和连续测评报告及学生的出生日期等信息。

5.完成 10 年级学业,将举行全国中等学校认证考试。将根据此次考试结果给 11、12 年级的学生颁发奖学金。完成 12 年级考试后,将举行另一种公共考试,即高级中学认证考试。这两种考试都将用创新性方法来编制试卷,并将分等级进行评估。将依据高级中学认证考试成绩来确定高等教育奖学金。

6.在伊斯兰学校体系中,将为初高中必修科目考试(所有类型学校中包含的)设置统一的试题。

7.对中等教育阶段的实践学习进行评估。

8.在中等教育阶段,如果学生有一门或两门科目不及格,相应科目可以参加两次考试。如果课程内容和教学大纲有变化,学生可依据之前的课程内容和教学大纲参加其之前不及格科目的考试。但是不单独设置临时考试。

9.教育理事会的负责人或其他工作人员将在各理事会间轮换,目的是提高他们的工作效率和活力。

(四)职业技术教育

连续性评估对于职业技术教育至关重要,因此将继续延用这种测评体系。

(五)高等教育

1.在高等教育阶段将实行必要的内部和外部考试与评估制度。修正不同大学的考试与评估体系,鼓励学生内化知识而非死记硬背。

2.针对公立和私立大学将建立一套统一的考试与评估制度。

3.将更加重视连续性评估、家庭作业和期中考试。

4.系委员会和学院院长将对考试与评估制度进行严密的监管。

5.针对中学阶段、本科生阶段和研究生阶段制定一套系统的考试等级制度。

(六)适用于所有教育阶段的考试与评估规则

1.在学年初将确定期末考试和公共考试的时间,而且要严格遵循。

2.将对主考官、其他考官和成绩核对人进行培训。

3.确保考官在规定时间内返还答卷,否则将进行相应的惩罚,积极核定阅卷报酬。

4.辅导书、辅导中心等带来的消极影响是对优质教育制度的一些阻碍,要采取措施抵制这些消极影响。

5.教育机构的教师和管理人员应该采取措施杜绝考试不公平。定期向所有相关人员强调其重要性。在教育机构可以召开特殊会议强调考试作弊的危害性以警示学生。在这一方面,可发表一些有影响力的文章或出版物。采取严格措施抵制采用不公平手段参加考试及帮助作弊的人。

6.在实施考试等级制度之后不公布成绩排名。但是会对大学(普通大学或荣誉大学)毕业时取得最高分的学生进行特别认证。在小学和中学也将实行特殊认证制度。培训教师在评分系统中阅卷。

二十二、学生福利和辅导

(一)目的和目标

通常许多学生被诸多问题所折磨,产生困惑和误解,为此,将实行有效的学生辅导计划。这能为学生在学校创造一个更好的安全教育环境,并提高教育质量。

学生福利和辅导的目的和目标:

1.为小学和中学的学习环境发展确定和实施有效的制度,改善高等教育环境。

2.不论其性别、种族、籍贯、社会经济情况和身心状况,所有人都应享有平等的人权。在小学阶段就向学生灌输这种观念。

3.为所有教育阶段的学生提供基本的医疗服务,提高高等教育机构特别是大学的医疗服务发展水平。

4.给所有教育阶段的学生提供必需品的有效援助。

5.通过降低教育费用来鼓励学生完成教育目标。

6.提供住宿设施。

(二)策略

1.实施并增强所有教育阶段的学生福利辅导。

2.对进行辅导的教师进行适当的培训。

3.将鼓励和帮助学生参加课外活动(如运动、辩论、阅读、作文等各种竞赛)。

4.小学和中学将继续提供免费教材。

5.增加中小学贫困和优秀学生的补助金,并鼓励银行和类似的组织为高等教育学生提供条件宽松的贷款。

6.将给中小学提供营养午餐和基本医疗服务。每个学院或大学设立标准医疗中心为学生提供基本医疗服务。

7.组织教师、监护人、学生和社区代表成立工作委员会,改善中小学环境。高等教育制订类似的行动计划。

8.将倡议通过政府、社会公民和校友的捐助成立基金,为贫困和优秀学生提供奖学金。

9.每个中小学应建造单独的体育馆。体育馆的规模和形式将通过合理的评估过程确定。

10.加强大学里现有的咨询和指导服务,为辅导教师提供培训。其他教育机构也将实行有效的辅导和指导计划。

11.在每个教育机构开展基本医疗服务,并补充一些机构的医疗设施。逐步在高等教育的所有院校里建立标准的医疗中心,改善现有医疗中心。

12.重视建立学生福利辅导和咨询中心,对辅导员进行引导和培训,以便他们能给学生提供更好的帮助。

二十三、学生入学

(一)目的和目标

为了学生能接受适合的教育,有必要安排学生通过入学考试,进入适合的院校。这样他们的天赋和才能才将被充分挖掘与发挥。不鼓励对小学1年级学生进行需要多领域知识的学科考试。制定小学毕业后入学考试相关政策,并要严格遵循。

各教育阶段学生入学时,需要记录学生父母或法定监护人的姓名。父母或法定监护人的姓名也将用于小学毕业后的相关考试证书和其他必要的领域。

(二)策略

1.所有公立大学将制定合理的规则并进行集中选拔测试。这包括以语言(孟加拉语和英语)为基础的测试和其他学科知识测试,并适当参考以前公共考试的成绩。依照一定的原则,在高级中学认证考试成绩公布后的1个月内完成入学考试。

2.公立大学下属的不同学院的入学评定,将参考之前公共考试的成绩,并将依照公立大学的选拔原则并在其监督下进行入学考试。该考试科目将包括语言(孟加拉语和英语)和学生所选的科目。

3.原则上,小学1年级没有入学考试。但是如果即将入学的人数大大超出了学校能容纳的人数,那么学校可以举行入学考试。小学入学考试、小学及中学毕业考试成绩公布时采用数字代码,以确保学生入学考试的客观性。

4.应将考虑生师比,不能违背标准比例来录取学生。

二十四、教师培训

(一)目的和目标

合格的教师对于优质的教育至关重要。因此,一方面,有必要通过科学透明的招聘程序来招聘优秀的教师;另一方面,应加强优质的教师教育和以需求为导向的教师培训。我国现有的教师培训制度存在一定缺陷,大都以获得证书为目标,重理论轻实践,侧重于测验需要死记硬背的学习内容。

目前,有 14 所对中学教师进行培训的公立教师培训学院及国家教育管理学院,1 所伊斯兰教师培训机构,5 所针对高级中学教师的学科培训机构,1 所达卡大学下属的高等培训研究机构。14 所公立教师培训学院及国家学术教育管理学院提供教育学学士课程,其中一些也为教师授予教育学硕士学位。开放大学也通过远程学习授予教育学学士学位。此外,还有 106 所私立中学教师培训中心。这些教育机构里的基础设施、培训制度和所教授内容的质量大多是低标准的。

53 所培训机构和 2 所私人教师培训机构为小学教师提供培训。这些教师培训机构都提供为期一年的培训。现有的教师培训体系远远不能满足需求。因此要增加培训师的数量,提高培训质量。此外,需要对培训师的培训效率进行评估。

教师培训的目的和目标:

1.通过培训使教师获取教学策略方面的知识和技能。

2.提高教师的专业知识水平。

3.培养教师的个性品质以及创新和领导的才能。

4.让教师了解社会经济状况和国家迫切需要解决的问题,让他们参与国家有关事务的管理。

5.分析教师行为上的优缺点,探寻教师成长的有效途径。

6.鼓励教师运用现代教学素材进行高效教学。

7.鼓励教师探索和运用新的教育方法。

8.培养教师撰写研究论文和报告的专业能力。

9.鼓励教师为不同宗教、种族及社会经济状况的学生创造平等的学习机会。

10.培训教师通过真诚回馈学生的需要,提高对落后地区、少数民族和残疾学生的教学效率。

11.提高教师分析问题和决策的能力。

12.对各教育阶段教师进行信息通信技术培训,确保信息通信技术的广泛应用,以建立一个现代化的发达的孟加拉国。

13.增强教师的责任意识。

14.鼓励教师参与研究工作。

(二)策略

1.在聘用以后要立即对小学和中学教师进行 2 个月的基础培训,对大学教师进行 4 个月的基础培训。小学和中学教师必须在入职后的 3 年内参加小学教师培训和教育学学士课程。

2.培训课程和教学大纲应与时俱进。

3.在更改课程和教学大纲之前,培训师将相应地接受对应科目的培训,使他们对自己的学科有足够的了解。

4.修改小学教师培训项目,新项目的持续时间将从原来的一年延长到一年半。通过引入实习机制继续开展实践课程,保证两个阶段共9个月的实践课时长。

5.公立大学的教师通常在国家教育管理学院接受培训,而且这种培训将一直延续下去。每位教师每隔3年都必须分批进行培训。采取措施在每个专区建立地区教育管理学院推广以课程为基础的培训计划。

6.对初中和高中的教职员工进行综合培训,旨在培养合格、自信的教育管理人员。

7.组织针对私立学校的教师的基本培训,同时为这些教师提供在高级中学教师培训机构培训的机会。加强现有以学科为基础的高级中学教师培训。

8.为了让所有教师培训机构的质量标准化,将在教师培训机构中创造一个标准的环境,使不同教师培训机构的同级别管理者可以相互调换。

9.创造国内外培训机会以提高教师水平。将继续进行现有针对校长的特殊培训。

10.教师培训将包括广泛的课外计划,而且要对培训效果进行适当的评估。

11.为所有教育培训机构配备网络,方便培训师掌握最新信息。

12.将运用连续评估方式对受过培训的教师的掌握情况进行评估,并采用特殊措施对发现的不足进行纠正。

13.培训计划将包含不同环境下的多种课程,提高不同学校即小学、中学、大学、职业技术学校、特殊教育学校等不同岗位教师的教学效率。

14.鼓励教师组织在提高教师水平方面发挥积极作用。

15.鼓励大学为年轻的新入职的教职员工提供培训计划。

16.确保为参加培训的教师增加财政补助金和其他福利。

17.教师培训计划应当更为现实和有效。为实现这一目标并确保全日制培训,将阻止建立低标准的私立教师培训机构。合理增加公立教师培训机构的数量,并将向参加培训的教师提供全面的住宿设施,以确保培训计划的施行和高效。

二十五、教师的地位、权利和责任

(一)现状和指导方针

从小学教育到高等教育,教师的尊严是一个非常重要的因素。通过深入调查,重新评估各教育阶段教师的地位,并鼓励优秀学生未来从事教师这一职业。教师应得到与其工作相应的尊严和福利,同时,他们的权利也与他们的职责紧密相连。教师必须负责任地履行他们专业的和其他方面的职责。

(二)策略

1.从社会现实的角度进行深入调查,重新评估所有学校各教育阶段教师的地位、尊严、能力和职责。需关注以下两点:

(1)教师可获得的地位和待遇。如果教师地位的提高仅限于言辞,而在现实中教师无法得到社会的尊重,那么教育质量将不能提高。加强教师的能力建设,并提高教师的社会地位,是一项迫在眉睫的任务。因此,要为教师创造国内外培训机会,并提供国外培训课程和助学金。同时,为各级教师制定单独的薪资表,以改善其收入状况。

（2）教师的责任。有必要明确从小学到大学所有教师的专业技能、地位和责任,并出台一个针对教师的连续评估制度。组织各相关机构代表成立强有力的委员会,就上述两点向各阶段教育提出建议。

2. 不能因为任何原因歧视女性教师,特别是在招聘时。同等条件下优先录取合格女教师,特别是在小学和中学。

3. 根据资历和教学质量决定教师的晋升。委员会将提出评估教师教学水平的方法。教师所接受的培训作为晋升考量因素之一。大学教师晋升继续延用高标准研究成果的出版及其所接受的相关培训。

4. 将表彰和鼓励为教育、社会和出版做出特殊贡献的教师。

5. 选拔出的优秀、有实力和有经验的教师将在不同级别的教育管理岗位任职,并提供晋升的机会。

6. 教师组织应当制定教师的道德准则和规章制度,并确保切实执行。政府也应当在这方面发挥积极作用。

7. 采取必要的安全措施保护教师不受恐怖主义和罪犯的袭击,避免教师因在监考中阻止抄袭和不公平竞争而受到伤害。

8. 将明确阐明教师违反职业规范的惩罚措施,并认真实施。

9. 除假期外小学教师不得参加与其本职工作无关的活动。

10. 公立和私立教育机构的教师跟其他人一样享有带薪休假权利。

11. 教师的主要职责包括:鼓励学生养成良好的习惯;培养学生勤奋、宽容、坚韧、尊重自己和其他宗教习俗的品质;将学生培养成爱国、有能力、不迷信的公民。教师的责任还包括在课堂真诚授课并参加与教育相关的活动。教师应意识到应为学生的将来负责,并保证在供职学校要有固定的出勤时间。

二十六、课程、教学大纲与教材

(一)目的和目标

课程是教育的核心。一方面,课程应该体现国家的理想、价值观和时代所需;另一方面,在设计课程时,应该考虑学生的年龄和接受能力。一个国家的教育体系应该是建立在社会经济和政治条件基础之上的,古老的优秀文化传统、宗教信仰、道德和人文价值观都必须在课程中体现出来。教育的首要目的是在学生的知识、态度、效率和所需的行为变化的基础上,培养熟练的、爱国的、独立的、道德感强的、勤奋的和良好的社会公民。因此,课程、教学大纲与教材的重要性是巨大的。教材需按课程和教学大纲编写,编写教材时需牢记,真正的教育必须与现实生活相关,以爱国主义和我国解放战争精神激发学生,进一步促进学生思维能力、想象能力、好奇心和创造力的发展。

（二）策略

1. 课程和教学大纲

（1）所有类型学校中小学必修课采用统一的课程、教学大纲和教材。

（2）各阶段的课程和教学大纲都将反映社会的、人文的和道德的价值。

（3）各教育阶段包括小学和中学的课程和教学大纲都将反映解放战争的精神、背景和体现其精神的事实以及语言运动、现实国情、文学、文化和历史。

（4）在连续学习的基础上设计小学阶段的课程，并反映本国的现实生活。

（5）教育体系旨在通过获取知识、技能和人文价值，使学生的态度发生积极的改变，引导学生对劳动产生兴趣，并维护劳动者的尊严。

（6）本科生和研究生阶段的课程和教学大纲将重新设计，以激发学生的创造力和思维能力，激励学生开始新的研究，并在坚实的基础上向前迈进。

2. 教材

（1）各阶段教材应包含适当的章节反映语言运动和解放战争的背景、精神及其相关历史事实。

（2）逐步实现小学教材和教辅印刷出版部门的分散式管理。

（3）继续实施现有的有关编写、印刷、出版和免费发行中小学学科教材的政策。

（4）小学和中学的教材必须有吸引力、印刷精美，并保证教材按时免费发放。

（5）国家课程和教材委员会出版的教材的作者酬劳应一次性支票支付，给予不同学科的专家作者们特殊的酬金和荣誉，激励他们写更多的书。

（6）高等教育阶段，鼓励出版商出版高标准的特定书籍以及富有创造性和研究性的书籍。

（7）结合基本的实用研究和行动计划的成果，遵循国家课程和教材委员会的指导方针来组织教材的开发、修订。

（8）继续不断升级和修订教材。

（9）认真推荐本科生和研究生阶段的教材和参考书，使其囊括学科领域新的进展和不断发展的知识。在这方面，应关注各教育阶段学生各学科知识的增长。

（10）通过图书馆信息通信技术的使用和升级优化，帮助学生便捷地获取所需的文本和参考书。

3. 教材编写政策

（1）通过现实评估，将更改现有的课程和教学大纲中关于教材编写的说明。

（2）根据修订后的课程及教学大纲的指导方针，继续遵守现行教材编写的原则和指令。

4. 国家课程和教材委员会

（1）聘用专业熟练且受过培训的人员，提高国家课程和教材委员会的工作效率。

（2）任命经验丰富、高效的退休专家为顾问，以提升课程设计及教材编写水平。

二十七、教育管理

(一)目的和目标

成功实施国家教育政策和质量卓越的教育体系,很大程度上依赖于教育管理。为了全面发展教育,完善公民教育设施,强化相关方案和项目的实施,必须提升教育管理水平。将根据现实需求,采取一切必要的措施,确保教育管理部门的有效管理以及各级教育管理的廉洁、高效、积极和透明。

教育管理的目的和目标:

1.加强教育体系建设,促进建立知识型社会,为国家进步提供必要的创新理念。

2.确保各级教育行政部门的责任、活力和透明度,使其更有效、更清廉。

3.通过发挥教育行政的有效作用,实现教育机构的透明、责任和活力,提高教育质量。

4.确保各地区所有人的教育的平衡扩展和质量提升。

5.为国家的进步发展培养知识型和技能型的人才。

(二)策略

1.制定教育法。依照本教育政策,综合考虑教育相关的法规、政策和方针,制定新教育法,并保障切实实施。

2.建立常设国家教育委员会。一是快速变化的国内外环境需要针对阶段性的需求对国家教育政策进行修订和修正。二是为促进各种教育相关信息数据的保存和信息通信技术的使用。因此,成立一个独立法定的、永久的国家教育委员会。该委员会作为教育部、教育相关部门以及入学资助委员会的咨询机构,促进国家教育政策的实施。该委员会的责任:一是监督各阶段各类学校的教育政策的正确、有效实施;二是向政府和国家议会提交年度报告和相关建议。此外,该委员会还将负责在教育政策的修订和修改中提供建议。

3.教育机构教师的招聘、培训、转调和晋升,按国家教育政策及总体规划组织管理。在教师招聘、进修和在职教师能力发展方面采取相应的措施,保证有限的国家资源的优化利用。具体措施如下:

(1)组织私立学校教师选拔委员会,其性质类似公共服务委员会,根据教师的能力和优势为民办小学、伊斯兰学校、中学以及政府批准或资助具有学位授予权的私立学院招聘教师。

(2)教师由私立学校教师选拔委员会进行选拔,并根据当地教育机构的需求进行招聘。

(3)通过竞争评选对教师资质如学历、教学方法等进行审核,审核合格的教师可以晋升到更高职位,例如,助理讲师到助理教授、助理教授到副教授、副教授到教授。该评定程序将根据教师招聘、晋升的相关规定进行,并根据培训的完成和高等学历的获得情况加薪。

(4)目前,私立学校教师招募和认证署负责私立院校教师注册。随着私立学校教师选拔委员会的成立,将取消私立学校教师招募和认证署。

(5)月付薪(Monthly Pay Orde)系统中各类学校的各阶段教师可以按特定的政策进行轮换。如若政府认为必要,则可以将享受月付薪待遇的教师转到相似机构的同等位置。

(6)必须定期为各类学校不同阶段的教师进行学科培训。

4.成立高等教育机构评审委员会。目前,全国有很多私立大学和其他私立高等教育机构可以颁发本科和研究生学位。必须对这些大学和高等教育机构进行认证,审查这些大学和高等教育机构是否有能力提供高质量的教育及开展高水平的研究,对学生收费是否合理,或是否有提供科技教育的必要设施。此项工作也适用于进行健康、工程和农业教育的私立大学和其他私立高等教育机构。

同时,检查公立大学和其他提供本科生和研究生教育的机构,对它们进行评估并排名,提出整改意见。

组织具有权威和专业知识的高等教育机构评审委员会,履行上述职责。

大学资助委员会、教育部和有关部门将根据由高等教育机构评审委员会收集的信息和年度总结以及评估报告,采取必要的措施(如对表现优异的机构给予奖励,对表现欠佳的机构给予支持以便改进,关闭表现不佳的机构)。

5.建立首席教育督察办公室。

由于承担了多方面的责任,现有的中学教育质量监督机构无法有效执行监督任务。因此,应重新组织专门的部门去履行这一职责:了解所有的中学或机构是否有能力提供优质教育,对学生收取的费用是否合理。对中学进行年度检查和学术成绩评估后,将对学校进行排名,并提供改进的建议。同样,对进行健康、农业和技术教育的私立教育机构也可以采取这样的措施。

为此,建立高能高效的首席教育督察办公室,履行上述职责。

教育部和有关当局将根据由首席教育督察办公室收集的信息和年度总结以及评估报告,采取必要的措施(如对表现优异的机构给予奖励,为表现欠佳的机构提供支持以便改进,关闭表现不佳的机构)。

首席教育督察办公室编制的评估报告将呈送给国民议会、教育部及有关部门并进行公示。政府将参考此报告制定各教育机构财政预算。

6.将现有的中等和高等教育理事会分设为两个独立理事会:中等教育理事会以及高等教育和研究理事会。提供相应的人力及财力保证教育管理相关机构的有效运行。采取措施,确保问责制的实行。

7.建立独立的伊斯兰学校教育理事会,对伊斯兰教育进行管理。

8.培养教育骨干。大多数公立院校中,教师数量不能满足实际需求。高校必须招聘足够数量的教师,以确保教育的高质量。鉴于此,将根据学科和层次的需要,建立合理的人力资源结构。

现行制度下,对于提高教育专业人员专业素质的激励机制不多。拥有硕士和博士学位的教育专业人员薪资标准较低。具有特殊专业表现的教师与拥有硕士和博士学位的教师,将任命其到高校任职,给予其相应职称,并颁发证书,提供特殊财政津贴。有非常杰出的表现或在全球范围内通过创新活动获得认可的骨干教师,将给予其特殊财政津贴和相应职位。

实施现代管理体制,培养教育骨干,建立绩效评估体系以取代现有的教师评价系统,并将开发新的绩效报告格式。为了鼓励团队合作,在评估个人时,将考虑他所工作的机构的排名。

(三)不同阶段的教育策略

1. 小学教育

将根据当前的现实需要对小学教育的行政和管理机制进行重组。当地社区将参与这一过程。主要策略有:

(1)现有的小学教育体制将彻底分权。如有必要,进一步授权学校管理委员会,使其更高效。鼓励女性监护人的参与学校管理,组建教师家长委员会,积极发挥委员会的作用,鼓励家长密切参与学校的各项活动。此外,当地社区也将参与学校的管理和发展活动。

(2)优质教师对于保证优质教育至关重要。因此,将通过私立学校教师选拔委员会招聘优秀教师。

(3)由校长编制本校教师的年度评估报告,校长的评估由学校管理委员会负责。

(4)加强学校的有效监督。鉴于此,将进一步改善学校监督评估系统。

2. 中学和大学教育

学校规模的扩大和教学质量的提高,依赖于现代的、高效的教育管理。为了实现这一目标,有必要对中学和大学的教育管理进行改革,并让当地社区在这一改革过程中发挥有效的作用。主要策略有:

(1)中等教育管理的权力、职责将被下放给地方。地方教育部门的职位将与其他地方行政部门的级别一致。

(2)加强学校或学院管理委员会的能力建设,赋予其更大的权力。学生的监护人、当地关注教育发展的人士和地方政府等共同参与并监督。

(3)学校督察职位与学校数量成正比,加强学术检查和监督,每月至少密切监督一所学校。

(4)理事会的教育管理信息系统将升级优化。为建立以信息通信技术为基础的教育部,将对其信息通信技术基础设施进行更新,并招募必要的专业人员。

(5)通过学校布局计划确定教育机构,这些教育机构由总体规划组织进行审批。

(6)消除现有的对于公立和私立教育机构教职员工的区别待遇。政府将根据资金状况、学术水平及培训情况,逐步提高私立教育机构教师的工资和其他福利。

（7）加强私立教育机构教师的福利待遇。增加教职员工的医疗费用、早逝时的一次性补助以及津贴和退休金。

（8）必须制定具体的政策将私立教育机构收归国有化。该政策将保护私立学校教师选拔委员会所招聘的教师的利益以及其他工作人员的利益。

（9）在目前尚未有公立中学或大学的乡建立公立中学或大学。

（10）个人或任何非政府组织经营的教育机构将被纳入结构化管理体制,确保其在相应制度下正常运营。

（11）提供特别的公共援助,加强非政府教育机构的基础设施建设。

二十八、适用各教育阶段的特殊措施

1.必须立即采取措施,根据就业市场需求,对学生可获取的学历和技术能力进行调整,以便在完成各级教育后,学生具有较强的就业能力。为了实现这一目标,必须尽早对就业市场的供需情况进行调查,以了解对学历和专业技能的需求,并定期进行调查。

2.根据调查结果给予财政和后勤支持,并且招聘专业的教学人员,保证短期和中期的培训项目,以满足行业的需求。

3.必须按照国家中长期的人力资源需求来培养专业人员。可以通过公、私立机构的合作伙伴关系实施以上计划,并且向来自贫困家庭的学生提供培训机会。

4.通过对不同的人力资源需求、教学资质和专业知识的协调,在各阶段逐步执行相应方案。

5.所有的教育机构,必须到相关机构注册。必须遵守在行政和基础设施结构、学生和教师数量、学生学费和教师工资、财务、课程、教育材料等方面的相关规定。由外部审计机构对学校的年度资产负债表进行审计,并将审计过的年度资产负债表递交负责其注册的机构。

6.政府教育基金将根据需要和特别考虑,资助那些有收入来源并由传教士、当地或外国组织管理的非政府教育机构。然而,这些教育机构必须到相关机构注册,并严格按照各教育阶段规定的课程、教学大纲和其他教育方针开展教学活动。此外,必须针对收费较高的机构制定指导方针,依照特定指导方针对接受捐赠事宜进行管理。

7.目前,由于传统教育体制内的种种弊端和矛盾以及传统价值观念的影响,国内私人辅导和培训中心泛滥。必须采取适当的补救措施,以控制和制止此类不利于学生发展的行为。

8.各种调查显示,一些人一直在非法享受政府分配给教师的财政援助和其他福利。他们假冒小学、中学、技术学校、伊斯兰学校等教育机构或使用根本不存在的机构名称享受政府的财政援助和其他福利。将采取严厉措施,调查并严惩这些违法行为。

9.有必要为各阶段教师和学生制定行为准则,并使他们对其有相应的认识。因此需成立相应委员会,制定不同教育阶段的行为准则,确保各教育阶段的学生不会面临任何身体或精神上的折磨。

10. 将鼓励银行、民营企业和慈善家为各教育机构学生提供奖学金。

11. 小学(3、4年级)、中学和大学等教育机构行政、后勤员工的数量必须根据教师和学生的数量以及各自机构的工作需求来确定,为此需要制定指导方针。

12. 教职员工的服务规则必须符合法定规则,并使教职员工对此有所了解,应以书面形式随任命函告知新入职人员相关制度。对员工的薪酬进行合理调整。

13. 以信息通信技术为基础建立数据库,汇编所有教育阶段的相关信息,方便所有人使用。为了达到这一目标,孟加拉国教育信息和统计局将进一步加强在信息通信技术、财务和人力方面的支持。必须通过有效的监督来确保活动的高效和透明。鼓励个人建立教育相关的数据库。

14. 鼓励孟加拉学院在发展孟加拉语和将不同语言的现代书籍尤其是高等教育阶段各学科教材译为孟加拉语的工作中发挥更有效的作用,并提供必要的资金和人力支持。

15. 采取必要措施,增强外语学会的作用,以促进多语言学习和相应领域的研究。

16. 有效协调各阶段教育,明确各类教育的不同管理责任。各部门之间将有效地协调工作。

马尔代夫

马尔代夫全民教育行动计划(2001 年)

《2000—2015 年达喀尔全民教育行动框架》后续行动

引言

该全民教育行动计划包括根据《马尔代夫 2020 年愿景》和《第六个国家发展计划(2001—2005 年)》全国磋商的结果制订的目标和战略。时任马尔代夫总统穆蒙·阿卜杜勒·加尧姆于 1999 年 7 月 26 日阐述的《马尔代夫 2020 年愿景》中指出:"10 年的正规教育将是整个马尔代夫的最低标准,也将建立一个为实现和维持社会经济发展所需的技术技能体系。"

该全民教育行动计划与国家发展重点完全一致,这是因为在《马尔代夫 2020 年愿景》和《第六个国家发展计划(2001—2005 年)》的公共政策中都包含"投入"这一因素。该全民教育行动计划现已成为《马尔代夫 2020 年愿景》《第六个国家发展计划(2001—2005 年)》《教育部门总体规划(1995—2005 年)》的组成部分。因此,教育和就业导向培训至关重要,这一计划与国家减贫战略密切相关。这些策略包括关于青少年的学习需求以及成人教育和继续教育战略,将有助于人们获得适当的就业机会或从事自主创业活动。

全民教育行动计划中提出了马尔代夫有关全民教育目标及实现目标的战略。马尔代夫的四个全民教育关键目标如下:

1. 扩大和完善全面的幼儿保育和发展,特别是对于弱势儿童群体。

2. 确保所有儿童,不论其性别、地域、是否残疾,都能获得高质量的基础教育。

3. 确保所有人平等地接受基础教育和继续教育。

4. 通过公平获取适当的学习和生活技能课程,满足青年人的学习需求。

上述四个关键目标将在下面介绍,每个目标将包括以下内容:

1. 简要回顾在实现相应目标方面所取得的进展。

2. 描述实现目标的短期(3～5 年)和长期(7～10 年)策略。

3. 规划时间安排和制定财务要求。

需要为本计划中列出的每项全民教育战略制定详细的战略文件。幼儿保育和发展全国运动文件以及 24 校项目文件在区域研讨会中作为案例进行介绍。最后,该计划包括对筹资计划进行简要讨论,并制定实施监督计划的参与机制。

马尔代夫的成人识字率达到 98.8%,中小学女童入学率为 49%。本计划没有单列具体讨论成人识字率和消除中小学教育性别差异的全民教育目标。性别平等和基础教育的提供被嵌入本计划的所有相关战略。

一、目标1:扩大和完善全面的幼儿保育和发展,特别是针对弱势儿童群体

(一)现状

马尔代夫人非常重视教育,从子女小时候起便开始对他们进行教育。甚至在引入现代学前教育之前,传统的"Edhuruge"(艾杜鲁克,由受尊敬的社区成员所提供的家庭教育)履行了培养儿童基本识字能力、计算能力、宗教知识和意识的职责。如今,在大多数岛屿社区,学前教育与"Edhuruge"共存,共同为超过89%的学龄前儿童提供第一次(有组织的)学习机会。

全民教育目标将扩大和完善全面的幼儿保育和发展,目前的《教育部门总体规划(1995—2005年)》和《第五个国家发展计划(1995—2000年)》都支持这一目标。预计今年启动的《第六个国家发展计划(2001—2005年)》也将包括这一重要的教育目标。

学前教育入学人数的增加是有计划地努力扩大和完善幼儿保育和发展活动的结果。幼儿保育和发展的相关政策鼓励社区倡议并参与幼儿保育和发展活动。在这方面,教育部为社区的幼儿保育和发展活动提供援助,同时还推行替代性、非正式的幼儿保育和发展计划。

提高公众了解如何照顾婴幼儿的身体以及了解婴幼儿发育和需求的意识,是扩大幼儿保育和发展计划不可或缺的一部分。为此,今年将启动由儿童基金会资助的关于幼儿保育和发展的公众意识运动。这项运动旨在提高公众对儿童第一个生长期的重要性的认识。

根据目前的情况,下文列出了为实现幼儿保育和发展的全民教育目标的具体战略。

(二)全民教育战略

1.加深父母(监护人)对幼儿保育和发展需求的认识和理解,包括帮助父母学习促进婴幼儿健康发展的方式。今年将启动为期三年的全国幼儿保育和发展运动。(时间表:2001—2003年;预计费用:30万美元。)

2.为社区组织和私人团体提供种子基金,以启动幼儿保育和发展计划,同时鼓励发展其他形式的幼儿保育和发展中心。向幼儿保育和发展计划服务最少的社区提供目标援助。(时间表:2002—2007年;预计费用:30万美元。)

3.制定课程指导方针并开发资源,包括视听资料,且免费提供给幼儿园和托儿所。(时间表:2002—2004年;预计费用:10万美元。)

4.升级并继续提供有关幼儿保育和发展的教师培训课程。根据需求,每年有50名教师可以接受为期5年的培训。(时间表:2002—2007年;预计费用:30万美元。)

二、目标 2:确保所有儿童,不论其性别、地域、是否残疾,都能获得高质量的基础教育

(一)现状

在过去 20 年中,马尔代夫人在获得各级教育机会方面取得了相当大的进展。特别是,国家在开放学生参加 7 年基础教育的机会方面取得了显著的成功。然而,获得基础教育途径的增加并未带来教育质量的显著改善。虽然教育普及化以及多年学校教育的目标实现了,但这些都是依靠未经培训或接受过部分培训的教师在设备并不完善的学校中进行的。例如,即使在今天,一些学校仍然没有足够的饮用水、电力和教师。这些因素阻碍了教育质量的提高。因此,在考虑教育结构、内容、过程和结果时,要把提升教育质量放到首位。虽然应优先考虑提高基础教育的质量,但也需要对中等教育、高等教育和成人教育部门进行质量改进。

衡量教育质量,需要考虑学校教育过程中学习的规模和质量、知识获取、技能发展以及教育过程中态度和性格的形成,同时要提供训练有素的教师和良好的课堂环境。虽然这些因素与教育质量有关,但如果没有学术和非学术成果的衡量标准,就难以全面提高教育质量。

最近 5 年来进行的研究表明,马尔代夫学生的学习成绩仍不令人满意。马累和国内其他地区的教育质量差距很大,岛内和环礁的教育质量也出现了差距。因此,关注教育质量十分重要。全国的识字和算数成绩不佳,说明了采取紧急行动的必要性。为改善教育质量,可采取的行动包括:

1.建立有效的机制以监测全国学生的成绩。

2.开展职前和在职教师培训。

3.建立分散的学校监督机制。

4.加强学校内部监督。

5.增加相关课程材料的供给。

6.为每所学校提供适当的教育设施。为了确保所有地区的学生都能得到平等的教育方面的服务,国家需要给予提供服务最少的地区的学校更多的重视。

以下提出的战略是从目前的情况出发,旨在共同提高整体教育质量,特别是初级教育质量的改进。

(二)全民教育战略

1.向所有学校提供必要的设施和资源,例如足够的课桌椅、饮用水、图书馆设施或阅读材料以及用于课外活动的基本设备。确定获得资源较少的学校,并有计划地向这些学校提供援助。(时间表:2002—2005 年;预计费用:200 万美元。)

2.实施为期 5 年的教师培训国家计划。每年必须培训 70～100 名中小学教师,以

减少对外籍教师的过度依赖并满足入学学生人数增加的需求。尝试马尔代夫高等教育学院教育系与国外机构的合作,联合开展类似项目。教育部将确定教师需求的关键领域并协调整个计划。(时间表:2002—2007 年;预计费用:800 万美元。)

3. 为所有学校提供数量足够的经过培训的英语和数学教师。(时间表:2002—2004 年;预计费用:50 万美元。)

4. 确保所有教师都可以参与本校的教学活动或集群式教师在职活动。这种体系需要与马尔代夫高等教育学院教育系和教育部合作开发。(时间表:2002—2007 年;预计费用:50 万美元。)

5. 建立一个全国学生成绩监测机制。这种机制可由集群学校系统处理,集群负责人担负监督和提高学生成绩的总体责任。学生成绩的结果需要提交给国家数据库,以监测一段时间内的进展情况。在评估中进行教师培训,并使他们从连续的国家评估和交流技巧中学习经验,包括英语、迪维希语、数学和生活技能等。(时间表:2002—2003 年;预计费用:30 万美元。)

6. 加强学校集群的监督管理能力。教育部需要继续发挥核心作用,在监督活动中加强领导和提供支持。这等于分散了学校的监督和管理,集群负责人在提高各自集群内的学校质量方面发挥着直接作用。一个关键的战略步骤是进一步培训集群负责人和校长。(时间表:2002—2007 年;预计费用:40 万美元。)

7. 确保每所学校的监督人员能够完成全面的督导课程。目前这种课程分为三个层次。这一策略将确保每一所学校都有一名主管人员,他们已经达到了督导课程的最高级别(3 级)。(时间表:2001—2003 年;预计费用:20 万美元。)

8. 确保每所学校每 20 至 30 名学生至少有一台计算机可用,使计算机素养成为基础教育课程内容的一部分。(时间表:2002—2005 年。)

9. 修订小学课程,编制包括教科书在内的经修订的课程资源,并将这些资源分发给所有学校,重点是确保环礁学校有足够的课程资源。举办教师在职研讨会也是这一战略的一部分。(时间表:2001—2003 年;预计费用:30 万美元。)

10. 完成对有特殊需求的学生的需求评估,并为教师提供在职培训,使他们有能力教授这些学生。为无法适应主流教学的有特殊需求的学生提供专业指导。因此,教育部监督教师接受在职培训和特殊需求小组的创建十分重要。(时间表:2002—2005 年;预计费用:70 万美元。)

11. 开展全国运动以提高对儿童营养需求的认识,特别是对为学生提供良好早餐的重要性的认识。(时间表:2002—2003 年;预计费用:20 万美元。)

12. 建立国家教育管理信息系统。这样的系统对分散学校监督和管理权力十分重要。信息通信技术的发展可以促进该系统的开发。(时间表:2002—2003 年;预计费用:20 万美元。)

三、目标3：确保所有人平等地接受基础教育和继续教育

(一)现状

非正规教育中心为青少年和成年人提供教育机会。在提供的课程中，非正规教育中心的简明教育课程为那些错过完成小学或中学教育的人提供了一个快速成才的学习机会。目前，一项名为"第二次机会"的振兴计划也在进行中，以满足那些未能获得10年学校教育的人的学习需求。此外，非正规教育中心还提供语言课程、发展技能的短期课程、幼儿保育和发展方面的师资培训以及提高人口素质的课程。

政府需要认真规划非正规教育中心的未来，以解决《2000—2015年达喀尔全民教育行动框架》中提出的问题，将青少年和成年人的教育机会多样化，使其参与技能学习和以就业为导向的培训计划。非正规教育中心将尝试创造持续的学习环境，将岛屿社区变为学习型社会，在向岛屿社区提供成人教育课程方面应探索信息通信技术方案。当然，这需要大量的规划、资源和对教育工作者的培训。

(二)全民教育战略

1.通过非正规教育中心开展全国青年技能培训计划。该计划将侧重对青年人的就业技能培训。它是一项全国性计划，重点在环礁提供此类培训。(时间表：2002—2004年；预计费用：20万美元。)

2.升级并继续为成年人开设现有的英语语言课程，使已就业的人能够更有效地工作，同时使那些正在寻找工作的人更容易就业。(时间表：2002—2007年；预计费用：60万美元。)

3.根据学生的需求、就业市场的需求和各技能的发展要求，设置成人教育和继续教育，落实一个系统的计划与课程发展机制。这种机制将向包括环礁在内的地区提供继续教育机会。考虑、试验并进一步加强远程教育方案。每个岛屿社区都需要安排成人教育促进者或协调员，并对这些人员进行培训，以促进远程模式课程的开展与实施。(时间表：2002—2007年；预计费用：20万美元。)

四、目标4：通过公平获取适当的学习和生活技能课程，满足青年人的学习需求

(一)现状

受过良好教育的青年人是马尔代夫最宝贵的经济和社会财富。事实上，青年人能力的高低决定了马尔代夫在这个竞争激烈的知识型经济世界中是向前推进还是止步不前。在个人层面上，青年人的生活质量将越来越依赖于自身的受教育水平和对生活技能的掌握程度。因此，提高青年人的受教育水平对国家和个人都是至关重要的。在这方面，增加青年人接受10年学校正规教育的机会是满足青年人学习需要的战略措施。

10 年的学校教育对培养理论知识、实践技能以及个人品质以使其在知识科技时代有所作为是非常必要的。《马尔代夫 2020 年愿景》指出,到 2020 年必须普及 10 年的学校教育以满足这一重要需求。

如今,中等教育(8～10 年级)的净入学率只有 36％左右,这个数值非常低。因此,政府的目标是到 2010 年中等教育的净入学率达到 80％。为实现这一目标,建设新的教室、培训中学教师应成为国家的优先事项。如今,超过 75％的中学教师是外籍人士,这给教育系统带来沉重的经济负担和质量障碍。此外,需要集中力量来提高教育的相关性和质量。课程设置也需要多样化,以便那些不倾向于学术研究的人能够获得基于技能或以就业为导向的培训。此外,还需要了解并解决女童和社会弱势群体的学习需求。

(二)全民教育战略

1.提供必要的基础设施,以便在未来 10 年内将中等教育(8～10 年级)的净入学率从 36％提高到 80％。为实现这一目标,预计在此期间将规划新建 800 间教室。此外,未来 10 年内将有近千名中学教师接受培训,以应对地方教师的短缺问题。(时间表:2002—2010 年;预计费用:100 万～120 万美元。)

2.提供多元化的中学课程,以学生为中心,提供多样化的学习机会,满足学习倾向较弱的学生。这种课程应包括职业技术培训以及就业指导。(时间表:2002—2007 年;预计费用:150 万～300 万美元。)

3.鼓励民办机构提供大学水平(文凭和证书水平)的培训课程,以满足青年人的学习需求。教育部将通过马尔代夫认证委员会协助这些民办机构制定质量保证机制。(时间表:2002—2010 年。)

4.完成对剩余的 15 个环礁正在进行的调查,以确定 10 岁以上未上学儿童和青年人的数量,并协助他们完成基础教育。(时间表:2001—2003 年;预计费用:20 万美元。)

全民教育行动计划的筹资、实施和监督

在教育筹资方面,马尔代夫政府负责所有公立学校的经常性和资本性支出,并对社区和私立学校提供大量补贴。政府还承担所有社区和私立学校物质基础设施的升级费用。除了政府定期提供的基准资金之外,本计划提出的战略还需要大量的额外资金。预计政府在教育资助方面仍会保持高水准,在过去的 20 年中政府也是一直如此。由于学生所在地域的分散和对外籍教师的高度依赖,马尔代夫学生的单位培养成本相对较高。然而,教育投资是一个重要的优先事项,当以教育支出占政府总支出的百分比的形式表示时,这一点就体现得十分明显。在过去 5 年中,教育支出在绝对数额和占国家支出的百分比方面都明显增大。

如果经济持续增长，政府的教育支出可能会保持在国家支出的 15%～20%。但是，为了实施计划中的全民教育战略，政府必须从其他地方获得大量的资金。为了实施上述战略，预计每年需要向捐助国、国际机构和马尔代夫境内的私人机构伙伴寻求300 万～400 万美元的资金扶持。

实施全民教育计划的关键措施将由教育部在新的全民教育全国委员会的指导下进行。现有的全民教育委员会通过邀请所有利益相关者，将很快升级为多部门委员会，以反映全民教育进程的参与精神。另外，还会邀请相关政府部门、马尔代夫高等教育学院、家长教师协会、学校董事会、非政府组织、捐助机构和民办机构的代表参加委员会。该委员会将协助实施全民教育战略，监督计划战略的进展情况并负责编制年度进展报告和规划。

2001 年 4 月

马尔代夫全民教育中期评价报告(2007年)

第一部分 国家背景介绍

一、地理和人口背景

马尔代夫共和国是一个由 1 192 个岛屿组成的、狭小的岛屿国家。其中有 196 个居民岛屿,88 个度假岛屿,34 个已被开发的工业岛屿。国家南北距离为 820 千米,东西距离为 130 千米。

马尔代夫 99％的区域都是海洋。岛屿十分袖珍,甚至可以在 10 分钟之内走完,只有少数岛屿的长度超过 2 千米。目前,马尔代夫有 72 个岛屿的人口不足 500 人。另有 39％的岛屿人口为 500～1 000 人,只有 2％的岛屿的人口超过 5 000 人。人口所处地域高度分散对于提供服务,特别是提供高标准和高质量的教育提出了诸多挑战。

根据 2006 年 3 月的人口普查,马尔代夫的人口为 298 693 人,其中 147 509 人为女性。有近三分之一的人口居住在首都马累。根据国家发展规划部公布的《2006—2025 年马尔代夫中期人口年龄》,目前马尔代夫的人口为 309 575 人,其中超过三分之一的人口处于学龄期。到 2015 年,预计学龄期人口将下降四分之一。

二、历史背景

历史上的马尔代夫大多是以一个独立国家的形式存在的 。16 世纪,葡萄牙人曾对其进行了长达 15 年之久的殖民统治;1887 年,沦为英国的保护国;1965 年 7 月 26 日,才获得完全意义上的独立。

1153 年,伊斯兰教开始成为马尔代夫的主流宗教。虽然在此之前的数据表明,佛教是马尔代夫的主流宗教,但是也有证据显示印度教也曾存在于这个岛国中。马尔代夫的官方语言——迪维希语起源于印度。这个群岛上的第一批定居者的身份仍然未知,但他们的语言和古老的地名可以显示出源于雅利安人和达罗毗荼人,这表明他们早期是从印度次大陆移民而来的。

在迪维希语中,书写体被称为塔安娜(Thaana),和阿拉伯语的书写方式一样,从右侧向左侧写入。英语是马尔代夫的第二语言,是学校的教学语言。在中等教育阶段英语的通过率普遍较低,这也引发了关于学校语言教育问题的思考。

三、经济和社会背景

与众多的小岛屿国家一样,马尔代夫的自然资源稀缺,劳动力市场狭小,缺乏规模经济。尽管如此,国家的主要产业——渔业和旅游业的繁荣稳定在很大程度上推动了国家的经济发展。

在过去的 20 年中,旅游业和渔业的发展、有利的外部条件、大量外来援助的流入以及稳健的经济管理,促使国内生产总值年增长率稳定达到 7%。20 年来的飞速发展创造了南亚最佳的经济、社会和健康指标,马尔代夫的年人均收入约为 2 600 美元(亚洲开发银行:2007 年 9 月)。

马尔代夫正处于从欠发达国家向中等收入国家转型的关键阶段。2004 年 12 月的海啸给这个岛国带来了巨大的破坏和灾难,其经济影响是"马尔代夫历史上第一次出现负(经济)增长率,2005 年为 5.5%"。国家经济繁荣现已恢复,并将于 2008 年达到中等收入国家的水平。

马尔代夫的总体发展背景是由政治稳定和文化同质化的传统组成的,包括共同的历史、语言(迪维希语)和宗教(伊斯兰教)。对于马尔代夫人民,在文化和社会层面接受的教育一直都很重要,父母认为把孩子送到学校是他们的首要责任。然而,马尔代夫却面临着无数的社会挑战。首都马累的人口极度密集,更重要的是住房紧张问题,例如在适宜的居住环境和娱乐等基础设施方面条件较差,这意味着生活在首都的年轻人在社会条件方面处于劣势地位。根据对青年人所面临的问题而进行的一项调查,居住在首都马累的大约 3 万名年龄为 18~24 岁的青年人中有多达一半的人失业。这一群体还存在着药物滥用的危机,而且这种危机的日益严重越来越令人担忧。此外,还存在艾滋病、与毒品有关的犯罪和暴力蔓延的潜在风险。教育政策和学校教育质量在很大程度上可以发挥遏制这些问题的作用。

根据《2006—2015 年卫生总体规划》,马尔代夫人民的健康状况在过去 10 年中有着显著的改善,所有健康指标均显示出稳步提高的趋势。

马尔代夫的经济缺乏稳定性,因为在很大程度上要依靠旅游业的可持续性和世界经济的稳定性。此外,技能短缺也意味着国家必须依靠外籍技术人才,这进一步威胁了经济的稳定性。政府计划解决技能型人才短缺问题,这将对经济产生巨大的影响。

四、政治背景

马尔代夫是一个由民选总统担任政府首脑的共和国。脱离英国的保护而获得独立的 3 年后,于 1968 年成立共和国。曾经有很长的一段历史时期,苏丹是马尔代夫的政府首脑,现任总统也只是国家的第三任总统。总统穆蒙·阿卜杜勒·加尧姆自 1978 年以来一直担任总统,现在是其第六届任期。

现行宪法于 1988 年 1 月 1 日生效,但在一些地方团体的政治压力下,总统以更具代表性的政治制度进行了民主改革的进程。在这一改革进程中,最重要的成就是起草了新《宪法》并将于 2008 年生效。多党政治已经形成,人权意识和教育已成为社会的焦点。受过教育的第三代人是国家建设的积极分子,他们拥有政治意识、社会意识和最重要的个人权利意识。由于没有建立信息传播的正式渠道,因此这种意识需要付出代价,最令人担忧的是,人们为了获取政策利益而对信息进行选择性的传播。然而这反过来又威胁到社会的同质性和社会结构。权利所带来的价值观念和责任并没有被强调。因此,国家的教育系统需要极其重视这一问题并将其纳入政策框架。

第二部分　国家教育体系介绍

一、教育概述

教育通过增加人民的知识和技能,提高人民的收入,促进国家的经济稳定。除了稳定经济,教育还能够促进国际国内的和平以及文化的包容与理解。它具有多种影响,给人们的生活带来有益的变化。因此,教育不仅有益于学生自身,还有益于他们所生活的社会。

马尔代夫人非常重视教育,每年拿出约 7% 的国内生产总值,即 20% 的总支出用于教育。除此之外,马尔代夫还得到国际捐助机构和其他国家的援助。

马尔代夫长期以来为国民提供半正式的宗教教育,而且至今仍在实行。传统的体系包括在名为"艾杜鲁格"的学习中心学习迪维希语和阿拉伯书写体,并学习背诵《古兰经》。此外,还有青年航海学校、语言学校等。虽然传统体系中的教育效果在正式考试中的表现不佳,但该体系有助于实现众多教育目标,其中最重要的是识字率的提高以及民族文化和传统的传承。

1927 年出现了对这一传统体系的第一次挑战,即在马累建立了第一所公立学校。这所学校最初仅限男孩入学,但后来在 1944 年专为女孩和年轻女性开设了一个分部。这所学校的教学内容包括迪维希语、伊斯兰教教义、阿拉伯语和算术。直到 1945 年,每个居民岛都有一所传统学校"马克塔布"(maktab)提供初等教育(小学低年级)。

在 20 世纪 50 年代,马尔代夫对教育体系进行了改革,以满足持续增长的经济对人才的需求。1960 年,随着马累两所英国中等学校的引入,教育体系发生了翻天覆地的变化,这是政府有意识地为国民做好准备以满足国家日益增长的发展需求而做出的努力。然而,这促成了两种不同形式教育体系的并存。直到现在,公立学校教育依然主要集中在马累。

1978 年,马尔代夫的教育发生了历史性的进展,当局决定采用统一的国家教育体系以促进更公平的设施和资源配置。该政策的重点是为全民普及初等教育,因此,战略涉及制定 1~7 年级的统一课程,促进教师培训以及在环礁岛区建立和升级学校。在每个环礁上建立了两所公立学校(1 所环礁教育中心和 1 所环礁学校),如今这些学校承担了为当地儿童提供高质量的基础教育的工作。近年来,马尔代夫教育发展主要体现在学生入学率的提高和教育机构数量的增加。在此期间,基础教育一直是教育部门的主要优先事项。政府已经建立了许多学校,引进了国家课程,并在随后进行了修订,以及为所有初等教育年级(1~7 年级)编写了地方教科书和教师授课指南。

入学人数迅速上升,从 1978 年的 15 000 人增加到 2005 年的 102 073 人,教育支出在过去 5 年（截至 2006 年）的政府总支出中所占的比例平均为 15.8%。普及初等教育,迅速扩大中等教育,提供高等教育,并启动了各种支持学生在本国和海外接受高等教育的项目。

目前的教育计划主要包括:强调到 2010 年普及 10 年的基础教育;扩大和改善早期儿童保育与教育;提供对有特殊需要的儿童的全纳教育、全民继续教育;公平获得适当的学习机会和生活技能,提高课程相关性;提高国家中等师范教育和中学后教育的能力;加强与家长和社区的伙伴关系,以支持教育的扩大和发展;提高教育质量。

2004 年的海啸给马尔代夫经济带来了巨大的破坏,也严重影响了马尔代夫的教育。许多学校全部或部分受损。在一些学校,桌椅、设备和书籍被冲走。尽管如此,在捐助机构和其他国家的帮助下,马尔代夫政府迅速行动并尽量减少灾难带来的损失。

二、政府政策

教育部是负责马尔代夫教育的政府机构。随着近期政府组织结构的改变,教育部的工作也发生了变化,重点是为马尔代夫人民提供正规和非正规的学校教育;高等教育和培训已不再是其授权的任务。

教育部将各种职责委托给在其监督下直接运作的不同部门、教育机构以及学校。教育部还制定指导方针,监督私立和社区教育机构的服务,包括学校和收费课程。

自 1978 年对教育政策进行重新规划以来,教育行业取得了显著进展。早期儿童保育与教育得到推广,初等教育普及,中等教育显著增长,几乎消除了文盲,通过在环礁中建立多所学校,扩大了人们接受高中教育的机会。

教育体系继续面临新的挑战,教育机会持续增多。无论地理位置如何,获得公平教育的机会都是十分重要的。同时,课程的多样性和修订问题也需重视。如今,教育部的政策旨在通过考虑基础教育的结构、内容、过程与成果,扩大和提高早期儿童保育与发展及基础教育的质量,在全国范围内以公平的方式扩大中等教育机会,在学校层面引入职业技术教育,通过非正规教育发展,为青年和成年人提供多样化的教育机会。这些目标能否成功实现在很大程度上取决于是否有经过培训的合格教师。因此,需重新强调教师培训和职业发展。

三、教育体系

马尔代夫有三类学校:公立、社区和私立学校。虽然教育主要由公立学校提供,但社区和私立学校也发挥着积极作用。政府根据学校规模,通过提供一定比例的教师以及基础设施、设备支持和财政补贴,为社区和私立学校提供支持。为了尽量减小向各学校提供拨款的差异,在 2005 年,环礁的 135 所社区学校被改建为公立学校。

在首都马累,学龄前儿童在接受正规学校教育之前需要在幼儿园接受两年的学前教育。现在这种形式的学前教育也出现在环礁中,尤其是人口数量较多的岛屿。"艾杜鲁格"是另一种幼儿教育形式。现代的幼儿园和传统的"艾杜鲁格"为超过 90% 的学龄前儿童提供了第一次有组织的学习机会。

从 6 岁开始,孩子进入为期 7 年的初等教育时期。普及 7 年的基础教育是马尔代夫具有里程碑意义的成就之一。今天,7 年基础教育的净入学率为 100%。对这些年级学生的评估是在学校层面完成的,1～3 年级采用连续性评估,4～7 年级采取每年 3 次考试的评估方式。

马尔代夫的中等教育包括 8～10 年级(初中)和 11～12 年级(高中)。直到 1990 年,才在马累提供中等教育,但是通过在一些环礁教育中心和环礁学校按照既定标准逐步增加 8～10 年级课程,以及建立 2 所地区中学,中等教育已经扩展到环礁地区。2005 年,对 8 年级的培养标准进行了修订,以便更多的学生能够轻松获得 10 年的正规学校教育。

环礁高中教育的引入开始于 2001 年的两个环礁,2002 年又在另一个环礁实施。2004 年在 10 所符合条件的现有中学设立 11 年级,又于 2005 年新建 4 所、2006 年新建 6 所学校,进一步扩大在环礁提供高中教育的机会。由于没有符合条件的学生,2006 年有 1 所学校终止了高中教育。目前,在全国范围内共有 24 所学校提供高中教育。

除了每年举行 3 次学校考试外,在 10 年级和 12 年级结束时,学生还需要参加国际普通中等教育证书(International General Certificate of Secondary Education,IGCSE)、普通级教育证书(General Certificate of Education,GCE)等的剑桥国际考试(Carbridge International Examinations,CIE)或爱德思伦敦考试(Edexcel International London Examinations)。国家评估是基于这些考试结果的。自 2002 年 10 月以来,几乎所有中学生都获得了剑桥国际考试机构提供的 IGCSE 和 GCE 的 O 级(普通等级)课程提纲。2005 年,在剑桥国际考试机构注册的 156 个中心中有 142 个中心(包括学校和私人中心)参加了在 10 月/11 月考试期的剑桥国际考试。阿拉伯国家中等教育提供了一个英国中等教育的替代方案。Madhrasathul Arabiyyathul Islaamiyya 提供预备级课程,Kulliyyathul Dhiraasaathil Islaamiyya 提供初中和高中课程。为了使中学教育多样化,中学逐步引入职业科目和培训,并提供训练有素的技术培训教师。教育部最初在马累开设了职业科目,随后逐渐扩展到在环礁中选定的中学。此外,建议引入外部资金设立一所职业技术学校。

作为海啸恢复和重建工作的一部分,将在 3 个主要岛屿建立职业教育中心,旨在为这些岛屿和附近岛屿提供职业培训设施。这些中心将作为此项目选定的 3 个岛屿中现有学校设施的一部分来运行。岛屿社区将极大地受益于这些中心所提供的职业教育,特别是从 2004 年 12 月 26 日发生的海啸的阴影中恢复,以恢复社区的经济活动,并为社区居民提供更多的就业机会。该项目将提供建筑基础设施、机械、材料以及教师的初步培训,这些教师将负责向学生提供职业教育课程。

2005 年根据教育阶段和类型划分的学生入学情况见表 1。

表 1　　　　　　　　　　根据教育阶段和类型划分的学生入学情况（2005 年）　　　　　　　人

地区	教育类型	教育阶段					总计
		学前	小学	初中	高中	特殊课程	
马累	公立	113	12 397	5 581	1 372	101	19 564
	社区	4 025	936	2 146	0	0	7 107
	私立	430	541	2 289	105	0	3 365
	合计	4 568	13 874	10 016	1 477	101	30 036
环礁	公立	1 490	43 698	18 340	465	6	63 999
	社区	2 738	0	0	0	0	2 738
	私立	4 709	301	290	0	0	5 300
	合计	8 937	43 999	18 630	465	6	72 037
全国	总计	13 505	57 873	28 646	1 942	107	102 073

资料来源：教育部，学校统计，2005 年。

四、教育管理

教育部负责马尔代夫正规教育体系以及大量非正规和职业培训项目。教育部在功能上分为科室和部门。

1. 教育部的科室包括：

(1)部长办公室。

(2)对外关系科。

(3)项目管理和协调科。

(4)学校行政科。

(5)教育督导和质量改进科。

(6)财务科。

(7)人力资源管理科。

(8)政策规划和研究科。

(9)行政科。

(10)预算规划、财务控制和内部审计科。

(11)物质设施发展科。

(12)信息通信技术服务科。

2. 教育部的部门包括：

(1)公共考试部。

(2)教育发展中心。

(3)继续教育中心。

最近，政府根据地理位置将环礁分为 6 个区并对国家的学校进行了重组。即：

(1)北区——负责 H. A. ，H. Dh. 和 Sh. 环礁的学校。

（2）北中区——负责 N.，R.，B. 和 Lh. 环礁的学校。

（3）中心区——负责 K.，A. A.，A. Dh.，V. 和 M. 环礁的学校。

（4）南中区——负责 F.，Dh.，Th. 和 L. 环礁的学校。

（5）南区——负责 G. A.，G. Dh.，Gn. 和 S. 环礁的学校。

（6）马累区——负责马累、维林吉利（Villingili）和胡鲁马累岛（Hulhumalé）的学校。

每个区域都有一名驻教育部的教育监察或区域协调员并有一个支持团队，在部长的协助及建议下负责各自区域内学校的有效管理。

五、教育支出

在资金方面，马尔代夫政府负责所有公立学校的经常性和资本性支出，并为社区和私立学校提供补贴。政府还承担升级所有学校的物质基础设施的费用。预计政府对教育的资金投入还会持续增多。由于学生分布在 199 个居民岛，并且初、高中教育阶段对外籍教师高度依赖，因此在马尔代夫每个学生的教育成本仍然很高。从教育支出占政府总支出的百分比来看，可见马尔代夫对教育投资的高度重视。即使国家的经济有所增长，政府的教育支出也很可能保持在政府财政支出的 15%～20%。

2001—2005 年教育支出情况见表 2。

表 2   2001—2005 年教育支出情况

年份	国家预算（美元）	教育支出（美元）	教育支出占国家预算百分比（%）
2001	2 539 811 401	429 983 758	16.93
2002	2 614 478 672	465 486 919	17.80
2003	2 959 097 632	469 214 800	15.86
2004	3 266 658 735	556 476 196	17.04
2005	4 413 844 347	656 413 862	14.87

资料来源：教育部预算规划、财务控制和内部审计科

六、2004 年 12 月 26 日的海啸对学校和学生的影响

在 2004 年 12 月 26 日的海啸自然灾害中，大约三分之一的学生受到不同程度的影响。三个主要岛屿的学生流离失所。马尔代夫约有 116 所学校遭到 30%～100% 程度的损坏。在未受影响的 199 所学校中，有 28 所学校为流离失所的学生提供教育。这些寄宿学校面临教室严重短缺的难题，并且要以更短的时间教授 3 个学期的课程。因此，国家有 114 所学校在当时处于设施和资源短缺的困境。

在 2005 学年开始的前几天，海啸袭击了这个国家。国家目前依旧还有 114 所学校存在设施和资源极为短缺的困境。政府、许多当地和国际机构，特别是联合国儿童基金会（UNICEF）迅速做出回应，为马尔代夫的学校和学生提供援助。主要援助领域包括：

（1）修理、翻新和重建学校设施。

（2）更换家具、配件等设备和设备。

（3）提供教学/学习材料、图书馆资源和其他学生用品。

（4）为学生和受影响的家庭提供心理支持和服务。

七、教师

虽然教育部门在教师培训方面取得了很大进展，但是仍未能跟上教育迅速扩张的步伐。由于缺少受过培训的教师，马尔代夫学校不得不雇用了仅具有初、高中学历的当地教师。情况的严重性可见于以下事实：2005 年约有 59％的学前教育教师、36％的小学教师和 15％的初中教师未受过培训；截至 2005 年年底，外籍教师总数为 2 078 人（占教师总数的 37％）。

2005 年学校、学生和教师统计情况见表 3。

表 3　　　　　　　　　　　　　2005 年学校、学生和教师统计情况

地区	学校数量（人）	学生数量（人）	教师数量（人）			生师比（受过培训的教师）
			受过培训	未受过培训	总计	
马累	22	30 036	1 015	286	1 301	29.59：1
环礁	312	72 037	2 317	1 998	4 315	31.09：1
全国	334	102 073	3 332	2 284	5 616	30.63：1

资料来源：教育部学校统计，2005 年。

由于当地受训教师短缺，学校不得不雇用大量外籍教师，这一状况在初中阶段尤其明显。2005 年学前教育教师的 1％、小学教师的 16％、初中教师的 72％和高中教师的 77％为外籍教师。由于外汇的流失给马尔代夫造成了沉重的财政负担，因此教师的培训是政府的头等大事。

马尔代夫高等教育学院教育系于 1997 年实施了中学教师培训计划。该计划包括国家高级教学文凭（2 年）、中学教学证书（1 年）、中学教学文凭、中小学教学学位课程。教育系还开设其他教学课程，如小学教学高级证书和小学教学文凭。但是，由于资源限制，完成该计划的人数太少，无法满足需求。

为了帮助在外地环礁学校工作且有经济困难的本国教师和学校管理人员，政府于 2005 年 9 月实行了困难补贴。该补贴为每人 1 500 卢菲亚（Rufiyaa）。希望通过困难补贴鼓励受过培训的本国教师和学校管理人员到缺少相应人员的环礁学校工作，并鼓励未经培训的本国教师和学校管理人员接受相应的培训。同时希望教育部能够克服困难，召集足够数量的本国教师和学校管理人员投身到没有足够专业人员的学校。

八、课程

1984 年，教育部推出了国家初等教育课程。根据该课程，马尔代夫的所有小学生

都要学习四门必修科目:伊斯兰研究、迪维希语、英语和数学。环境、社会、普通科学、实践艺术和体育也在不同年级开设。有些学校还有艺术和音乐课。教育部为小学课程确定的科目引入了约 200 种教科书、练习册、英语和迪维希语读本以及教师指南。教育发展中心定期修订课程材料,以提高教育质量。此外,教育发展中心于 1999 年开展了一项重要的课程活动,开始与利益相关方进行广泛咨询。正是基于这些咨询,对课程框架和内容进行了全面的修订。修订后的课程更加重视对与社会经济相关的主题和问题的关注,更加重视对生活技能、价值观的培养以及信息通信技术的发展。

教育发展中心在 2004 年和 2005 年对一些课程材料进行了重大修订。英语和数学课程大纲已经修订为基于结果的课程,所有其他课程也都在修订过程中。成果导向型的教学大纲规定了学生需要了解的内容以及通过学习可以达到什么样的效果,同时还明确规定了所有学生都应达到的标准,这将帮助学生在所有的科目中更有效地学习。

在中等教育阶段,课程包括经国际认证的中学考试的教学大纲。所有学生都会为应对这些考试学习英语和数学,也会为应对当地的考试学习伊斯兰文化和迪维希语。此外,在初中阶段,学生从物理、化学、生物学、渔业科学、经济学、会计学、商业、历史、地理、几何与机械绘图、计算机研究、艺术、英国文学和旅游以及旅游研究中选择四门科目进行学习。这些选修科目中新增了作为第二语言的英语学科。所有这些选修科目都由剑桥国际考试机构和爱德思国际伦敦考试机构提供考试服务。

目前的中学课程在遵循国际考试教学大纲的同时,也考虑到了社会热点、地方文化价值观和本土知识的传播。相关部厅还需要将技术素养纳入课程体系并提高职业技术教育的地位,以激励青年继续接受中等教育,并帮助他们更顺利地过渡到工作岗位。1988 年引入的国家工作经验计划反映了政府对学生就业与创业工作的重视。根据这项计划,所有初中学生在进入 10 年级时必须有 30 天的工作经验。目前,学校正在开展许多由教育发展中心授权的相关课程。这些课程有:

(一)早期儿童发展(ECD)

早期儿童发展是关于孩子从受孕到生命最初 5 年的发展。早期儿童发展活动作为联合国儿童基金会资助的教育计划,于 1989 年以"早期儿童保育与教育"的形式开始。该项目注重学前教育而非整体教育。随着从早期儿童保育与教育向早期儿童发展的转变,早期儿童发展计划的对象侧重于:

(1)所有 5 岁以下的儿童。

(2)所有 5 岁以下儿童的看护人。

(3)处理 5 岁以下儿童事务的教师、卫生工作者、社区工作者。

早期儿童发展计划的目标:

(1)在积极和互动的环境中促进儿童的身体、认知和社会心理的发展,帮助每个儿童充分发挥其潜能。

(2)推动升级早期学习中心。

（3）提高公众对早期（0～5岁）儿童发展重要性的认识。

（4）促进与健康有关的早期儿童发展活动。

（二）在职教师培训

1980年，启动了正式的在职教师培训，以满足对高素质教师的迫切需求，这是提高马尔代夫教育水平的关键因素。教育发展中心的职业发展中心致力于通过培训为教师提供所需的专业技能，并提升小学教师迪维希语培训的内容水平。同时对小学的管理者进行培训，以便他们能够为马尔代夫学校教学水平和学习环境的提高创造有利条件。职业发展中心负责：

1. 从教学和专业的角度确定学校的需求，以改善教学和学习质量。

2. 通过有效的监督和学校管理，促进学校正规教育计划的实施。

3. 制订和实施过渡计划，以帮助接受迪维希语培训的教师改进学科内容。

4. 开发阅读材料和其他资源，用于在职教师培训计划，以加强教学质量。

5. 培训相关人员以满足个体差异和特殊教育需求。

6. 向课程开发中心提供有关学生需求的反馈。

（三）重点学校的优质学习环境

由联合国儿童基金会资助的早期儿童发展计划的主要目标是创建一个社会性的教育环境，通过宣传、提高认识和能力建设以及与利益相关者的广泛联系，促进、鼓励和加强优质教育。早期儿童发展计划开展的主要活动包括：

1. 发展适合儿童的学校，以促进积极学习。

2. 开发20个培训中心/资源中心。

3. 开发教学/学习材料。

4. 开展教师培训。

5. 推动家长和社区参与。

九、学业考试

公共考试部是教育部的一个部门，负责管理和协调所有的国际考试、本地国家考试和本地普通考试。公共考试部与国际考试机构保持联系，协调和管理所有相关考试，并管理所有教育阶段的相关文件。

（一）国际考试

在中学，教学大纲是在国内以及国际受到认可的考试标准。从1967年到2001年，学生在完成10年级课程后，会获得由伦敦大学（现称为伦敦考试）提供的O级普通教育证书（GCE）。这项考试于2002年被剑桥大学地方考试委员会剑桥国际考试机构提供的IGCSE和GCE普通水平考试所取代。学生在完成12年级的高中教育后，参加自1982年以来一直由伦敦考试机构提供的GCE高级水平考试。由伦敦考试机构提供的

GCE 高级水平考试以及由剑桥国际考试机构提供的 IGCSE 和 GCE 的 O 级考试每年进行两次。其他国际考试按照各机构的要求来进行。

(二)本地国家考试

本地国家考试分两个级别。学生在 10 年级结束时可参加中学证书(SSC)考试,在 12 年级结束时可参加高中证书(HSC)考试。这两项考试评估学生的迪维希语和伊斯兰文化水平。本地国家考试对学生来说极其重要,因为不管是寻求就业机会,还是接受高等教育,成绩至少需要达到 C 级。

(三)本地普通考试

公共考试部进行的本地普通考试历史悠久,每年进行两次。这项考试为希望进入特定行业或政府服务部门工作以及希望从事某些宗教公共服务工作的人而开设。

十、非正规教育

非正规教育对国家识字率达到 98.84％这一目标起到了重要的作用。此举能够成功,大部分要归功于继续教育中心,该中心负责协调和实施马尔代夫所有非正规教育计划。

继续教育中心的"浓缩教育课程"在为没有完成基础教育的青年和成人提供基础教育方面取得了相当大的成功。自 1993 年起,在接下来几年的运作中,平均每年有 31.1 名学生参加该课程。其他继续教育中心的课程包括英语语言课程、职业技术技能发展课程、秘书技能发展课程、早期儿童保育与发展培训课程、人口教育课程及通过制作和发行出版物提高社会意识的课程。在 2005 年,有 414 名学生参加了各种非正规教育课程,其中 78.74％是女性。

非正规教育的创新之处在于对"浓缩教育课程"的重新定义以及启动早期儿童保育与发展计划的"第一步项目"。"第二次机会"教育计划的重新定义,以及将第八和第九年学校教育内容浓缩到该计划的第四阶段中,都是为该计划的成功添彩。同样也期待"第一步项目"的成功。

继续教育中心引入 CCE 剑桥计划并于 2005 年 3 月取代了"第二次机会"教育计划。通过该计划,希望给参加由剑桥国际考试机构提供的 IGCSE 和 GCE 的 O 级考试且成绩不佳的学生提供另一个机会。该计划仅针对参加 2003 年和 2004 年由剑桥国际考试机构提供的 IGCSE 和 GCE 的 O 级考试且成绩不理想的学生。该课程在环礁的选定学校和马累的继续教育中心进行讲授。学习的持续时间是从 3 月到 9 月底,之后他们将参加 10 月/11 月的由剑桥国际考试机构提供的 IGCSE 和 GCE 的 O 级考试。如果学生在 4 月底之前学业达到较高水平,则可以直接参加 5 月/6 月的由剑桥国际考试机构提供的 IGCSE 和 GCE 的 O 级考试,并暂停他们的学习。

十一、监测和评估

教育部的教育督导和质量改进科负责提高所有学校教学/学习过程的质量,动员内部和外部督导小组实施其监测和评估学校的计划。评估主要集中在以下五个领域:学生、教学和学习的标准,学校的领导和学术管理,财务管理,基础设施和学校的物理学习环境。教育督导和质量改进科为学校管理者提供必要的培训和指导,并加强对学校的内部监督。此外,教育督导和质量改进科还开展了一项关于学生学习成绩水平的国家评估计划,旨在了解和提高学生的学习成绩。该计划致力于对 4 年级和 7 年级学生的成绩进行国家评估的规划和工具的开发,以及评估的实施和分析。教育督导和质量改进科还负责监督学校健康计划的实施。

为推动解决与学校儿童有关的健康问题,1986 年教育部制订了学校健康计划。该计划通过核心课程、联合课程活动、对儿童进行的医学检查以及为教师和家长提供健康信息的方式进行健康教育和提高各种健康意识。在学校层面,该计划由经过培训的学校健康助理或学校健康联络员实施和管理,联络员通常是受过专门训练的学校教师。学校健康计划的具体内容如下:

(1)学校健康倡议。

(2)营养。

(3)学校健康服务。

(4)青少年健康。

(5)卫生教育和用水卫生。

(6)健康教育。

(7)心理健康。

第三部分　扩大和促进早期儿童保教机会

一、国家政策框架和实施安排

马尔代夫幼儿保育与发展服务主要由岛屿社区提供。政府协助社区建立学前学校(幼儿保育与发展中心),并通过提供学习材料以及必要的桌椅和设备以支持这些学校。学前学校负责照顾托儿所、学前小班和大班的儿童。2006 年,国家有 178 所学前学校。除了 12 个岛屿外,其他所有岛屿都建立了学前学校。2006 年,共有 54 所公立学校、48 所社区学校和 76 所私立学校,而大多数学校都有 10 年的建校历史。首都马累每所学校的平均服务年限为 22 年,而环礁的学校平均服务年限为 8 年。早期儿童保育与发展面临的挑战之一是这些学校缺乏训练有素的工作人员。据估计,在 2006 年共有 545 名学前教育教师(59%)没有受过培训。

"2011 年多指标集群调查"确定了马尔代夫有以下类型的幼儿保育和发展设施:

(1)幼儿园:就是学前学校。孩子们在这里接受正规学校的培训,并为小学 1 年级的正规课程做好准备。

(2)"艾杜鲁格":教孩子们如何阅读《古兰经》的地方。

(3)家:一些家长选择在家里教孩子《古兰经》和字母与数字的基本概念。

《第七次国家发展计划(2006—2010 年)》和《2004—2006 年教育部门战略计划》中的政策都强调了扩大和改善马尔代夫幼儿保育和发展计划。为实现这一目标,具体战略包括:

(1)形成优生优育的社会意识。

(2)促进包容性教育,特别要接纳残疾儿童。

(3)通过向贫困/农村社区的学校提供经济援助来促进教育公平。

(4)培养幼儿园教师和看护人员的能力。

已经计划/完成的具体任务包括:

(1)制定关于早期儿童保育与发展的国家政策。

(2)建立早期儿童保育与发展中心的综合试点,并且正在进行推广工作。

(3)制定儿童权利法。

(4)开展社区动员计划。

(5)举办关于家长教育的国家/区域讲习班。

(6)开展教师职前培训课程。

(7)开展在职教师培训课程。

(8)为学前教育制定监测和评估机制。

(9)开展大众媒体宣传活动,提高公众对幼儿保育与发展的认识。

(10)制定向学前教育提供经济援助的程序。

此外,人们已经认识到,残疾儿童的早期识别与干预需要被纳入幼儿保育与发展计划。为此,制定了相应的战略,包括:

(1)制定国家级的、包容性的总体战略。

(2)使所有学生具有获得广泛而均衡的课程的权利。

(3)提供适应所有学生的媒介和教学方法。

(4)提供满足残疾儿童的生理需求的环境。

(5)对改变对待残疾儿童的行为进行宣传。

(6)与家长、监护人和其他机构合作,为有特殊教育需求的儿童提供高质量的教育。

(7)识别学龄儿童的特殊教育需要。

(8)为有特殊教育需求的儿童提供有针对性、灵活且描述清晰的财务计划,包括帮助这些儿童转移到附近合适的学校。

(9)定期监测和审查各级学校的入学统计和留校情况,特别是有特殊教育需求的儿童,尤其是女童;监督和审查其他特殊教育需求的提供情况。

(10)在每个环礁选定一所学校并为其提供专业教师,将其作为试点学校和教师资源中心。

教育部的教育发展中心是负责实施、监测和评估幼儿保育与发展计划的政府组织。教育发展中心还负责特殊教育需求的设施提供。社区以收费的方式运营幼儿园,政府会设定幼儿园收费的上限。

二、全民教育目标的进展情况

近年来,幼儿保育与发展受到社区的重视,政府的资金投入也大大增加。2006 年分配了 100 万卢菲亚,2007 年在政府预算中为幼儿保育与发展计划额外提供了 100 万卢菲亚。此外,联合国儿童基金会的捐助在 2003—2007 年期间达到 822 000 美元。马累学校的绝大部分(67%)学前教师薪水由政府支付,而环礁学校仅为 5%。

马尔代夫幼儿保育与发展政策的重点是让社区了解良好的幼儿保育与发展计划对儿童生活质量的重要性并赋予社区权力,从而提高入学率和教学质量。社区进行知识传播是马尔代夫幼儿保育与发展计划的一个主要特点。

马尔代夫"第一步项目"是一个从 2001 年到 2002 年的为期 52 周的广播和电视媒体宣传活动。这些节目主要关注儿童的社会性和情感需求以及他们的身体和认知发展,主要是针对 0~3 岁的儿童。这些节目基于 15 个主题,包括:

(1)父母双方都需要对孩子进行培养。

(2)感官刺激。

(3)玩中学。

(4)大孩子带小孩子玩耍。

(5)孩子通过模仿学习。

(6)每个孩子都是独一无二的。

(7)赞扬儿童以培养其自尊。

(8)接纳残疾儿童。

(9)及早发现和预防残疾。

(10)纯母乳喂养与幼儿营养。

(11)女孩也需要照顾:性别敏感。

(12)阅读和讲故事的重要性。

(13)消除肤色歧视。

(14)为儿童创造安全的家庭环境。

(15)爱的表达。

这项为期 52 周的媒体宣传活动在历史上是独一无二的,它打破了很多传统观念,毫无疑问地取得了无可比拟的成功。无论性别和文化禁忌如何,在马累和环礁、城市和乡村、年老和年少、富人和穷人的社区中,这一活动都触及了马尔代夫人民的生活。

此外,根据联合国儿童基金会的影响评估,这一活动提高了人们对儿童发展和儿童保育实践的认识。评估还指出,在对有特殊需求的儿童的互动和照顾方面,产生的变化是最显著的。

提高认识产生积极影响的另一个迹象是,从 2000 年到 2005 年,儿童进入学前学校的比例从 66% 上升到 79%。这 13 个百分点的增长并不稳定,但正在努力保持,最终实现适龄儿童 100% 入学的目标。

在 2000 年至 2005 年,进入学前学校的男、女儿童的总百分比相同或相近(表 4)。参加幼儿保育与发展计划的男、女儿童的百分比几乎相同,没有表现出明显差异。

表 4　　　　　　　　　　　　早期儿童保育与教育的总入学人数

年份	入学人数			官方同龄人数		
	男童	女童	总计	男童	女童	总计
2000	4 689	4 491	9 180	7 060	6 791	13 851
2001	4 653	4 532	9 185	6 726	6 484	13 210
2002	4 823	4 635	9 458	6 402	6 185	12 587
2003	4 086	3 983	8 069	6 113	5 914	12 027
2004	4 564	4 383	8 947	5 885	5 698	11 583
2005	4 650	4 317	8 967	5 750	5 561	11 311

大约 23% 的学前儿童进入了马累和全国的学校,平均每所学校的学生人数为 68 人,而马累为 739 人,环礁为 53 人(表 5)。

表 5　　　　　　　　　　　　按地区划分的学生人数

项目	马累	环礁	总计
托儿所	1 175	2 691	3 866
学前小班	844	3 308	4 152
学前大班	936	3 498	4 434
总计	2 955	9 497	12 452
每所学校平均学生人数	739	53	68
每所学校学生人数中位数	870	42	43

资料来源:学前调查报告——初步发现,教育发展中心,2007 年(未发表)。

国际研究表明,参加幼儿保育与发展计划的儿童比在学校的儿童表现得更好、更健康,成年后的经济生产力、情感平衡和社会责任感表现更佳。因此,观察参加幼儿保育与发展计划的小学学生人数更能了解教育系统的健康发展水平(表 6)。

表 6　　　　　　　　　　具有学前教育经验的入学新生占比　　　　　　　　　　%

年份	参与幼儿保育与发展计划的小学新生的百分比		
	男生	女生	总计
2000	57	57	57
2001	62	83	71
2002	67	67	67
2003	68	69	68
2004	63	66	65
2005	75	73	74

从数据来看,参与幼儿保育与发展计划的小学生从 2000 年的 57% 大幅上升到 2005 年的 74%。但是,这种增长并不平稳。

2000 年至 2006 年,共有 512 名教师作为学前教师接受了各级培训。这个数字并不等于实际人数,因为可能有人接受过多次培训。目前在职受训教师数量可以反映出这一点。在 614 名学校教师中,54% 没有受过培训。没有教师接受本科水平的培训,而在 46% 的接受过培训的教师中,有 18% 的教师仅仅接受了 3 个月的培训。

造成这一现象的原因有很多。首先,到现在为止,马尔代夫没有提供本科水平的培训,幼儿保育与发展培训资格已降到了与学术联系不多的人群。因此,由于缺乏适当的学术背景,有兴趣获得高学历的人很难继续深造。

教师培训方面的最近一个发展是修订了职前教师培训课程。这种变化反映了学前课程的发展,结合了整体儿童发展的理念。希望这个变化能够为学前教育的教学质量带来积极的变化。

通过国家儿童的健康状况能够衡量国家幼儿保育与发展实践的状况。儿童的营养状况是考察的一个方面。马尔代夫儿童的营养状况一直都需要提高。马尔代夫的地理位置及交通问题导致许多社区缺乏优质的食物。

根据 2001 年"多指标集群调查"(Multiple Indicator Cluster Survey,MICS),马尔代夫 5 岁以下儿童中有 33% 的儿童营养不良,25% 的儿童发育不良,13% 的儿童营养过剩。2004 年"生计脆弱性和贫困评估"显示儿童营养不良数据已下降至 27%。"多指标集群调查"还显示,5% 的 3 至 6 岁儿童患有夜盲症,这表明维生素 A 的缺乏已成为一个公共卫生问题。农村和城市人口的营养不良率存在很大差距。过去 3 年的常规数据表明,30% 的农村儿童持续存在营养不良问题。

三、成功与挑战

制定关于幼儿保育与发展的政策。连续两个国家计划和当前的教育总体规划(2007—2011 年、2012—2016 年)都具有提高幼儿保育与发展中心入学率和质量的具体政策和战略,这本身就是一项巨大的成就。这意味着良好的幼儿保育与发展计划的重要性已在全国范围内得到认可,这在推广幼儿保育与发展计划和为这些计划寻求资金方面向前迈出了一大步。此外,在教育部门专门设有负责幼儿保育与发展工作的具体单位,这一事实也证明了幼儿保育与发展在教育部门中的优先地位。在拟议的教育法中,学前教育是强制性的,这也表明幼儿保育与发展是一个优先事项。

如今面临的挑战是政策和战略的实施。在幼儿保育与发展计划中几乎不存在经过培训的专业人员,甚至幼儿保育与发展机构的现有能力也非常有限。

另一个挑战是如何将教育部门在幼儿保育与发展计划方面所做的工作与卫生部门等其他部门的工作结合起来。卫生部门负责孕产妇保健和儿童营养计划。实际上,这些工作相互补充,但尚未进行适当的正式合作。

在过去的 5 年内,社区对幼儿保育与发展活动的认识和参与都非常重视,因此社区学前学校的建立有所增加。对马尔代夫"第一步项目"的有效性进行评估(联合国儿童基金会,2004 年)后的报告指出,"媒体宣传后,与儿童发展问题相关的信息快速增多"。在大多数情况下,媒体宣传活动之后是家长教育研讨会,这些研讨会将提供给家长更多与电视节目中讨论的问题有关的信息。

该领域的关键挑战是计划的延续,特别是第一个系列,它基于 0～3 岁儿童的发展状况。这便需要一项覆盖全国所有家长的家长教育计划,事实证明这是向公众传播的关键。

近年来,国内学前教育机构的数量出现了大幅增长。这是社区觉醒计划宣传早期儿童保教重要性的直接结果。整个社会都认识到儿童早期教育的重要性,并且正在为这一社会倡议创造条件。政府以财政奖励和拨款援助的形式支持和鼓励这一举措。

这里面临的挑战是首都马累和外环礁的教育质量差异问题。这种差异是由许多因素造成的。首先,这些学校由社区经营,社区的经济状况对所提供教育的质量有很大影响。而且,这些社区即使在政府提供的财政援助下也很难实现规模经济。其次,未经培训的教师数量众多,会影响教育质量。对早期儿童教育课程和教师培训课程的修订可以在一定程度上解决这一问题。吸引具有良好普通教育背景的教师仍然存在挑战,因此需要制定战略,使早期教育教师职业成为一项有良好职业发展前景且有价值的工作。

第四部分　确保公平获得基础教育

一、政策框架与国家承诺

到 2000 年,马尔代夫已经实现了普及小学入学的全民教育目标。基于此,马尔代夫已经超越了南亚地区的其他国家,将基础教育的概念从小学阶段扩展到 10 年的学校教育,进而做出了确保每个儿童都有接受基础教育机会的国家承诺。将教育机会提高到 10 年的学校教育,增加了对教师的需求,也提高了对教师提供优质教育能力的要求,并且最重要的是能够提高学生的学习成绩,所有这些都是目前马尔代夫的重点领域。过去 20 年,马尔代夫在获得各级教育机会方面取得了相当大的进展。

二、现状

(一)学校准入

自 2000 年以来,马尔代夫所有儿童都可以接受前 7 年的正规学校教育——这是一个学生分散在 198 个居民岛的国家所取得的一项重大成就。到 2007 年,学生可以在环礁和人口较多的岛屿就读中学。只有 29 个岛屿(总共有不到 150 名学生)无法提供中学教育。

作为提高教育质量的一部分,政府于 2005 年将 135 所社区学校改建为公立学校。这一做法的意义很大,因为这将确保有更多的合格教师开展教学工作。

截至 2004 年,马尔代夫有 225 所学校拥有小学班级,117 所学校拥有初中班级,15 所学校拥有高中班级。

(二)入学

净入学率和毛入学率证明,除了有特殊需要的儿童,儿童的初等教育入学并不是马尔代夫所要面临的问题。有关详细信息见表 7 和表 8。初等教育的高净入学率和毛入学率代表着初中教育的稳定增长。自 1997 年至 2005 年,初中的净入学率从 18.9% 大幅增长至 64.8%。初中的比率表明,女生的毛入学率和净入学率均高于男生。

表 7 各级教育毛入学率

教育阶段	1997 年			2000 年			2005 年		
	男生	女生	总计	男生	女生	总计	男生	女生	总计
小学	129.6%	125.5%	127.6%	119.5%	112.9%	116.2%	126.0%	119.8%	122.9%
初中	45.0%	47.3%	46.2%	74.9%	84.0%	79.5%	110.4%	126.1%	118.3%
高中	—	—	3.3%	—	—	4.5%	11.9%	11.1%	11.5%

资料来源:马尔代夫共和国教育部,学校统计,2005 年

表 8 各级教育净入学率

教育阶段	1997 年			2000 年			2005 年		
	男生	女生	总计	男生	女生	总计	男生	女生	总计
小学	99.5%	99.5%	99.5%	98.8%	97.1%	98.0%	100%	100%	100%
初中	16.8%	21.0%	18.9%	33.7%	39.7%	36.7%	58.8%	70.7%	64.8%
高中	—	—	1.1%	—	—	1.3%	6.7%	7.8%	7.3%

资料来源:马尔代夫共和国教育部,学校统计,2005 年。

三、学校教育中的性别平等

自 1997 年至 2005 年,由于学校教育参与率总体较高,故马尔代夫在小学阶段维持了性别平等。1997 年女生的小学净入学率为 99.5%,2000 年(97.1%)和 2001 年(97.4%)略有下降,到 2005 年为 100%。在初中阶段,女生净入学率从 1997 年的 21.0% 稳步上升到 2000 年的 39.7%,到 2005 年达到 70.7%,显著高于男生的净入学率(58.8%)。

尽管高中的总体净入学率较低,但女生的优势仍然继续存在。然而,尽管女生的比率继续优于男生,但是高中的净入学率显著低于其他级别教育的净入学率。女生高中净入学率在 2001 年为 1.4%,到 2004 年增加到 4.3%,2005 年为 7.8%。有关详细信息见表 9。

表9	2005年各级教育净入学率和毛入学率						%
各级教育/年龄组	毛入学率			净入学率		
	女生	男生	总计	女生	男生	总计
小学阶段(1～7年级)/6～12岁	119.8	126.0	122.9	100	100	100
初中阶段(8～10年级)/13～15岁	126.1	110.4	118.3	70.7	58.8	64.8
高中阶段(11～12年级)/16～17岁	11.1	11.9	11.5	7.8	6.7	7.3
小学与初中阶段	121.9	120.7	121.3	92.0	89.5	90.8

资料来源：马尔代夫共和国教育部，学校统计，2005年。

通过年龄与年级的适当匹配，教育系统具有明显的稳定性。例如在1～5年级中，适龄入学的女生比率从1年级的81%下降到5年级的76%左右。适龄入学儿童的比率在初中阶段显著提高，在高中阶段降低。需要注意的是，初中阶段尽管从低年级到高年级是自动上升的过程，但参加高级水平考试的学生人数较少。需要进行分析来确定存在更多大龄儿童的原因，以便能够制定合适的战略。

就学校教育而言，马尔代夫的主要问题是教育质量和学习成绩。在没有留校政策的情况下，10年级的学生必须参加剑桥普通水平考试，进行第一次真正的学习水平评估。建立一个连续的评估系统是面临的挑战之一，它可以为提高教师能力和改进教学过程的战略提供信息。目前正在努力建立一个国家评估机制。

四、从初等教育到中等教育的过渡

自1999年至2005年，从初等教育到中等教育的过渡率总体上有27%的提高。其中，女生的过渡率有31%的提高，男生的过渡率提高了23%。这表明，如果女生留在教育系统内，那么过渡率会比男生更为显著，在南亚地区的其他地区也出现了这种现象。男生较低的过渡率是男生寻求生计的一般趋势的反映，亦是由学校表现不佳或正规教育的实用性问题所导致的。

五、惠及边缘化的、有特殊需要的儿童

(一)政策框架和全民教育目标的实施

马尔代夫致力于全纳教育，目前正在起草国家残疾人教育政策，解决全纳教育的最后一道门槛即残疾儿童的教育问题。相关部门已制定了路线方针，以践行"增加和扩大特殊教育机会"的国家政策。该计划的目标是在2007年年底之前于马尔代夫的4个地区设立4个特殊教育班级或特殊教育机构，培训特教教师并使他们在这些单位工作。建立特特殊教育机构的工作已于2007年3月开始。

(二)全民教育目标的现状和进展

满足有特殊需要的儿童的教育需求是一个新的重点领域，也是解决总体残疾问题

的一部分。虽然将国家政策转化为可量化的行动尚未实现,但已经完成了引入和维持一项完善的战略所需的过渡性工作。

由于残疾是一个敏感的领域,父母和社区往往不愿意公开承认需要特殊干预,因此已经为家长和其他社区成员举办了讲习班,以提高他们对处理残疾儿童问题的意识。如上所述,在联合国儿童基金会支持下启动的幼儿保育与发展计划的"第一步项目"也特别注重早期识别有特殊教育需要的儿童。

相关部门已经开始根据残疾类型统计有特殊教育需要的儿童的数量。所有5岁以下的儿童(包括5岁)都已接受筛查,以便及早发现马尔代夫5个环礁中的儿童属于何种类型的残疾。这将有助于对残疾儿童的早期干预。因此,有必要建立一个全国范围的跟踪系统,以便真实地了解需要特殊干预的有特殊教育需求的儿童的总数。

马尔代夫人权委员会的设立将创建一条正规且独立的途径,以研究实现残疾人权利的实践情况。已经建立了一套体系,以协调相关部门对国家规定的残疾儿童活动的实践情况进行监督。在每个实施步骤中,相关人员通过反馈并相应地进行调整来确保教育质量。

特殊教育政策的路线方针所提及的目标正在按计划实现,并且我们正计划在当下活动结束时开展新的活动。人们越来越深刻地意识到全纳教育的重要性并支持在马累和环礁进行全纳教育。这些改变源于减少全纳教育的社会障碍计划的有效实施。

2005年出版的《学校统计》表明,自1999年以来,少数残疾儿童开始进入开设特殊教育班级的学校学习。从1999年的6名男生和6名女生开始,到2005年,这一数字已增加到107名(54名女生和53名男生)。详情见表10。

表10　　　　　　　　1999—2005年残疾儿童入学情况　　　　　　　人

年份	女生	男生	总计
1999	6	6	12
2000	21	27	48
2001	31	29	60
2002	24	34	58
2003	29	37	66
2004	31	45	76
2005	54	53	107
总计	196	231	427

资料来源:马尔代夫共和国教育部,学校统计,2005年。

自2001年至2005年,在进入特殊班级学习的310名残疾儿童中,仅2005年有6名儿童入读了环礁的学校。很明显,环礁中的儿童几乎无法获得特殊教育课程,这是政府在未来需要关注的一个方面。帮助环礁儿童入学将是一项重大挑战,因为提供训练有素的教师及其他支持系统花费巨大。需要探索的是基于家庭、社区一级的保育和教学的可能性,这给社区相应的设施配套带来了挑战。

(三)目标与现实的差距

由于全纳教育领域的干预措施处于初期阶段,因此在实施方面并没有发现存在较大差距。社区已经注意到残疾和全纳教育问题。但是,这些活动和方案在满足残疾儿童的个人需求方面存在局限性,没有注意到性别或社会差异,并且在每个阶段都没有考虑马尔代夫不同社区的平衡问题。

主要差距是人力资源匮乏,尽管计划的宣传活动是基于现有人员来实施的,但所有阶段的实施显然需要更多人员。

最重要的成就之一是大量训练有素的社区成员通过提高社会意识的方案,在社区层面与残疾人进行互动,这将成为打造马尔代夫更大的全纳教育实践蓝图的基石。但是,需要为受过培训的社区成员建立一个数据库,以支持在未来对特殊教育进行干预。四个特教机构将允许有特殊需要的儿童进入正规学校教育。及早发现 5 岁以下的特殊儿童并制订早期干预方案,以满足这些儿童的需求。

但是,教育体系需要面对一些挑战。其中包括:建立一个可持续的系统,以监测未来特殊教育需求的持续状态;加强学校管理(特别是设立特殊教育班级的 4 所学校)以监督特教班级,并建立一个机制,集中(在教育发展中心)监督其整体活动。

(四)新挑战

主要挑战是确保升学途径并加强向高中阶段的过渡。关注的问题是如何在人口稀少的岛屿建立这种途径,规模经济不能支持中学扩展到所有人口稠密的岛屿。目前正在考虑几种替代方案,例如在环礁首府提供住宿学校设施,以及制定鼓励父母将孩子送到住宿学校的奖励措施。这是一个缓慢的过程,因为父母和社区必须确信这是一个可行且理想的替代方案。

加强特殊教育的干预措施,确保均等的入学机会,特别是在环礁和小型居住区。这将是一项重大挑战,从基于幼儿保育与发展中心的教育转向广泛的社区和家庭教育,可能需要采取不同的方法。需要认真划分不同的残疾类型,以规划和培训所需的特殊教育人员,配置特殊教育的设施。同时,需要加强对 4 个特教机构的教师培训并加大对特殊教育者的投入,尊重和保护有特殊需要的儿童的权利,以及提高对整个大教育系统的认识。

第五部分　通过公平地获得适当的学习机会，
确保青年人的学习需求得到满足

一、国家政策

获得良好教育的青年一代将是马尔代夫最宝贵的经济和社会财富。事实上，青年人能力的高低决定了马尔代夫会被当今竞争激烈的知识型经济向前推动还是限制掌握程度。在个人层面上，青年人的生活质量将越来越依赖于自身的受教育水平和对生活技能的发展。因此，提高青年人的受教育程度对国家和个人都是至关重要的。

在这方面，增加青年人接受 10 年学校正规教育的机会被视为满足青年人学习需要的战略措施。10 年的学校教育对于培养理论知识、实践技能及个人品质以使其在知识科技时代中有所作为是非常必要的。

《马尔代夫 2020 年愿景》指出，到 2020 年必须普及 10 年的学校教育来满足这一重要需求。

全民教育战略包括：

1. 在未来 10 年内，将重点提供必要的基础设施，以便在 2010 年将中等教育（8～10 年级）的净入学率从 36％提高到 80％。实现这一目标的时间框架已经确定为2002—2010 年。

2. 为实现这一目标，预计在此期间需要规划新建 800 间教室。此外，未来 10 年内将有近千名中学教师接受培训，以应对教师短缺问题。

3. 实现此目标的一个非常关键的战略是提供一个多元化的中学课程。该课程以学生为中心，具有文化相关性，并提供多样化的学习机会，特别是针对学习倾向较弱的学生。该课程提供职业技术培训、就业指导以及有意义的生活技能教育。

4. 鼓励民办机构提供大学水平（文凭和证书水平）的培训课程，以满足青年人的学习需求。教育部将通过马尔代夫认证委员会协助这些民办机构制定质量保证机制。

5. 完成对剩余的 15 个环礁正在进行的调查，以确定 10 岁以上未上学的儿童和青年人的数量，并协助他们完成基础教育。

二、现状

到 2010 年，似乎完全有可能达到净入学率目标，因为初中（8～10 年级）的净入学率已经从 2000 年的 36.7％稳步上升到 2005 年的 64.8％。女生的净入学率稳步提高，在 2005 年高达 70.7％。男生的净入学率较低，2005 年为 58.8％。通过丰富课程、加入职业技能教育可能会提高净入学率，特别是男生的净入学率。高中的净入学率明显较低。更高的初中净入学率和完成率会对高中的净入学率和完成率产生积极影响。中学教师培训已成为国家优先事项，以减少对中学外籍教师的依赖。目前，约 73％的中学教师（初中为 72％）是外籍人士，这给教育系统带来了沉重的经济负担。

三、落实生活技能教育

生活技能正成为对在学校学习和在不同领域工作的青年人的一项高要求，并且在更广泛的社群中产生了更多的认识。作为联合国人口基金（UNFPA）支持的项目，生活技能正成为一门深受欢迎的课程。过去 3 年，马尔代夫实施了青少年性生殖健康和生活技能项目。该项目由联合国人口基金设计和执行，并由教育部、青年和体育部实施。其主要针对马累和南蒂拉杜马蒂环礁（HDh Kulhudhu'fushi）的青少年，并与国家区域发展计划和联合国人口基金在马累和北部地区实行的第三国计划同步进行。在海啸灾难之后，更需要向受影响的人们，特别是青少年，提供生活技能教育。这促使项目范围扩大，包括受灾难影响的 5 个环礁。

目前，马尔代夫正在经历一个快速的社会经济和文化变革时期。日益严重的毒品问题、有限的就业机会、城市化、高离婚率、消费主义危害等因素，导致马尔代夫青年人承受了相当大的压力。在这样的背景下，生活技能项目旨在使青年人在面对困惑和冲突的信息时做出明智、健康的决定，以应对来自家庭、学校和整个社会生活的各个方面的压力。

在青少年性生殖健康项目中，开发了 4 个生活技能教育方案。方案 1 针对的是6～7 年级的 11～12 岁青少年，方案 2 针对的是 8～9 年级的 13～14 岁青少年，方案 3 针对的是离校生及 15 岁以上的青少年或青年，方案 4 针对的是社区中的年轻父母等成年人。为了提高正在进行的生活技能教育的质量，4 个生活技能教育方案中的 3 个被翻译成迪维希语。这样做的目的是使生活技能教育更适合以教师为主导的课堂情境，特别是在环礁社区。该项目的主要目的是加强生活技能发展培训，以促进青少年性生殖健康。

主要的项目活动包括生活技能教师的培训和操作手册制作、同伴教育者培训、网站开发以及面向青少年的视频节目、传单和小册子的制作等。青年部、继续教育中心、高等教育学院、青年和体育部、女童子军协会、童子军协会、健康教育协会都开设了技能发展课程。

同时，还举办了关于同伴教育者培训的讲习班，以激励年轻人与同龄人一起开展非正式的、有组织的教育活动。自 2003 年项目实施以来，已有大量人员接受培训。例如，为 566 名教师、150 名校长和 80 名教育部高级官员举办讲习班；为 1 270 名小学生、624 名中学生以及 656 名来自环礁学校的学生和 177 名教师提供生活技能培训；为来自马累和环礁的 96 名生活技能教育教师提供培训；共播放了 28 个广播节目，每个节目的持续时间为 45 分钟，内容均以生活技能为基础；马尔代夫电视台共播放了 120 个关于生活技能的节目，每个节目时长为 15 分钟。

四、生活技能教育面临的挑战

由于在提供生活技能教育方面缺乏专业知识，因此应加强对教师的培训并提供资金投入，以便在国内建立强大的培训师资源库。

虽然该项目自 2003 年开始就已实施,但是生活技能作为一门学科的优势仍然在很大程度上被不同的利益相关者和公众误解,需要进行大力的宣传和公众教育。

学校时间表上安排了学术科目和两门外部考试,这些科目的重点是学科知识及训练青少年和青年的考试能力,而不是像生活技能那样的实用科目。因此,在学校管理层面和政策层面,对生活技能教育的投入仍然欠缺。

由于生活技能课程在学生的正常时间表之外进行,生活技能教育教师发现很难在目标群体中完成所选学生的生活技能课程。

将生活技能教育作为教师培训(职前和在职培训)中的一部分仍然是一项挑战。这是很重要的,因为教师不仅在学生的文化知识学习中发挥重要作用,而且是学生的人生导师。

该项目于 2007 年结束,需要做的是从该项目中汲取经验和教训,从而制订长期的生活技能计划。

第六部分　提高成人识字率及增加公平地获得基础教育和继续教育的机会

一、较好的识字基础

1990 年,马尔代夫的成人(25 岁以上年龄组和 15～24 岁年龄组)识字率超过 2005 年南亚地区的平均水平。1980 年,马尔代夫首次启动了一项名为 Asaasee Thauleem(基础教育)的全国性计划,以消除国家的文盲问题。计划启动时的识字率为 81.5%(19 215 名文盲)。这表明即使在该计划实行之前,马尔代夫的识字率也相对较高。该计划旨在弥补失去的机会,促进自我发展,创造对工作的热情和兴趣,促进健康生活和社会发展。该计划是通过社区志愿者活动进行的。当男人们出海打鱼时,组织大多数女性参加课程。教育电视台节目根据扫盲的内容,利用规定课程进行电视转播。在 10 年的时间里,该方案促使识字率达到 98.6%,剩余文盲人数极少(有 2 014 名文盲,其中 660 名女性,1 354 名男性)。

二、现状

联合国对于有文化的人的定义是在他/她的日常生活中可以阅读、书写和理解简单文章(任何语言)的人。不能进行读写的人是文盲。识字率是教育部门在确定扫盲计划和较低教育阶段所需干预程度的衡量指标。有文化的人可以利用其智力发展激发自身潜力,从而为社会经济和文化的发展做出积极贡献。因此,扫盲数据为衡量实现全民教育目标的进展提供了一个有意义的指标。

为了确定文化水平,2006 年人口普查中提出的问题探究了人们的迪维希语阅读、书写和理解能力。

国家的整体识字率为 93.8%,环礁岛的识字率为 95.8%,而马累的识字率为

90.3%。马累较低的识字率可以从两个方面解释：一是马累在调查中选择"不确定是否识字"选项的百分比非常高（8.9%），这些人可能是在普查过程中没有直接被调查到；二是马累的调查员受过更多教育，如果有任何怀疑，他们会试图确定受访者是否确实有文化。环礁岛的识字率比较高，有可能是在岛屿上，每个人都觉得整岛上都是受过教育的人是一件值得自豪的事，因此实际上一些调查员可能未经问询就直接标记此人是有文化的。

在1995年的人口普查中，识字问题是针对未完成5年级教育的人是否可以阅读和写作并具有理解能力而进行的；而在2006年的人口普查中，只针对未完成7年基础教育的人群进行问询。这是因为自小学教育普及以来，几乎所有儿童都完成了小学教育（7年基础教育），并且普遍认为完成7年级教育的学生都会识字。

从1995年到2006年，国家的整体识字率下降了0.4%。然而，报告显示文盲的百分比也有所下降。这表明，相对来说2006年识字的人比1995年的更多。当聚焦于环礁和马累的数据时，也反映了同样的趋势。从1995年到2006年，马累的识字率下降了8.8%。在海啸之后，许多贫困偏远地区的群体迁移到马累，这可能是马累两个年份间识字率差异较大的原因。

对于马尔代夫来说，不再需要关注成人扫盲，因为早在1990年就实现了全体成人扫盲的全民教育目标。因此，没有必要为成人扫盲单独制定政策框架。重要的是要确保为成年人提供更全面的教育和长期的学习机会，并对继续教育计划产生影响。

三、提高英语语言技能

当然，马尔代夫的扫盲是根据民族语言、迪维希语和塔安娜书写体来定义的。考虑到人口数量少以及国外几乎没有人会说迪维希语这一事实，这种语言能够蓬勃发展是值得称道的。

由于与成人扫盲和消除性别差异有关的目标在马尔代夫已经成功实现，因此作为《2000—2015年达喀尔全民教育行动框架》的后续行动，马尔代夫全民教育计划并没有单独实施扫盲和性别问题的具体计划，而是将其视为嵌入和包含于其他4个全民教育目标之中。但是，已经决定将其作为重点目标，促进早期成果的可持续发展。

民族语言的独特性意味着马尔代夫人仍需要学习外语，以便与外界沟通，获得高等教育，或支持旅游业发展。因此，最实用的语言是英语。

英语在青年人中发展迅速，尤其是在环礁人口中取得了极大的进步。1997年，只有大约一半的岛屿青年人说英语，但到2004年，超过3/4的青年人都说英语。然而，在年龄更大的人群中这个增长速度较慢，只有10%～20%的增长。马累也取得了进步：1997年，几乎所有青年人都说英语，但只有55%的大龄人口说英语；到2004年，这一比率上升到70%左右。

从表11可以看出不同人群的英语进步情况，青年人中男、女英语能力的差异已经被消除。对于年龄较大的组别，虽然男、女都有所提高，但差距仍然存在。

表 11		1997 年、2004 年具有英语语言技能的人口百分比						%
区域范围	1997 年				2004 年			
	15~24 岁的青年人		25 岁以上的成年人		15~24 岁的青年人		25 岁以上的成年人	
	女性	男性	女性	男性	女性	男性	女性	男性
马尔代夫	63	72	17	27	84	84	33	43
马累	92	92	47	63	93	92	66	76
环礁	51	57	7	13	77	79	14	22

资料来源:脆弱性和贫困评估(Ⅱ),2004 年。

四、扫盲和继续教育的组织机构安排

继续教育中心于 1976 年开始运作,教育发展项目办公室进行了扩大并于 1979 年更名为教育发展中心,社区教育是其工作内容之一。教育发展中心扩大后,社区教育部分于 1986 年改编为非正规教育部门,1992 年更名为非正规教育中心,2003 年成为继续教育中心。

(一)继续教育中心的愿景、使命和活动

继续教育中心旨在利用非正规教育战略在每个岛屿建立社区教育,针对没有机会在正规教育系统中学习的人群;赋予每个人以发展生活所必需的教育水平和技能,灌输获得和发展进一步教育和技能的愿望;给予依靠个人努力获得更多教育和技能的机会。继续教育中心的使命是为没有机会在正规教育系统中学习的儿童服务;对于辍学者、目标青年人和成年人,一般利用非正规教育机制来丰富他们的一般知识并提高他们的普遍意识,使他们能够通过个人努力进一步增加自我发展的机会。

继续教育中心的职能和活动包括:为校外人口开发和提供课程;开发、管理和制作宣传材料;协调和实施与社区有关的教育活动,包括国家扫盲计划;协调和实施"第二次机会"教育课程;开设英语语言课程;向非政府组织和环礁教育中心提供援助,提供社区技能培训课程,通过出版杂志向环礁社区传播相关重要信息;协调和实施"联合国扫盲十年"活动以及数据收集和研究。

(二)继续教育中心的工作重点和青年人的继续教育机会

近年来,继续教育中心职业教育的重点一直是提供职业教育课程。主要活动如下:

1. 提供以下课程:幼儿保育与发展高级证书课程,英语基础和证书课程,英语远程教育课程,秘书和文书工作技能证书课程,电线安装、计算机硬件和服装制作与设计的职业技术课程。

2. 从 2000 年开始,继续教育中心提出了"第二次机会"教育计划。这次干预的目的是在马累和环礁中开展和协调"第二次机会"教育课程,为学生提供咨询,为参与"第二次机会"教育计划的学生和教师开发教学材料,并为学生提供职业发展机会。大约 1 500 名学生受益于该项目提供的各种课程。

五、成人识字和学习中的问题

尽管男性和女性的识字率都达到了较高水平,但国家面临着新文化人再度落入文盲行列的危险。目前,没有任何机制/系统可用于评估读书能力、信息和知识水平的状况,因此,需要做的是开展扫盲后的教育和继续教育计划。大力发展良好的跟踪和数据库系统,以监测校外青年人中的文盲数量、读写算能力水平以及职业技能适用性和有效性。

第七部分　消除中小学教育中的性别差异

一、概述

马尔代夫在南亚地区的联合国性别相关发展指数(GDI)中排名第二(仅次于斯里兰卡)。根据 2000 年的全国人口普查,妇女占人口的 49.2%。马尔代夫不存在南亚其他地区明显的性别比例差异。现有的法律和政策在获得健康服务、教育和就业方面不歧视妇女,但社会文化因素限制了妇女在这些领域实际享有的权利。

毫无疑问,由于性别平等的门槛很高,马尔代夫依然存在性别差异,女性赋权的第二代问题和性别平等的实现程度仍然是马尔代夫和南亚其他地区的关注点。就全民教育的性别目标而言,马尔代夫正在全面实现初等教育目标。在中学教育阶段,有很大可能实现性别平等教育目标。依靠强有力的政策承诺和实现国家目标的体制机制,马尔代夫做出对性别平等和性别主流化的承诺,实现了强有力的扶持环境。

二、国家政策和性别主流化

在过去 20 年中,政府对性别发展的态度已经从关注赋权和融合转变为性别平等和性别主流化。在 2005 年 7 月内阁改组后,性别和家庭部进行了重组,重点关注性别、儿童保护和家庭服务。其任务是制定政策指导方针,建立标准,进行监测和评估,并鼓励非政府组织、社区组织和民办机构向妇女、儿童和家庭提供服务,同时采取措施,通过职能部委将认定的性别差距纳入主流。

《第七个国家发展计划(2006—2010 年)》中关于性别、儿童保护和家庭服务的政策和战略反映了基于结果的缩小性别差距的途径。对于性别和家庭部而言,《第七个国家发展计划(2006—2010 年)》的主要目标包括:

(1)制定体制框架,为儿童和弱势妇女建立综合保护体系。

(2)为处境困难的儿童和家庭制定体制框架并建立支持服务体系。

(3)加强司法和法律制度建设,以保护儿童和妇女的权利。

(4)促进家庭的健康和幸福。

(5)制定促进老年人和有特殊需要的人融入社会的政策,并保障他们在社区内的福祉。

(6)制定促进妇女参与经济和社会政治的机制。

(7)将性别问题和儿童权利问题纳入主流。

在连续发展计划中将性别问题纳入主流是马尔代夫政府的优先事项,并将性别问题作为一个跨领域的问题。在《第六个国家发展计划(2001—2005年)》中,已经纳入了一个关于性别的跨领域政策问题,并已努力将性别问题纳入所有发展计划。

根据政府的性别主流化政策,2001年建立了基于英联邦模式的性别管理系统。该系统的基本结构已经确定。2001年12月成立了性别平等理事会,并在所有部门设立协调中心。通过功能升级和大力宣传,继续加强该系统建设。

制定国家性别政策的相关工作始于2004年,该政策已经制定并于2006年4月5日生效。《第七个国家发展计划(2006—2010年)》中纳入了该政策的所有方面。

《第七个国家发展计划(2006—2010年)》中关于性别问题的主要内容如下:

(1)消除高等教育中的性别差异。

(2)将女性工作者的参与率从52%提高到60%。

(3)通过宣传和体验项目减少性别的暴力。

(4)为儿童、妇女和家庭提供社会保护服务。

(5)在所有环礁建立社会保护中心。

(6)确保到2010年,所有正规部门员工都能参与定额供款(Defined Contribation, DC)养老金计划。

(7)确保到2010年实现全民健康保险。

(8)确保到2010年制订针对弱势群体的社会救助计划。

(9)确保到2010年提供法律和监管工具,以保护残疾人的权利。

(10)确保到2010年为老年人提供家庭和社区护理计划。

三、国际承诺

马尔代夫是实现性别平等的若干国际政策和文书的签署国,这表明了国家坚守性别平等的承诺。马尔代夫于1993年7月加入了《消除对妇女一切形式歧视公约》,也是《北京国际会议行动纲要》和《英联邦性别平等与发展行动计划》的缔约国,并签订了《南盟关于女童的行动计划》和《南盟防止和打击贩运妇女和儿童从事卖淫公约》。

联合国《消除对妇女一切形式歧视公约》委员会在回应2001年马尔代夫初级报告(1998年)时,赞扬《马尔代夫2020年愿景》和"国家行动计划""国家发展计划"等文件所述的政治意愿,将妇女人权作为国家发展不可分割的一部分。实际上,马尔代夫在《第五个国家发展计划(1996—2000年)》中首次纳入了一个关于性别的单独部分,从那时起,性别问题已经被有效地纳入国家发展计划的主流。2006年4月,通过了一项国家性别平等政策,并正在考虑引入《消除对妇女一切形式歧视公约》备选草案。性别平等是《第七个国家发展计划(2006—2010年)》中的十一个指导原则之一。

四、提高妇女地位的机制

在国家层面,1979年国家规划局首次建立了提高妇女地位的机制,并设立了"国际妇女十年筹备委员会"。该筹备委员会于 1981 年更名为"全国妇女委员会",并从国家规划局转到总统府。妇女事务办公室成立于 1986 年,全国妇女委员会更名为全国妇女政务会。妇女事务办公室于 1989 年升级为妇女事务部。1993 年在内阁一级任命了青年、妇女事务和体育部,并于 1996 年更名为妇女事务和社会福利部。1998 年又更名为妇女事务和社会保障部。该部现在称为性别和家庭部。

在地方岛屿层面建立一个补充机构,通过动员广大妇女,进一步促进妇女的能力发展。所有居民岛的妇女委员会于 1983 年成立。在 1993 年 4 月 1 日之前,妇女事务部任命妇女委员会,一些成员当选为委员会委员,当选成员包括卫生工作者、中层干部和教师。在委员会通过任命产生的时期,一部分岛屿也通过投票选举产生委员会。从 1993 年起,委员会由选举产生而不是被任命,委员会的规章制度于 1995 年被审查和执行。2000 年 7 月,再次对委员会的规章制度进行审查,委员会的名称改为"岛屿妇女发展委员会"。"岛屿妇女发展委员会"的目标是为女性的发展开展工作和活动,关注女性的权利,鼓励和促进女性赋权和政治参与,收集与女性有关的数据,增加女性接受高等教育的人数,改善女性的健康,并确保女性在公共领域发挥积极作用。

五、消除性别差异的战略和活动

自 2002 年以来,政策承诺将广泛的干预和活动转化为行动。其中较突出的包括:

1.第一部《家庭法》于 2001 年 7 月 1 日生效。该法律规定的最低法定结婚年龄为 18 岁,在任何情况下都不允许未成年女孩或男孩结婚。这部法律还规定了妇女可享有的许多权利,例如婚前协议,以明确双方在婚姻中的权利。婚前协议也为在无理离婚和一夫多妻制的情况下保护妇女权利奠定了基础。《家庭法》通过将丈夫自发和单方面的离婚定为犯罪来解决马尔代夫存在的高离婚率问题。离婚只能通过法院系统进行,并且只能在仲裁员对婚姻进行彻底协调之后才允许离婚。丈夫和妻子都可以在现有制度下提出离婚,也都可以通过这一程序来干预离婚。

2.2002 年 3 月 8 日,一场反对家庭暴力和暴力侵害妇女行为的运动爆发,最终引起了公众的广泛讨论;鼓励妇女主动打破遭受暴力侵害的循环,得到了警察和卫生官员等伙伴机构的大力支持。在公众意识运动中,制作了纪录片,出版并广泛分发了海报,使公众了解家庭暴力或暴力侵害妇女行为是一个不可容忍的问题。妇女事务和社会保障部组织了一次关于家庭暴力或暴力侵害妇女行为的初步培训,旨在为家庭暴力或暴力侵害妇女行为的受害者建立一个多部门支持系统。警察、医务人员、家庭法院和司法部官员、非政府组织、社区活动者及妇女事务和社会保障部的性别和家庭部的工作人员参加了培训,该培训的重点是根据当地背景全面了解家庭暴力或暴力侵害妇女行为。培训的成果是形成了一个多部门支持的、系统的行动计划,以帮助家庭暴力或暴力侵害妇女行为的受害者。现在的重点是发展所需的人力资源,以及强化多部门支持系统的必要体制机制。

六、马尔代夫女性的总体情况

马尔代夫的人口分散,因关联密切的历史及共同的语言迪维希语、宗教和自给自足的生活方式结合在一起。马尔代夫的女性不受阶级、种姓和种族约束,自由参与社交,同工同酬,在同一年龄平等地接受教育和生活。在儿童的营养或教育方面,父母没有明显的性别偏好。马尔代夫也没有经历过绝对贫困,这种贫困迫使其他南亚国家的妇女从事危险职业,增加了她们成为人口贩运受害者的风险。

传统上,女性在社会中处于从属地位,但现在越来越多的女性参与社会公共活动,并逐渐参与更高层次的活动。女性占政府雇员的38%,有大约10%穿制服的国家服务部门人员是女性,且女性的识字率(98%)高于男性(96%)。

七、女性的劳动参与

1990年至2004年,马尔代夫女性(15~64岁)的劳动参与率从20%增加到43%。马累女性的劳动参与率从19%增加到38%,环礁女性的劳动参与率从21%增加到45%。虽然女性在劳动力中的比例有所增加,但男性仍占据主导地位,男性劳动力人数几乎是女性的两倍。虽然女性获得有偿就业的机会低于男性,但女性从事有偿工作的比例正在稳步上升。

在各劳动领域,女性劳动参与率较高的是教育(72%)、健康(68%)、制造业(65%)和农业(64%),在有偿工作中女性劳动参与率最低的领域是旅游业。虽然统计数据显示出积极的趋势,但文化和社会的限制、有限的儿童保育设施以及配偶对女性劳动的有限支持制约了女性参与劳动,使女性难以参与经济活动。因此,从女性利用现有机会的能力方面来看,两性之间依然存在微妙的不平等。

八、女性的政治参与

1990年,在全国议会的48个席位中,有两个席位是由女性担任的,一个是由环礁人民代表选举产生的议会议员,另一个是由总统任命的议员。2005年,在全国议会的50个席位中,有6个席位为女性。尽管女性议员在全国议会的占比从1990年的4%增加到2005年的12%,但值得注意的是,2005年的6名议员中有4名是由总统任命的。

有关女童在小学和中学受教育状况的详情,请参阅第二章。虽然在中小学教育中没有性别不平等现象,但在职业技术教育和高等教育中仍存在性别差距,尤其是后者。令人鼓舞的是男女接受高等教育的差距正在缩小。2000年,具有高等教育资格的女性数量是男性数量的38%,2004年增加到45%,到2006年显著提高到58%。

九、女性教师

表12列出了不同教育阶段的女性教师的详细信息。一个较为普遍的趋势是学前和小学教育阶段的女性教师比例很高。但是,中学阶段女性教师人数减少,尤其是高中阶段,这表明拥有高中教师资格的女性教师人数较少。这是一个需要关注的领域,因为增加的女性教师可以作为年轻一代的榜样。

表 12　　　　　　　女性教师在不同教育阶段的分布情况（2005 年 3 月）

项目	女性人数（人）		女性人数总计	人数总计	女性教师占比（%）
	本国人士	外籍人士			
学前阶段	485	5	490	516	95.0
小学（1～7 年级）	1 665	244	1 909	2 882	66.2
初中（8～10 年级）	269	479	748	2 067	36.2
高中（11～12 年级）	10	31	41	151	27.2
教师人数总计	2 429	759	3 188	5 616	56.8

资料来源：马尔代夫共和国教育部，学校统计，2005 年。

十、近期的积极举措

虽然马尔代夫人完全没有明显和蓄意的基于性别的歧视，但人们认识到，由于经济的快速发展和传统的家庭与社会关系体系的崩溃，与性别和贫困有关的差异正在显现。令人欣慰的是，政府对改善性别相关问题持开放态度。承认问题是第一个积极的步骤。政府最近采取了若干举措，以尝试实现性别平等的理念和方法，并采取积极行动，消除女性参与政府管理的结构性障碍。例如，最近政府将岛屿酋长的行政和宗教职能分开，为女性积极地参与岛屿发展打开了大门，这是一个迄今为止女性无法担任的角色，因为她们无权履行岛屿酋长的宗教职责。

十一、关键问题和挑战

尽管有这些值得赞扬的地方，但令人担心的是，事实上很少有女性进入劳动力市场，马尔代夫女户主家庭的比例在世界范围内是最高的，但这样的家庭特别容易陷入贫困。

孤立和资源获取的问题阻碍了女性参与经济发展。女性除了在环礁中缺乏有收益的就业机会外，还有一些区域的女性在参与经济发展方面面临法律障碍，包括产权、继承和法律证据的提供。女性参与决策也存在极大的挑战，女性在地方和国家政府中的代表性不足，特别是在决策职位上。

由于陈旧的观念和妇女在外有限的工作机会，性别差距在社会发展的各个方面仍然存在。家庭是社会最基本、最重要的组成单位，照顾家庭和儿童被视为妇女的职责。妇女的家务劳动负担很重，尤其是马尔代夫的平均家庭规模很大（全国家庭平均人数为6.6 人，马累家庭平均人数为 8 人），每个家庭平均有 3 个孩子需要照顾。据估计，只有不到 4% 的男性从事做饭、照顾儿童、清洁、洗衣或熨烫等家务劳动。此外，马尔代夫几乎有一半的家庭由妇女操持，其中大约一半是因为丈夫不在马累，而是在度假村或海上工作，还有 1/6 是因为丧偶或离婚。

女性就业参与率从 1978 年的 60%(曾居南亚地区的最高)下降到 1995 年的 21%,马尔代夫成为世界上女性就业率较低的地区之一。在 20 世纪 70 年代之前,男性负责出海和捕鱼,而女性则负责晾晒、加工和销售多余的鱼类和鱼类产品。从 20 世纪 70 年代开始,由于渔业的机械化及销售模式变为渔民直接出售给工厂,男性更多地掌控了快速发展的经济。由于文化习俗,旅游业劳动者只有 5% 是女性,大部分是男性在各度假岛屿上工作。经济的不断增长不仅有助于降低对妇女收入的要求,还有助于加强她们作为家庭管理者和照顾儿童的传统性别角色,因为男性离开家庭变得更为频繁且时间更久。

1995 年至 2005 年,随着越来越多的妇女在马累的服务部门找到工作,女性就业参与率提高到 37%,虽然这确实代表了进步,但女性就业参与率仍然较低。马尔代夫的经济受到技能短缺和人力资源开发限制的阻碍,其中部分原因是女性被排除在劳动力之外。

离婚在马尔代夫非常普遍,尽管 2001 年制定了《家庭法》,但离婚率依然居高不下。离婚妇女及其子女在经济上特别薄弱,离婚妇女除了再婚外,其改善生活处境的选择非常有限。马尔代夫是世界上女性户主家庭比例最高的国家,约为 47%。其中近 1/4 是没有收入的成员,只有 21% 的人在人口普查前一周从事经济活动。许多女性户主家庭从在马累或度假村工作的离异丈夫那里获得汇款收入,但在 2005 年进行的有关调查中显示,女性户主家庭比男性户主家庭更有可能生活在贫困之中。

马尔代夫现在已经实现了普遍的基本保健服务,在孕产妇和儿童保健服务及计划生育方面取得了重大进展,对婴儿、儿童和产妇的死亡率统计数据产生了积极影响。营养不良是导致并发症或死亡的主要原因,也是妇女在分娩期间产生并发症、死亡的主要原因。在生产时出现并发症而缺乏转移至环礁医院或医疗中心的可靠的转诊条件,也会使妇女处于危险之中。另一个值得关注的领域是前面已经提到的广泛的贫血症问题。

1995 年到 2000 年,共有 876 名学生获得了出国留学的政府奖学金,其中 42% 是女生。2001 年到 2005 年,女生获得了 39% 的本科生奖学金、38% 的硕士研究生奖学金和 22% 的博士研究生奖学金。

《家庭法》(2001 年)是第一部专门涉及性别关系、婚姻和家庭生活的法律。它规定男、女的最低法定结婚年龄均为 18 岁,并加强了对一夫多妻制婚姻的规定。此外,废除了以口头规则为基础的男子离婚权利,这是为确保女性权利而迈出的重要一步。

公共服务和政治领域也存在性别差异。马尔代夫的立法者和高级官员中只有 15% 是女性。在马尔代夫政府部门工作岗位中,62% 为男性,38% 为女性。女性占据了 54% 的政府临时工作岗位,并且大多集中在教育、卫生和福利领域,而男性在服务业和公共服务部门中真正占主导地位。此外,女性在政治领导职位中的代表人数也不足。

第八部分　提高和保证教育质量和标准

一、概述

马尔代夫在 2001 年详细制订了行动计划,阐明了要实现确保基础教育质量的目标需要优先解决的问题。过去 20 年中,马尔代夫人在获得各级教育机会方面取得了相当大的进展。特别是国家在为学生提供参加七年基础教育的机会方面,取得了令人瞩目的成就。

在考虑教育的结构、内容、过程的相关性与成果的同时,努力实现高质量的教育至关重要。虽然应优先考虑提高基础教育的质量,但也需要对中等、高等和成人教育部门进行质量改进。

二、学业成绩

教育质量的衡量标准是在学校教育期间学习的内容和质量。它包括知识获取、技能发展以及教育经历所形成的态度和品质。它还包括有助于学习的受训教师和课堂环境。虽然这些因素与教育质量有关,但在没有学术和非学术成就的情况下,难以全面确定衡量教育质量的标准。针对过去 5 年教育的最新研究表明,马尔代夫的学生成绩和学习成果仍然令人失望。马累与其他环礁的成绩差距正在缩小,这是在过去 5 年中取得的成就。环礁地区学生的成绩呈上升趋势。马累学校的学生成绩趋于稳定,全国其他地区的学生正在快速追赶。但是,在提高标准和为全民提供优质教育方面,仍有大量工作需要完成。

三、提高质量的战略和活动

1. 建立有效的全国学生成绩监督机制。为建立全国学生成绩监督机制,马尔代夫开展了大量工作。根据世界银行资助的于 2004 年完成的第三次教育和培训项目,在 2003 年开展了全国学生成绩水平评估的试点工作。4 年级和 7 年级的学生接受了读写算能力(英语)和计算水平测试。测试结果与问卷数据相关联,以全面了解学生成绩水平,并分析有助于提高国家教育质量的重要因素。自 2006 年以来,一直在为 7 年级的所有学生进行国家水平测试,而在 2008 年,计划对学生成绩水平进行另一个系统化的国家评估。学生成绩的结果需要提交至国家数据库,以监测一段时间内学生的学习进展情况。而现如今的挑战是制定战略并找到使用这些信息的最佳方式,以优化国家的教育质量。另一个问题是如何在能力和财力资源有限的情况下很好地维持这一计划。

2. 职前和在职教师培训。开展为期 5 年的教师培训国家计划。这一计划旨在每年培训 70～100 名中小学教师,以减少对外籍教师的依赖,并满足提高学生入学率的需求。因此,马尔代夫高等教育学院教育系应与国外机构合作,联合开展这样的计划,才能确保所有教师都有途径参与以学校或集群组织为基础的教师在职活动。这一体系需要马尔代夫高等教育学院教育系与教育部合作开发。教育部将确定教师需求的关键领域并协调整个计划。

3.建立分散的学校监督机制。加强学校集群/区域的监督管理能力。教育部需要继续发挥领导和支持集群/区域监督活动的核心作用。这相当于下放学校监督和管理的权力,集群负责人在提高各自集群内的学校质量方面发挥着直接作用。进一步培训集群/区域负责人和校长是一个关键的战略步骤。

加强校长对学校进行自我评估的能力是监督机制下放的另一种途径,并制订以学校为基础的学校发展计划。教育部可以评价这些评估,提供指导并在必要时向学校提供支持。

4.加强学校内部监督。确保每所学校的监督人员完成全面的督导课程。目前这种课程分为三级。这一策略将确保每所学校都有一名主管人员,并且主管人员已经完成了所有的督导课程。

5.增加相关课程材料的制作。修订小学课程,编制包括教科书在内的经修订的课程资源,并将这些资源分享给所有学校,这一工作的重点是确保环礁学校有足够的课程资源。举办相关课程也是这一战略的一部分。

6.向所有学校提供足够的教育设施。为所有学校提供必要的设施和资源,例如足够的课桌椅、饮用水、图书馆/阅读材料以及用于课外活动的基本设备。确定得到供给最少的学校,并有计划地向这些学校提供援助。

7.完成对有特殊需求的学生的需求评估,并为教师提供在职培训,使他们尽可能将这些学生纳入主流教育。为无法适应主流教育的有特殊需求的学生提供专业指导。

8.需要进一步关注得到国家服务最少的地区的学校,以确保所有地方的学生都能得到平等的服务。

9.建立国家教育管理信息系统。这个系统对分散学校监督和管理权力十分重要。目前信息通信技术的发展可以用于该系统的开发。

10.开展全国运动以提高人们重视儿童营养需求的意识,特别是对为学生提供良好早餐的重要性的认识。

四、目标的进展情况

(一)教育基础设施和服务

本国教师的数量从1999年的3 326人增加到2005年的3 538人(表13)。马累本国教师的比例保持不变(58%)。全国中学教师的实际人数大幅增加,本国教师从1998年的200名增加到2005年的607名,但是外籍教师的数量从1998年的500名增加到2005年的1 611名。因此,本国教师的比例从1999年的69%下降到2005年的63%。

表 13　　　　本国教师和外国教师在不同教育阶段的分布情况(2005 年 3 月)

项目	本国教师人数	外籍教师人数	总计
学前阶段	510	6	516
小学(1~7 年级)	2 421	461	2 882
初中(8~10 年级)	573	1 494	2 067
高中(11~12 年级)	34	117	151
教师人数总计	3 538	2 078	5 616

　　增加受训的本国教师数量是世界银行资助的第三次教育和培训项目的一个组成部分。截至项目结束,共有 2 063 名本国教师(1 462 名女性,601 名男性)接受了培训,不仅包括学科领域的毕业生,还包括获得教师资格的人。其中 1 775 人在项目运行期间接受了马尔代夫高等教育学院教育系的职前培训。未经培训的本国教师仍然有很多,共有 1 475 人(女性 967 人,男性 508 人)。在该项目下实施的在职培训计划进展非常缓慢,但随着项目结束,约有 1 335 名小学教师和 1 885 名中学教师获得了在职培训服务。

　　不同教育阶段的教师培训情况见表 14。

表 14　　　　不同教育阶段的教师培训情况(2005 年 3 月)

项目	接受培训人数	未接受培训人数	总计
学前阶段	211	305	516
小学(1~7 年级)	1 853	1 029	2 882
初中(8~10 年级)	1 751	316	2 067
高中(11~12 年级)	133	18	151
教师人数总计	3 948	1 668	5 616

(二)学业成绩

　　在组织 10 年级和 12 年级学生参加和通过国家证书考试方面取得了很大进展。通过 O 级(10 年级)和 A 级(12 年级)考试的学生总数自 1999 年至 2006 年呈现出大幅增加的趋势。在初等和中等教育中,没有明显性别差异。此外,由于环礁的设施扩建,学生可以有更多的机会在马累以外的地方参加 O 级和 A 级考试。1999 年,在马累(1 197 名学生)和 17 个环礁(821 名学生)可以参加 O 级考试,A 级考试则仅在马累(198 名学生)进行。到 2005 年,马累(2 715 名学生)和 21 个环礁(4 951 名学生)可以进行 O 级考试,而马累(709 名学生)以及 3 个环礁(122 名学生)可以进行 A 级考试。虽然所有的这些变化和结果令人振奋,但纵观 1999 年到 2005 年考试通过率的变化,我们发现 O 级从 25% 下降到 20.8%,A 级从 44.4% 下降到 39.4%,这其中并未单独统计女生的 A 级考试数据。由此可见,大多数学生在当前制度下没有相关的预科教育资格。教育部正采取措施改变这种情况。马尔代夫正考虑为那些没有资格参加剑桥 O

级和 A 级考试的学生提供国家认证考试。

五、保证优质教育的挑战

在确保全民获得高质量教育方面存在许多挑战。最大的挑战是为学生们提供高质量的课堂体验,让学生们对终身学习充满热情。这只能通过优质教师来实现。虽然确保为国家的每个教室都配备一名优质教师目前难以实现,但这却是需要为之努力的理想。

当前所面临的另一项挑战是,通过设计和开发适合国情的课程并为学生提供多样化选择,来提高教育内容和课程材料的相关性。在这方面正在准备一项伟大的课程改革,有希望能够在 2010 年开始实施。另一项重要计划是在国内的中学引入职业技术体系。目前正在开展广泛的工作,以探寻将这种体系引入学校的最实用、最经济的方式。

研究表明,拥有高素质的学校领导者是推动学校走向成功的最重要因素。按传统,学校负责人具有纯粹的行政背景,接受的培训非常有限,他们很难为学校的发展组织学术活动。更换这些负责人或为他们提供更多培训是一个不小的挑战。马尔代夫高等教育学院教育系开设了一门新的学校管理课程,同时还有 30 名学生正在印度麦苏尔大学攻读学校管理硕士学位。

由于该行业受训人员的缺乏,即使引入很少的新举措,对有限人员的精神及身体都是很大的挑战。另一个限制是国家的地理环境,由于难以实现规模经济,因此保持一定的标准是非常昂贵的。此外,更加显而易见且紧迫的挑战是吸引和留住学校和部门的优质员工。

兑现质量改进的承诺是很有希望的。随着学生人数的增加以及获得教育的机会的增加,标准不但不会下降,反而会继续提高。这是一幅美好蓝图,在所有各方的奉献和辛勤工作下,教育质量在未来 5 年内会得到大幅提高。

第九部分 结论和建议

一、全民教育目标的进展情况

全民教育的总体评估依据是在实现目标方面取得的重大进展。早期儿童保育与教育已经得到了相当广的拓展,并且已经开展了大量工作来提高人们对早期儿童保育与教育重要性的认识。几乎所有人都接受了免费义务基础教育。无论岛屿的人口规模如何,每个居民岛都有一所学校,并且已经引入了为所有学生免除教科书、学杂费和考试费等费用的政策。近年来,获得学习和生活技能的计划取得了进展。在所有环礁中正在试行职业技术体系,并且已经开始实施一项由高等教育部门、就业和社会保障部实施的基于技能的职业技术教育与培训计划。在为马尔代夫儿童专门开发的综合课程的帮助下,正开展一项生活技能教育计划。马尔代夫的识字率一直在南亚地区排名最高,上一次人口普查的结果显示,男、女识字率都高于 90%。在中小学教育中实现性别平等的这一事实值得庆祝。教育质量是一个包罗万象的总括性术语,包括学习质量、学习环境质量、教师素质和课程教材质量等。教育质量的提高取决于各方面的共同努力,当然,最需要完成的工作是为所有的孩子提供相关优质教育。

二、质量平衡

如果想要实现所有目标并坚持这个方向,未来将会遇到许多挑战。需要将早期儿童保育与教育写入文件,这对于每个居民岛的发展都有其自身的意义;还需要大量受过培训的教师和正规化的学前课程。所有这些步骤都需要考虑质量问题,因为已经有太多以牺牲质量为代价的前车之鉴了。

国家较脆弱的群体之一是有特殊教育需求的学生。随着新政策的实施,希望这些学生能够被纳入正规教育体系。大多数有特殊教育需求的学生将被纳入政策框架。还需要特别关注有中度至轻度特殊教育需求的儿童。这些学生属于主流教育体系,需要特别注意培训教师,以照顾这些学生学习主流课程。此外,还需要制定战略和政策,以确保这些儿童不会迷失在教育体系中并成为体系的受害者。

优质教育体系的核心是相关的优质课程。需要投入大量精力确保正在进行的课程改革取得成功,投入改革过程的资金和时间将促成一个具有相关性的课程。

国家面临的另一个挑战是确保学校系统向学生介绍就业情况和培养就业技能。国家已经开展了职业技术教育与培训计划的基础工作,但与此同时,促进计划的实施和提高质量仍是需要持续不断强调的主题。这一计划的可持续实施至关重要。

实现目标的承诺反映在部门预算中,即为教育发展计划而分配的资金数额。为了继续保持教育发展计划实施,应使在预算中对其分配的预算资金数额也呈上升趋势。

人们认识到,确保教师的能力同样是一项重要的挑战。提高教师和教育部门专业人员的能力是有助于实现目标的关键战略。缺乏训练有素的人才使得规划和计划的成功实施变得更加困难。

监测和评估系统是优质教育体系的核心跨领域问题。随着教育体系的迅速扩张以及基础教育周期从 7 年增加到 10 年,教学过程的监测与评估变得至关重要。这里同样存在人才缺乏的问题,最重要的是缺乏受过培训的人才资源阻碍了计划的有效实施。虽然困难重重,但仍需要落实战略和政策,以便有效监测和评估马尔代夫的教育状况。

由于马尔代夫正在努力实现能够自给自足的本国教师群体,因此有必要重新审视和调整职前教师培训课程,以便重点关注如持续评估的质量问题等,还需要加强国家监测和评估的机制、进程和系统。此外,还需要探索、使用信息通信技术等新技术,以满足分散的学校、学生和教师的需求。

三、建议

全民教育目标 1:
政策建议 1　将早期儿童保育与教育正规化。
全民教育目标 2:

政策建议 2　确保所有儿童接受 10 年的基础教育。

政策建议 3　为有特殊教育需求的儿童增加接受教育的机会，包括有天赋的儿童。

全民教育目标 3：

政策建议 4　确保学校系统向学生介绍就业情况和培养就业技能。

政策建议 5　确保学龄儿童的健康、营养、安全并培养其生活技能。

全民教育目标 4：

政策建议 6　确保所有成年人公平地接受继续教育。

全民教育目标 5：

暂无政策建议。

全民教育目标 6：

政策建议 7　提高基础教育的质量和效率。

政策建议 8　提高监测和评估系统的效率和有效性。

政策建议 9　审查课程以满足国家需求并改进课程的实施和评价体系。

政策建议 10　依靠部门提供的拓展服务发展基础设施。

政策建议 11　通过信息通信技术的使用加强和优化教学、学习与管理方法。

政策建议 12　为教育部门的发展增加训练有素的人才。

政策建议 13　加强教育部的管理能力。

附　录

推动共建丝绸之路经济带
和 21 世纪海上丝绸之路的愿景与行动

国家发展改革委　外交部　商务部
（经国务院授权发布）
2015 年 3 月 28 日

前　言

2000 多年前,亚欧大陆上勤劳勇敢的人民,探索出多条连接亚欧非几大文明的贸易和人文交流通路,后人将其统称为"丝绸之路"。千百年来,"和平合作、开放包容、互学互鉴、互利共赢"的丝绸之路精神薪火相传,推进了人类文明进步,是促进沿线各国繁荣发展的重要纽带,是东西方交流合作的象征,是世界各国共有的历史文化遗产。

进入 21 世纪,在以和平、发展、合作、共赢为主题的新时代,面对复苏乏力的全球经济形势,纷繁复杂的国际和地区局面,传承和弘扬丝绸之路精神更显重要和珍贵。

2013 年 9 月和 10 月,中国国家主席习近平在出访中亚和东南亚国家期间,先后提出共建"丝绸之路经济带"和"21 世纪海上丝绸之路"（以下简称"一带一路"）的重大倡议,得到国际社会高度关注。中国国务院总理李克强参加 2013 年中国-东盟博览会时强调,铺就面向东盟的海上丝绸之路,打造带动腹地发展的战略支点。加快"一带一路"建设,有利于促进沿线各国经济繁荣与区域经济合作,加强不同文明交流互鉴,促进世界和平发展,是一项造福世界各国人民的伟大事业。

"一带一路"建设是一项系统工程,要坚持共商、共建、共享原则,积极推进沿线国家发展战略的相互对接。为推进实施"一带一路"重大倡议,让古丝绸之路焕发新的生机活力,以新的形式使亚欧非各国联系更加紧密,互利合作迈向新的历史高度,中国政府特制定并发布《推动共建丝绸之路经济带和 21 世纪海上丝绸之路的愿景与行动》。

一、时代背景

当今世界正发生复杂深刻的变化,国际金融危机深层次影响继续显现,世界经济缓慢复苏、发展分化,国际投资贸易格局和多边投资贸易规则酝酿深刻调整,各国面临的发展问题依然严峻。共建"一带一路"顺应世界多极化、经济全球化、文化多样化、社会信息化的潮流，秉持开放的区域合作精神，致力于维护全球自由贸易体系和开放型世界经济。共建"一带一路"旨在促进经济要素有序自由流动、资源高效配置和市场深度融合，推动沿线各国实现经济政策协调，开展更大范围、更高水平、更深层次的区域合作，共同打造开放、包容、均衡、普惠的区域经济合作架构。共建"一带一路"符合国际社会的根本利益，彰显人类社会共同理想和美好追求，是国际合作以及全球治理新模式的积极探索，将为世界和平发展增添新的正能量。

共建"一带一路"致力于亚欧非大陆及附近海洋的互联互通，建立和加强沿线各国互联互通伙伴关系，构建全方位、多层次、复合型的互联互通网络，实现沿线各国多元、自主、平衡、可持续的发展。"一带一路"的互联互通项目将推动沿线各国发展战略的对接与耦合，发掘区域内市场的潜力，促进投资和消费，创造需求和就业，增进沿线各国人民的人文交流与文明互鉴，让各国人民相逢相知、互信互敬，共享和谐、安宁、富裕的生活。

当前，中国经济和世界经济高度关联。中国将一以贯之地坚持对外开放的基本国策，构建全方位开放新格局，深度融入世界经济体系。推进"一带一路"建设既是中国扩大和深化对外开放的需要，也是加强和亚欧非及世界各国互利合作的需要，中国愿意在力所能及的范围内承担更多责任义务，为人类和平发展做出更大的贡献。

二、共建原则

恪守联合国宪章的宗旨和原则。遵守和平共处五项原则，即尊重各国主权和领土完整、互不侵犯、互不干涉内政、和平共处、平等互利。

坚持开放合作。"一带一路"相关的国家基于但不限于古代丝绸之路的范围，各国和国际、地区组织均可参与，让共建成果惠及更广泛的区域。

坚持和谐包容。倡导文明宽容，尊重各国发展道路和模式的选择，加强不同文明之间的对话，求同存异、兼容并蓄、和平共处、共生共荣。

坚持市场运作。遵循市场规律和国际通行规则，充分发挥市场在资源配置中的决定性作用和各类企业的主体作用，同时发挥好政府的作用。

坚持互利共赢。兼顾各方利益和关切，寻求利益契合点和合作最大公约数，体现各方智慧和创意，各施所长，各尽所能，把各方优势和潜力充分发挥出来。

三、框架思路

"一带一路"是促进共同发展、实现共同繁荣的合作共赢之路，是增进理解信任、加强全方位交流的和平友谊之路。中国政府倡议，秉持和平合作、开放包容、互学互鉴、互利共赢的理念，全方位推进务实合作，打造政治互信、经济融合、文化包容的利益共同体、命运共同体和责任共同体。

"一带一路"贯穿亚欧非大陆，一头是活跃的东亚经济圈，一头是发达的欧洲经济圈，中间广大腹地国家经济发展潜力巨大。丝绸之路经济带重点畅通中国经中亚、俄罗斯至欧洲(波罗的海);中国经中亚、西亚至波斯湾、地中海;中国至东南亚、南亚、印度洋。21世纪海上丝绸之路重点方向是从中国沿海港口过南海到印度洋,延伸至欧洲;从中国沿海港口过南海到南太平洋。

根据"一带一路"走向,陆上依托国际大通道,以沿线中心城市为支撑,以重点经贸产业园区为合作平台,共同打造新亚欧大陆桥、中蒙俄、中国-中亚-西亚、中国-中南半岛等国际经济合作走廊;海上以重点港口为节点,共同建设通畅安全高效的运输大通道。中巴、孟中印缅两个经济走廊与推进"一带一路"建设关联紧密,要进一步推动合作,取得更大进展。

"一带一路"建设是沿线各国开放合作的宏大经济愿景,需各国携手努力,朝着互利互惠、共同安全的目标相向而行。努力实现区域基础设施更加完善,安全高效的陆海空通道网络基本形成,互联互通达到新水平;投资贸易便利化水平进一步提升,高标准自由贸易区网络基本形成,经济联系更加紧密,政治互信更加深入;人文交流更加广泛深入,不同文明互鉴共荣,各国人民相知相交、和平友好。

四、合作重点

沿线各国资源禀赋各异,经济互补性较强,彼此合作潜力和空间很大。以政策沟通、设施联通、贸易畅通、资金融通、民心相通为主要内容,重点在以下方面加强合作。

政策沟通。加强政策沟通是"一带一路"建设的重要保障。加强政府间合作,积极构建多层次政府间宏观政策沟通交流机制,深化利益融合,促进政治互信,达成合作新共识。沿线各国可以就经济发展战略和对策进行充分交流对接,共同制定推进区域合作的规划和措施,协商解决合作中的问题,共同为务实合作及大型项目实施提供政策支持。

设施联通。基础设施互联互通是"一带一路"建设的优先领域。在尊重相关国家主权和安全关切的基础上,沿线国家宜加强基础设施建设规划、技术标准体系的对接,共同推进国际骨干通道建设,逐步形成连接亚洲各次区域以及亚欧非之间的基础设施网络。强化基础设施绿色低碳化建设和运营管理,在建设中充分考虑气候变化影响。

抓住交通基础设施的关键通道、关键节点和重点工程,优先打通缺失路段,畅通瓶颈路段,配套完善道路安全防护设施和交通管理设施设备,提升道路通达水平。推进建立统一的全程运输协调机制,促进国际通关、换装、多式联运有机衔接,逐步形成兼容规范的运输规则,实现国际运输便利化。推动口岸基础设施建设,畅通陆水联运通道,推进港口合作建设,增加海上航线和班次,加强海上物流信息化合作。拓展建立民航全面合作的平台和机制,加快提升航空基础设施水平。

加强能源基础设施互联互通合作,共同维护输油、输气管道等运输通道安全,推进跨境电力与输电通道建设,积极开展区域电网升级改造合作。

共同推进跨境光缆等通信干线网络建设,提高国际通信互联互通水平,畅通信息丝绸之路。加快推进双边跨境光缆等建设,规划建设洲际海底光缆项目,完善空中(卫星)

信息通道,扩大信息交流与合作。

贸易畅通。投资贸易合作是"一带一路"建设的重点内容。宜着力研究解决投资贸易便利化问题,消除投资和贸易壁垒,构建区域内和各国良好的营商环境,积极同沿线国家和地区共同商建自由贸易区,激发释放合作潜力,做大做好合作"蛋糕"。

沿线国家宜加强信息互换、监管互认、执法互助的海关合作,以及检验检疫、认证认可、标准计量、统计信息等方面的双多边合作,推动世界贸易组织《贸易便利化协定》生效和实施。改善边境口岸通关设施条件,加快边境口岸"单一窗口"建设,降低通关成本,提升通关能力。加强供应链安全与便利化合作,推进跨境监管程序协调,推动检验检疫证书国际互联网核查,开展"经认证的经营者"(AEO)互认。降低非关税壁垒,共同提高技术性贸易措施透明度,提高贸易自由化便利化水平。

拓宽贸易领域,优化贸易结构,挖掘贸易新增长点,促进贸易平衡。创新贸易方式,发展跨境电子商务等新的商业业态。建立健全服务贸易促进体系,巩固和扩大传统贸易,大力发展现代服务贸易。把投资和贸易有机结合起来,以投资带动贸易发展。

加快投资便利化进程,消除投资壁垒。加强双边投资保护协定、避免双重征税协定磋商,保护投资者的合法权益。

拓展相互投资领域,开展农林牧渔业、农机及农产品生产加工等领域深度合作,积极推进海水养殖、远洋渔业、水产品加工、海水淡化、海洋生物制药、海洋工程技术、环保产业和海上旅游等领域合作。加大煤炭、油气、金属矿产等传统能源资源勘探开发合作,积极推动水电、核电、风电、太阳能等清洁、可再生能源合作,推进能源资源就地就近加工转化合作,形成能源资源合作上下游一体化产业链。加强能源资源深加工技术、装备与工程服务合作。

推动新兴产业合作,按照优势互补、互利共赢的原则,促进沿线国家加强在新一代信息技术、生物、新能源、新材料等新兴产业领域的深入合作,推动建立创业投资合作机制。

优化产业链分工布局,推动上下游产业链和关联产业协同发展,鼓励建立研发、生产和营销体系,提升区域产业配套能力和综合竞争力。扩大服务业相互开放,推动区域服务业加快发展。探索投资合作新模式,鼓励合作建设境外经贸合作区、跨境经济合作区等各类产业园区,促进产业集群发展。在投资贸易中突出生态文明理念,加强生态环境、生物多样性和应对气候变化合作,共建绿色丝绸之路。

中国欢迎各国企业来华投资。鼓励本国企业参与沿线国家基础设施建设和产业投资。促进企业按属地化原则经营管理,积极帮助当地发展经济、增加就业、改善民生,主动承担社会责任,严格保护生物多样性和生态环境。

资金融通。资金融通是"一带一路"建设的重要支撑。深化金融合作,推进亚洲货币稳定体系、投融资体系和信用体系建设。扩大沿线国家双边本币互换、结算的范围和规模。推动亚洲债券市场的开放和发展。共同推进亚洲基础设施投资银行、金砖国家开发银行筹建,有关各方就建立上海合作组织融资机构开展磋商。加快丝路基金组建运营。深化中国-东盟银行联合体、上合组织银行联合体务实合作，以银团贷款、银行授信等方式开展多边金融合作。支持沿线国家政府和信用等级较高的企业以及金融机构在中国境内发行人民币债券。符合条件的中国境内金融机构和企业可以在境外发行人民币债券和外币债券，鼓励在沿线国家使用所筹资金。

加强金融监管合作，推动签署双边监管合作谅解备忘录，逐步在区域内建立高效监管协调机制。完善风险应对和危机处置制度安排，构建区域性金融风险预警系统，形成应对跨境风险和危机处置的交流合作机制。加强征信管理部门、征信机构和评级机构之间的跨境交流与合作。充分发挥丝路基金以及各国主权基金作用，引导商业性股权投资基金和社会资金共同参与"一带一路"重点项目建设。

民心相通。民心相通是"一带一路"建设的社会根基。传承和弘扬丝绸之路友好合作精神，广泛开展文化交流、学术往来、人才交流合作、媒体合作、青年和妇女交往、志愿者服务等，为深化双多边合作奠定坚实的民意基础。

扩大相互间留学生规模，开展合作办学，中国每年向沿线国家提供1万个政府奖学金名额。沿线国家间互办文化年、艺术节、电影节、电视周和图书展等活动，合作开展广播影视剧精品创作及翻译，联合申请世界文化遗产，共同开展世界遗产的联合保护工作。深化沿线国家间人才交流合作。

加强旅游合作，扩大旅游规模，互办旅游推广周、宣传月等活动，联合打造具有丝绸之路特色的国际精品旅游线路和旅游产品，提高沿线各国游客签证便利化水平。推动21世纪海上丝绸之路邮轮旅游合作。积极开展体育交流活动，支持沿线国家申办重大国际体育赛事。

强化与周边国家在传染病疫情信息沟通、防治技术交流、专业人才培养等方面的合作，提高合作处理突发公共卫生事件的能力。为有关国家提供医疗援助和应急医疗救助，在妇幼健康、残疾人康复以及艾滋病、结核、疟疾等主要传染病领域开展务实合作，扩大在传统医药领域的合作。

加强科技合作，共建联合实验室（研究中心）、国际技术转移中心、海上合作中心，促进科技人员交流，合作开展重大科技攻关，共同提升科技创新能力。

整合现有资源，积极开拓和推进与沿线国家在青年就业、创业培训、职业技能开发、社会保障管理服务、公共行政管理等共同关心领域的务实合作。

充分发挥政党、议会交往的桥梁作用，加强沿线国家之间立法机构、主要党派和政治组织的友好往来。开展城市交流合作，欢迎沿线国家重要城市之间互结友好城市，以人文交流为重点，突出务实合作，形成更多鲜活的合作范例。欢迎沿线国家智库之间开展联合研究、合作举办论坛等。

加强沿线国家民间组织的交流合作，重点面向基层民众，广泛开展教育医疗、减贫开发、生物多样性和生态环保等各类公益慈善活动，促进沿线贫困地区生产生活条件改善。加强文化传媒的国际交流合作，积极利用网络平台，运用新媒体工具，塑造和谐友好的文化生态和舆论环境。

五、合作机制

当前,世界经济融合加速发展,区域合作方兴未艾。积极利用现有双多边合作机制,推动"一带一路"建设,促进区域合作蓬勃发展。

加强双边合作,开展多层次、多渠道沟通磋商,推动双边关系全面发展。推动签署合作备忘录或合作规划,建设一批双边合作示范。建立完善双边联合工作机制,研究推进"一带一路"建设的实施方案、行动路线图。充分发挥现有联委会、混委会、协委会、指导委员会、管理委员会等双边机制作用,协调推动合作项目实施。

强化多边合作机制作用,发挥上海合作组织(SCO)、中国-东盟"10+1"、亚太经合组织(APEC)、亚欧会议(ASEM)、亚洲合作对话(ACD)、亚信会议(CICA)、中阿合作论坛、中国-海合会战略对话、大湄公河次区域(GMS)经济合作、中亚区域经济合作(CAREC)等现有多边合作机制作用,相关国家加强沟通,让更多国家和地区参与"一带一路"建设。

继续发挥沿线各国区域、次区域相关国际论坛、展会以及博鳌亚洲论坛、中国-东盟博览会、中国-亚欧博览会、欧亚经济论坛、中国国际投资贸易洽谈会,以及中国-南亚博览会、中国-阿拉伯博览会、中国西部国际博览会、中国-俄罗斯博览会、前海合作论坛等平台的建设性作用。支持沿线国家地方、民间挖掘"一带一路"历史文化遗产,联合举办专项投资、贸易、文化交流活动,办好丝绸之路(敦煌)国际文化博览会、丝绸之路国际电影节和图书展。倡议建立"一带一路"国际高峰论坛。

六、中国各地方开放态势

推进"一带一路"建设,中国将充分发挥国内各地区比较优势,实行更加积极主动的开放战略,加强东中西互动合作,全面提升开放型经济水平。

西北、东北地区。发挥新疆独特的区位优势和向西开放重要窗口作用,深化与中亚、南亚、西亚等国家交流合作,形成丝绸之路经济带上重要的交通枢纽、商贸物流和文化科教中心,打造丝绸之路经济带核心区。发挥陕西、甘肃综合经济文化和宁夏、青海民族人文优势,打造西安内陆型改革开放新高地,加快兰州、西宁开发开放,推进宁夏内陆开放型经济试验区建设,形成面向中亚、南亚、西亚国家的通道、商贸物流枢纽、重要产业和人文交流基地。发挥内蒙古联通俄蒙的区位优势,完善黑龙江对俄铁路通道和区域铁路网,以及黑龙江、吉林、辽宁与俄远东地区陆海联运合作,推进构建北京—莫斯科欧亚高速运输走廊,建设向北开放的重要窗口。

西南地区。发挥广西与东盟国家陆海相邻的独特优势,加快北部湾经济区和珠江—西江经济带开放发展,构建面向东盟区域的国际通道,打造西南、中南地区开放发展新的战略支点,形成21世纪海上丝绸之路与丝绸之路经济带有机衔接的重要门户。发挥云南区位优势,推进与周边国家的国际运输通道建设,打造大湄公河次区域经济合作新高地,建设成为面向南亚、东南亚的辐射中心。推进西藏与尼泊尔等国家边境贸易和旅游文化合作。

沿海和港澳台地区。利用长三角、珠三角、海峡西岸、环渤海等经济区开放程度高、经济实力强、辐射带动作用大的优势,加快推进中国(上海)自由贸易试验区建设,支持福建建设21世纪海上丝绸之路核心区。充分发挥深圳前海、广州南沙、珠海横琴、福建平潭等开放合作区作用,深化与港澳台合作,打造粤港澳大湾区。推进浙江海洋经济发展示范区、福建海峡蓝色经济试验区和舟山群岛新区建设,加大海南国际旅游岛开发开放力度。加强上海、天津、宁波-舟山、广州、深圳、湛江、汕头、青岛、烟台、大连、福州、厦门、泉州、海口、三亚等沿海城市港口建设,强化上海、广州等国际枢纽机场功能。以扩大开放倒逼深层次改革,创新开放型经济体制机制,加大科技创新力度,形成参与和引领国际合作竞争新优势,成为"一带一路"特别是21世纪海上丝绸之路建设的排头兵和主力军。发挥海外侨胞以及香港、澳门特别行政区独特优势作用,积极参与和助力"一带一路"建设。为台湾地区参与"一带一路"建设做出妥善安排。

内陆地区。利用内陆纵深广阔、人力资源丰富、产业基础较好优势,依托长江中游城市群、成渝城市群、中原城市群、呼包鄂榆城市群、哈长城市群等重点区域,推动区域互动合作和产业集聚发展,打造重庆西部开发开放重要支撑和成都、郑州、武汉、长沙、南昌、合肥等内陆开放型经济高地。加快推动长江中上游地区和俄罗斯伏尔加河沿岸联邦区的合作。建立中欧通道铁路运输、口岸通关协调机制,打造"中欧班列"品牌,建设沟通境内外、连接东中西的运输通道。支持郑州、西安等内陆城市建设航空港、国际陆港,加强内陆口岸与沿海、沿边口岸通关合作,开展跨境贸易电子商务服务试点。优化海关特殊监管区域布局,创新加工贸易模式,深化与沿线国家的产业合作。

七、中国积极行动

一年多来,中国政府积极推动"一带一路"建设,加强与沿线国家的沟通磋商,推动与沿线国家的务实合作,实施了一系列政策措施,努力收获早期成果。

高层引领推动。习近平主席、李克强总理等国家领导人先后出访20多个国家,出席加强互联互通伙伴关系对话会、中阿合作论坛第六届部长级会议,就双边关系和地区发展问题,多次与有关国家元首和政府首脑进行会晤,深入阐释"一带一路"的深刻内涵和积极意义,就共建"一带一路"达成广泛共识。

签署合作框架。与部分国家签署了共建"一带一路"合作备忘录,与一些毗邻国家签署了地区合作和边境合作的备忘录以及经贸合作中长期发展规划。研究编制与一些毗邻国家的地区合作规划纲要。

推动项目建设。加强与沿线有关国家的沟通磋商,在基础设施互联互通、产业投资、资源开发、经贸合作、金融合作、人文交流、生态保护、海上合作等领域,推进了一批条件成熟的重点合作项目。

完善政策措施。中国政府统筹国内各种资源,强化政策支持。推动亚洲基础设施投资银行筹建,发起设立丝路基金,强化中国-欧亚经济合作基金投资功能。推动银行卡清算机构开展跨境清算业务和支付机构开展跨境支付业务。积极推进投资贸易便利化,推进区域通关一体化改革。

发挥平台作用。各地成功举办了一系列以"一带一路"为主题的国际峰会、论坛、研讨会、博览会,对增进理解、凝聚共识、深化合作发挥了重要作用。

八、共创美好未来

共建"一带一路"是中国的倡议,也是中国与沿线国家的共同愿望。站在新的起点上,中国愿与沿线国家一道,以共建"一带一路"为契机,平等协商,兼顾各方利益,反映各方诉求,携手推动更大范围、更高水平、更深层次的大开放、大交流、大融合。"一带一路"建设是开放的、包容的,欢迎世界各国和国际、地区组织积极参与。

共建"一带一路"的途径是以目标协调、政策沟通为主,不刻意追求一致性,可高度灵活,富有弹性,是多元开放的合作进程。中国愿与沿线国家一道,不断充实完善"一带一路"的合作内容和方式,共同制定时间表、路线图,积极对接沿线国家发展和区域合作规划。

中国愿与沿线国家一道,在既有双多边和区域次区域合作机制框架下,通过合作研究、论坛展会、人员培训、交流访问等多种形式,促进沿线国家对共建"一带一路"内涵、目标、任务等方面的进一步理解和认同。

中国愿与沿线国家一道,稳步推进示范项目建设,共同确定一批能够照顾双多边利益的项目,对各方认可、条件成熟的项目抓紧启动实施,争取早日开花结果。

"一带一路"是一条互尊互信之路,一条合作共赢之路,一条文明互鉴之路。只要沿线各国和衷共济、相向而行,就一定能够谱写建设丝绸之路经济带和 21 世纪海上丝绸之路的新篇章,让沿线各国人民共享"一带一路"共建成果。

教育部关于印发
《推进共建"一带一路"教育行动》的通知

教外〔2016〕46 号

各省、自治区、直辖市教育厅(教委),各计划单列市教育局,新疆生产建设兵团教育局,部属各高等学校,部内各司局、各直属单位:

为贯彻落实中办、国办《关于做好新时期教育对外开放工作的若干意见》和国家发展改革委、外交部、商务部经国务院授权发布的《推动共建丝绸之路经济带和21世纪海上丝绸之路的愿景与行动》,我部牵头制订了《推进共建"一带一路"教育行动》,并已经国家教育体制改革领导小组会议审议通过。现印发给你们,请结合实际认真贯彻执行。

教育部

2016 年 7 月 13 日

推进共建"一带一路"教育行动

推进共建"丝绸之路经济带"和"21世纪海上丝绸之路"(以下简称"一带一路"),为推动区域教育大开放、大交流、大融合提供了大契机。"一带一路"沿线国家教育加强合作、共同行动,既是共建"一带一路"的重要组成部分,又为共建"一带一路"提供人才支撑。中国愿与沿线国家一道,扩大人文交流,加强人才培养,共同开创教育美好明天。

一、教育使命

教育为国家富强、民族繁荣、人民幸福之本,在共建"一带一路"中具有基础性和先导性作用。教育交流为沿线各国民心相通架设桥梁,人才培养为沿线各国政策沟通、设施联通、贸易畅通、资金融通提供支撑。沿线各国唇齿相依,教育交流源远流长,教育合作前景广阔,大家携手发展教育,合力推进共建"一带一路",是造福沿线各国人民的伟大事业。

中国将一以贯之地坚持教育对外开放,深度融入世界教育改革发展潮流。推进"一带一路"教育共同繁荣,既是加强与沿线各国教育互利合作的需要,也是推进中国教育改革发展的需要,中国愿意在力所能及的范围内承担更多责任义务,为区域教育大发展做出更大的贡献。

二、合作愿景

沿线各国携起手来,增进理解、扩大开放、加强合作、互学互鉴,谋求共同利益、直面共同命运、勇担共同责任,聚力构建"一带一路"教育共同体,形成平等、包容、互惠、活跃的教育合作态势,促进区域教育发展,全面支撑共建"一带一路",共同致力于:

推进民心相通。开展更大范围、更高水平、更深层次的人文交流,不断推进沿线各国人民相知相亲。

提供人才支撑。培养大批共建"一带一路"急需人才,支持沿线各国实现政策互通、设施联通、贸易畅通、资金融通。

实现共同发展。推动教育深度合作、互学互鉴,携手促进沿线各国教育发展,全面提升区域教育影响力。

三、合作原则

育人为本,人文先行。加强合作育人,提高区域人口素质,为共建"一带一路"提供人才支撑。坚持人文交流先行,建立区域人文交流机制,搭建民心相通桥梁。

政府引导,民间主体。沿线国家政府加强沟通协调,整合多种资源,引导教育融合发展。发挥学校、企业及其他社会力量的主体作用,活跃教育合作局面,丰富教育交流内涵。

共商共建,开放合作。坚持沿线国家共商、共建、共享,推进各国教育发展规划相互衔接,实现沿线各国教育融通发展、互动发展。

和谐包容,互利共赢。加强不同文明之间的对话,寻求教育发展最佳契合点和教育合作最大公约数,促进沿线各国在教育领域互利互惠。

四、合作重点

沿线各国教育特色鲜明、资源丰富、互补性强、合作空间巨大。中国将以基础性、支撑性、引领性三方面举措为建议框架,开展三方面重点合作,对接沿线各国意愿,互鉴先进教育经验,共享优质教育资源,全面推动各国教育提速发展。

(一)开展教育互联互通合作

加强教育政策沟通。开展"一带一路"教育法律、政策协同研究,构建沿线各国教育政策信息交流通报机制,为沿线各国政府推进教育政策互通提供决策建议,为沿线各国学校和社会力量开展教育合作交流提供政策咨询。积极签署双边、多边和次区域教育合作框架协议,制定沿线各国教育合作交流国际公约,逐步疏通教育合作交流政策性瓶颈,实现学分互认、学位互授联授,协力推进教育共同体建设。

助力教育合作渠道畅通。推进"一带一路"国家间签证便利化,扩大教育领域合作交流,形成往来频繁、合作众多、交流活跃、关系密切的携手发展局面。鼓励有合作基础、相同研究课题和发展目标的学校缔结姊妹关系,逐步深化拓展教育合作交流。举办沿线国家校长论坛,推进学校间开展多层次多领域的务实合作。支持高等学校依托学科优势专业,建立产学研用结合的国际合作联合实验室(研究中心)、国际技术转移中心,共同应对经济发展、资源利用、生态保护等沿线各国面临的重大挑战与机遇。打造"一带一路"学术交流平台,吸引各国专家学者、青年学生开展研究和学术交流。推进"一带一路"优质教育资源共享。

促进沿线国家语言互通。研究构建语言互通协调机制,共同开发语言互通开放课程,逐步将沿线国家语言课程纳入各国学校教育课程体系。拓展政府间语言学习交换项目,联合培养、相互培养高层次语言人才。发挥外国语院校人才培养优势,推进基础教育多语种师资队伍建设和外语教育教学工作。扩大语言学习国家公派留学人员规模,倡导沿线各国与中国院校合作在华开办本国语言专业。支持更多社会力量助力孔子学院和孔子课堂建设,加强汉语教师和汉语教学志愿者队伍建设,全力满足沿线国家汉语学习需求。

推进沿线国家民心相通。鼓励沿线国家学者开展或合作开展中国课题研究,增进沿线各国对中国发展模式、国家政策、教育文化等各方面的理解。建设国别和区域研究基地,与对象国合作开展经济、政治、教育、文化等领域研究。逐步将理解教育课程、丝路文化遗产保护纳入沿线各国中小学教育课程体系,加强青少年对不同国家文化的理解。加强"丝绸之路"青少年交流,注重利用社会实践和志愿服务、文化体验、体育竞赛、创新创业活动和新媒体社交等途径,增进不同国家青少年对其他国家文化的理解。

推动学历学位认证标准连通。推动落实联合国教科文组织《亚太地区承认高等教育资历公约》,支持教科文组织建立世界范围学历互认机制,实现区域内双边多边学历学位关联互认。呼吁各国完善教育质量保障体系和认证机制,加快推进本国教育资历框架开发,助力各国学习者在不同种类和不同阶段教育之间进行转换,促进终身学习社会建设。共商共建区域性职业教育资历框架,逐步实现就业市场的从业标准一体化。探索建立沿线各国教师专业发展标准,促进教师流动。

(二)开展人才培养培训合作

实施"丝绸之路"留学推进计划。设立"丝绸之路"中国政府奖学金,为沿线各国专项培养行业领军人才和优秀技能人才。全面提升来华留学人才培养质量,把中国打造成为深受沿线各国学子欢迎的留学目的地国。以国家公派留学为引领,推动更多中国学生到沿线国家留学。坚持"出国留学和来华留学并重、公费留学和自费留学并重、扩大规模和提高质量并重、依法管理和完善服务并重、人才培养和发挥作用并重",完善全链条的留学人员管理服务体系,保障平安留学、健康留学、成功留学。

实施"丝绸之路"合作办学推进计划。有条件的中国高等学校开展境外办学要集中优势学科,选好合作契合点,做好前期论证工作,构建人才培养模式、运行管理模式、服务当地模式、公共关系模式,使学校顺利落地生根、开花结果。发挥政府引领、行业主导作用,促进高等学校、职业院校与行业企业深化产教融合。鼓励中国优质职业教育配合高铁、电信运营等行业企业走出去,探索开展多种形式的境外合作办学,合作设立职业院校、培训中心,合作开发教学资源和项目,开展多层次职业教育和培训,培养当地急需的各类"一带一路"建设者。整合资源,积极推进与沿线各国在青年就业培训等共同关心领域的务实合作。倡议沿线国家之间开展高水平合作办学。

实施"丝绸之路"师资培训推进计划。开展"丝绸之路"教师培训,加强先进教育经验交流,提升区域教育质量。加强"丝绸之路"教师交流,推动沿线各国校长交流访问、教师及管理人员交流研修,推进优质教育模式在沿线各国互学互鉴。大力推进沿线各国优质教学仪器设备、教材课件和整体教学解决方案输出,跟进教师培训工作,促进沿线各国教育资源和教学水平均衡发展。

实施"丝绸之路"人才联合培养推进计划。推进沿线国家间的研修访学活动。鼓励沿线各国高等学校在语言、交通运输、建筑、医学、能源、环境工程、水利工程、生物科学、海洋科学、生态保护、文化遗产保护等沿线国家发展急需的专业领域联合培养学生,推动联盟内或校际教育资源共享。

(三)共建丝路合作机制

加强"丝绸之路"人文交流高层磋商。开展沿线国家双边多边人文交流高层磋商,商定"一带一路"教育合作交流总体布局,协调推动沿线各国建立教育双边多边合作机制、教育质量保障协作机制和跨境教育市场监管协作机制,统筹推进"一带一路"教育共同行动。

充分发挥国际合作平台作用。发挥上海合作组织、东亚峰会、亚太经合组织、亚欧会议、亚洲相互协作与信任措施会议、中阿合作论坛、东南亚教育部长组织、中非合作论坛、中巴经济走廊、孟中印缅经济走廊、中蒙俄经济走廊等现有双边多边合作机制作用,增加教育合作的新内涵。借助联合国教科文组织等国际组织力量,推动沿线各国围绕实现世界教育发展目标形成协作机制。充分利用中国-东盟教育交流周、中日韩大学交流合作促进委员会、中阿大学校长论坛、中非高校 20+20 合作计划、中日大学校长论坛、中韩大学校长论坛、中俄大学联盟等已有平台,开展务实教育合作交流。支持在共同区域、有合作基础、具备相同专业背景的学校组建联盟,不断延展教育务实合作平台。

实施"丝绸之路"教育援助计划。发挥教育援助在"一带一路"教育共同行动中的重要作用,逐步加大教育援助力度,重点投资于人、援助于人、惠及于人。发挥教育援助在"南南合作"中的重要作用,加大对沿线国家尤其是最不发达国家的支持力度。统筹利用国家、教育系统和民间资源,为沿线国家培养培训教师、学者和各类技能人才。积极开展优质教学仪器设备、整体教学方案、配套师资培训一体化援助。加强中国教育培训中心和教育援外基地建设。倡议各国建立政府引导、社会参与的多元化经费筹措机制，通过国家资助、社会融资、民间捐赠等渠道，拓宽教育经费来源，做大教育援助格局，实现教育共同发展。

开展"丝路金驼金帆"表彰工作。对于在"一带一路"教育合作交流和区域教育共同发展中做出杰出贡献、产生重要影响的国际人士、团队和组织给予表彰。

五、中国教育行动起来

中国倡导沿线各国建立教育共同体，聚力推进共建"一带一路"，首先需要中国教育领域和社会各界率先垂范、积极行动。

加强协调推动。加强国内各部门各地方的统筹协调工作，有序开展"一带一路"教育合作交流。推动中国教育治理体系完善、相关法律法规修订和教育综合改革，提升中国开展"一带一路"教育行动的质量和水平。教育部与国家发展改革委、外交部、商务部等部门和全国性行业组织紧密配合，围绕共建"一带一路"大局，寻找合作重点、建立运行保障机制，畅通教育国际合作交流渠道，对接沿线各国教育发展战略规划。

地方重点推进。突出地方推进共建"一带一路"的主体性、支撑性和落地性，要求各地发挥区位优势和地方特色，抓紧制订本地教育和经济携手走出去行动计划，紧密对接国家总体布局。有序与沿线国家地方政府建立"友好省州""姊妹城市"关系，做好做实彼此间人文交流。充分利用地方调配资源优势，积极搭建海内外平台，促进校企优势互补、良性合作、共同发展。多措并举，支持指导本地教育系统与"一带一路"沿线国家广泛开展合作交流，打造教育合作交流区域高地，助力做强本地教育。

各级学校有序前行。各级各类学校秉承"己欲立而立人"的中国传统，有序与沿线各国学校扩大合作交流，整合优质资源走出去，选择优质资源引进来，兼容并包、互学互鉴，共同提升教育国际化水平和服务共建"一带一路"能力。中小学校要广泛建立校际合作交流关系，重点开展师生交流、教师培训和国际理解教育。高等学校、职业院校要立足各自发展战略和本地区参与共建"一带一路"规划，与沿线各国开展形式多样的合作交流，重点做好完善现代大学制度、创新人才培养模式、提升来华留学质量、优化境外合作办学、助推企业成长等各项工作的协同发展。

社会力量顺势而行。开展更大范围、更深层次、更高水平的"一带一路"教育民间合作交流，吸纳更多民间智慧、民间力量、民间方案、民间行动。大力培育和发展我国非营利组织，通过购买服务、市场调配等举措，大力支持社会机构和专业组织投身教育对外开放事业，活跃民间教育国际合作交流。加快推动教学仪器和中医诊疗服务走出去步伐，支持企业和个人按照市场规则依法参与中外合作办学、合作科研、涉外服务等教育对外开放活动。企业要积极与学校合作走出去，联合开展人才培养、科技创新和成果转化，积极服务"一带一路"国家经贸发展。

助力形成早期成果。实施高度灵活、富有弹性的合作机制，优先启动各方认可度高、条件成熟的项目,明确时间节点,争取短期内开花结果。2016 年,各省市制订并呈报本地"一带一路"教育行动计划,有序推进教育互联互通、人才培养培训及丝路合作机制建设。2017 年,基于三方面重点合作的沿线各国教育共同行动深入开展。未来 3 年,中国每年面向沿线国家公派留学生 2500 人;未来 5 年,建成 10 个海外科教基地,每年资助 1 万名沿线国家新生来华学习或研修。

六、共创教育美好明天

独行快,众行远。合作交流是沿线各国共建"一带一路"教育共同体的主要方式。通过教育合作交流,培养高素质人才,推进经济社会发展,提高沿线各国人民生活福祉,是我们共同的愿望。通过教育合作交流,扩大人文往来,筑牢地区和平基础,是我们共同的责任。

中国愿与沿线各国一道,秉持开放合作、互利共赢理念,共同构建多元化教育合作机制,制定时间表和路线图,推动弹性化合作进程,打造示范性合作项目,满足各方发展需要,促进共同发展。

中国教育部倡议沿线各国积极行动起来,加强战略规划对接和政策磋商,探索教育合作交流的机制与模式,增进教育合作交流的广度和深度,追求教育合作交流的质量和效益,互知互信、互帮互助、互学互鉴,携手推动教育发展,促进民心相通,构建"一带一路"教育共同体,共创人类美好生活新篇章。

后　记

　　本书是张德祥教授主持的中国高等教育学会高等教育科学研究"十三五"规划重大攻关课题"'一带一路'国家高等教育政策法规研究"(16ZG003)的研究成果。

　　本书由张德祥教授和李枭鹰教授负责总体规划、设计和架构,确定编译的主旨与核心,组织人员搜集、选取、翻译和整理这些国家的相关教育政策法规,最后审阅书稿。其中,《印度教育权利法案(2005 年)》由大连理工大学高等教育研究院教育管理专业2019 级博士生齐小鹂编译;《巴基斯坦全国教育政策(2017—2025 年)》由广西民族大学教育科学学院王喜娟教授、广西民族大学教育科学学院民族教育学专业 2016 级硕士生朱艳艳编译,《巴基斯坦高等教育中期发展框架Ⅱ(2011—2015 年)》由天津市教育科学研究院薄云副研究员编译;《孟加拉国国家教育政策(2010 年)》由西北师范大学教育学院高等教育学专业 2020 级博士生陈雪飞编译,大连理工大学高等教育研究院教育管理专业 2019 级博士生齐小鹂、大连理工大学高等教育研究院高等教育学专业 2018 级硕士生郑佳校对;《马尔代夫全民教育行动计划(2001 年)》《马尔代夫全民教育中期评价报告(2007 年)》由大连理工大学高等教育研究院高等教育学专业 2018 级硕士生彭晓帆负责编译,赤峰学院外国语学院夏莹讲师校对。这些政策法规文本的语言为英语。

　　本书的出版得到了中国高等教育学会、大连理工大学出版社的大力支持,课题组在此深表感谢!

课题组